Virtuelle Mitarbeiterbeteiligung

Europäische Hochschulschriften Recht

European University Studies in Law

Publications Universitaires Européennes de Droit

Band/Volume **6734**

Severin Sarfert

Virtuelle Mitarbeiterbeteiligung

PETER LANG

Bibliografische Information der Deutschen Nationalbibliothek
Die Deutsche Nationalbibliothek verzeichnet diese Publikation in der Deutschen Nationalbibliografie; detaillierte bibliografische Daten sind im Internet über http://dnb.d-nb.de abrufbar.

Zugl.: Köln, Univ., Diss., 2022

D 38
ISSN 0531-7312
ISBN 978-3-631-71165-1 (Print)
E-ISBN 978-3-631-89922-9 (E-PDF)
E-ISBN 978-3-631-89923-6 (EPUB)
DOI 10.3726/b20721

Diese Publikation wurde begutachtet.

www.peterlang.com

Vorwort

Die vorliegende Arbeit wurde im Sommersemester 2022 von der rechtswissenschaftlichen Fakultät der Universität zu Köln als Dissertation angenommen. Mein Dank gilt zunächst meinem Doktorvater, Herrn Professor Dr. Christian Rolfs, für seine Unterstützung und Betreuung der Arbeit. Herrn Professor Dr. Dr. h.c. Ulrich Preis möchte ich für die zügige Erstellung des Zweitgutachtens danken. Zu besonderem Dank bin ich meinem Großvater Hans Stengel verpflichtet, der die mühevolle Durchsicht der Arbeit übernommen hat.

Nicht zuletzt möchte ich meiner Freundin Dr. Constanze Kürten danken, die immer an meiner Seite steht und wesentlich zum Gelingen dieser Arbeit beigetragen hat.

Düsseldorf, im Januar 2023 Severin Sarfert

Inhaltsverzeichnis

§ 1 Einleitung 15

§ 2 Grundlagen 17

A. Gang der Untersuchung 17

B. Begriffliche Klärungen 18

C. Historische Entwicklung der Mitarbeiterbeteiligung in Deutschland 19

I. Mitarbeiterbeteiligung bis zur Nachkriegszeit 19

II. Zeit der gesetzlichen Förderung 20

D. Nutzen der Mitarbeiterbeteiligung 21

I. Bedeutung auf Unternehmensseite 22

II. Chancen für Arbeitnehmer 23

III. Haltung der Interessenvertreter 24

E. Start-ups in Deutschland 25

F. Aktueller Diskurs und Reform 26

I. Politische Kommunikation der Start-up-Branche 27

II. Das Fondsstandortgesetz 29

1. Inhalt 29

2. Resonanz in der Gründerszene 30

§ 3 Notwendigkeit virtueller Beteiligungsprogramme 33

A. Formen klassischer Mitarbeiterbeteiligung 33

I. Allgemeine Erwägungen 33

II. Beteiligung am Eigenkapital 34

1. Belegschaftsaktien 34

2. Aktienoptionen 35

3. GmbH-Anteile 35

III. Fremdkapitalbeteiligung 36

1. Mitarbeiterdarlehen 36

2. Forderungsverzicht ... 37
IV. Mischformen ... 37
1. Genussrechte ... 37
2. Stille Beteiligung ... 38
3. Schuldverschreibungen ... 38
B. Erfordernis virtueller Mitarbeiterbeteiligung für Start-ups ... 39
I. Struktur deutscher Start-ups ... 39
1. Lebenszyklus ... 39
2. Rechtsformwahl bei der Unternehmensgründung ... 40
a) Aktiengesellschaft ... 40
b) Personengesellschaften ... 40
c) Gesellschaft mit beschränkter Haftung ... 41
d) Unternehmergesellschaft ... 42
II. Mangelnde Praktikabilität klassischer Beteiligungsformen für Start-ups ... 44
1. Beteiligung durch Aktien ... 44
2. Beteiligung durch GmbH-Anteile ... 44
a) Rechte der Gesellschafter ... 44
aa) Stimmrechte ... 44
bb) Informationsrechte ... 45
b) Administrativer Aufwand ... 46
c) *Dry-Income-Problematik* ... 46
3. Andere Beteiligungsformate ... 48
4. Zwischenergebnis ... 48
III. Virtuelle Beteiligungsprogramme als Lösung ... 49
1. Grundprinzip ... 49
2. Beweggründe ... 50
a) *Exit* als primäres Ziel ... 50
b) Einfluss der Venture Capital Investoren ... 51
c) Rekrutierung neuer Mitarbeiter ... 53
3. Auswirkungen des Fondsstandortgesetzes ... 54
C. Zwischenergebnis ... 54

§ 4 Rechtliche Ausgangslage 55

A. Vorüberlegungen 55

B. Allgemeine rechtliche Aspekte 56
I. Beteiligung der Gesellschafterversammlung 56
II. Verhältnis zu anderen Rechtsinstituten 57
1. Abgrenzung zur stillen Gesellschaft 58
2. Analoge Anwendung der handelsrechtlichen Vorschriften 59
III. Mindestlohn 59

C. Prozessuale Aspekte 60
I. Durchsetzbarkeit von Ansprüchen 60
1. Rechtsweg 60
a) Zuständigkeit der Arbeitsgerichtsbarkeit 60
b) Beschluss des Hessischen LAG 61
c) Schiedsgerichts- und Mediationsklauseln 62
2. Zulässigkeit einer Stufenklage 63
II. Zwangsvollstreckung in virtuelle Anteile 64
1. Pfändung virtueller Anteile vor deren Fälligkeit 64
2. Pfändungsschutz für Arbeitseinkommen 65

D. Steuerliche Einordnung 68
I. Einkunftsart 68
II. Besteuerungszeitpunkt 69
III. Steuerliche Privilegierung 69
1. Steuerfreibetrag 69
2. Gebrauch der sog. Fünftelregelung 70
IV. Betriebsausgaben 71

E. Sozialversicherungsrechtliche Folgen 72

F. Rückstellungen 73

§ 5 Möglichkeiten und Gefahren einer virtuellen Beteiligungsvereinbarung 75

A. Vertragliche Ausgangslage 75

B. AGB-rechtliche Einordnung 76

I. Anwendbarkeit des AGB-Rechts 76
1. Kein Vertrag auf dem Gebiet des Gesellschaftsrechts 76
2. Vorformulierte Vertragsbedingungen 77
3. Keine Individualvereinbarung 78
4. Einbeziehen der AGB in den Vertrag 79
II. Inhaltskontrolle 80
III. Kontrollfähigkeit 80
IV. Prüfungsmaßstab 81
1. Verbraucherverträge 81
a) Arbeitnehmer als Verbraucher 82
b) Geschäftsführer als Verbraucher 83
2. Berücksichtigung der im Arbeitsrecht geltenden Besonderheiten 84
V. Zwischenergebnis 86

C. *Exit*-*Vergütung* 86
I. Der *Exit* als Fälligkeitszeitpunkt 86
II. Definition eines *Exits* 87
1. *Share Deal* und *Asset Deal* 88
2. Teil-Veräußerung 89
3. Formwechsel in eine Aktiengesellschaft 89
4. Tausch 90
5. Ratenzahlung 91
6. Das LAG Baden-Württemberg zum „Veräußerungserlös" 91
a) Darstellung der Entscheidung 91
b) Einordnung 92
III. Berechnung der Anspruchshöhe 94
1. Transparenzgebot 94
2. Berechnungsformel 95

D. Ergebnis-Vergütung 96
I. Beteiligung an Gewinnausschüttungen 97
II. Verdeckte Gewinnausschüttung 97
III. Berechnung der Anspruchshöhe 98

E. *Vesting-Periode* ... 99
I. Einführung ... 99
II. Angemessenheit ... 100
III. Mittelbare Altersdiskriminierung ... 100
1. Anwendungsbereich ... 100
2. Benachteiligung i.S.d. AGG ... 101
3. Rechtmäßiges Ziel ... 102
4. Erforderlichkeit und Angemessenheit des Mittels ... 103
IV. *Vesting-Hemmung* ... 103
1. Ausgangslage ... 103
2. AGB-rechtliche Zulässigkeit ... 104
3. Arbeitsrechtliche Zulässigkeit ... 105
a) Kurzarbeit und Krankheitsfall ... 105
b) Mutterschutz ... 106
aa) Diskriminierung nach dem MuSchG ... 106
bb) Diskriminierung nach dem AGG ... 107
cc) Rechtsfolgen ... 108
dd) Verstoß gegen Unionsrecht ... 109
c) Elternzeit ... 110
aa) Diskriminierung nach dem AGG ... 110
bb) Diskriminierung nach dem BEEG ... 111
cc) Verstoß gegen Art. 157 AEUV ... 113
dd) Sonderfall: Elternteilzeit ... 113
V. Zwischenergebnis ... 115
F. *Leaver-Klauseln* ... 115
I. Grundlagen ... 115
II. AGB-rechtliche Zulässigkeit ... 117
1. Unmittelbare Benachteiligung ... 117
2. Angemessenheit ... 118
a) Rechtsprechung ... 118
b) Stellungnahme ... 120
III. Diskriminierung nach dem AGG ... 122

1. Benachteiligung 122
2. Rechtfertigung 124
a) Legitime Ziele 125
b) Angemessenheit und Erforderlichkeit der Mittel 126
3. Rechtsfolge 128
IV. Zwischenergebnis 128

G. Betriebsübergang 128
I. Virtuelle Anteile als Rechte aus dem Arbeitsverhältnis 129
1. Übertragung der für Aktienoptionen entwickelten Auffassungen 129
2. Entscheidung des LAG München 130
3. Stellungnahme 132
II. *Accelerated Vesting* und *Double Trigger Vesting* 134
1. Einführung 134
2. Wirksamkeit der Klauseln 135
a) Benachteiligung 135
b) Angemessenheit 136
III. Zwischenergebnis 138

H. Verwässerungsschutz 138
I. Virtuelle Anteile als Genussrechte 139
II. Rechtsfolge 140
III. Dispositivität 141
IV. Durchsetzbarkeit 142
V. Ausgliederung 142

I. Weitere Gestaltungsmöglichkeiten 143
I. Übertragbarkeit der Ansprüche 143
1. Abtretungsverbot 143
2. Vererblichkeit 144
II. Abfindungsrecht 145
1. Hintergrund 145
2. Auswahl der Zeitspanne 145
3. Bewertungsmethoden 146

a) Ertragswertmethode 147
b) Bewertung im Rahmen von Finanzierungsrunden 148
III. Ausschluss der betrieblichen Übung 149

§ 6 Bewertung 151

A. Vorteile virtueller Beteiligungsprogramme 151
I. Schuldrechtliche Vertragsfreiheit 151
II. Einsparung von Personalkosten 151
III. Ein Instrument zur Krisenbewältigung 152

B. Schwächen virtueller Beteiligungsprogramme 153
I. Keine gesellschaftsrechtlichen Sicherheiten 153
II. Prozessrisiko 154
III. Geringe Verständlichkeit 155
IV. Beratungsaufwand 155
V. Spekulationserwartungen 156

C. Steuerrecht 157

D. Internationaler Vergleich 158

§ 7 Ausblick 161

Literaturverzeichnis 163

§ 1 Einleitung

Kurz vor der Jahrtausendwende lebte Bonnie Brown nach einer Scheidung bei ihrer Schwester in Kalifornien.[1] Auf der Suche nach Arbeit stieß die gelernte Massagetherapeutin auf eine Zeitungsannonce eines kleinen Start-ups im Silicon Valley mit etwa 40 Mitarbeitern[2]. Gesucht wurde eine Teilzeitkraft, deren Aufgabe darin bestehen sollte, die Mitarbeiter gelegentlich zu massieren. Schnell war sie sich mit den Gründern des Start-ups einig, zehn Stunden in der Woche für das Unternehmen tätig zu werden. Frau Brown erhielt zusätzlich zu ihrem Lohn laufend einige Anteile an dem Start-up. Sie freute sich über die Geste, obwohl sie davon ausging, die Anteile seien nur wenige Cent wert.

Das Start-up hieß „Google". Frau Brown ist aufgrund ihrer Anteile an einem der mittlerweile wertvollsten Unternehmen mehrfache Millionärin. Im Jahre 2008 veröffentlichte sie eine Autobiografie mit dem Titel „Giigle: How I Got Lucky Massaging Google".

Wäre Google nicht im Silicon Valley, sondern beispielsweise im deutschen „Start-up-Hotspot" Berlin gegründet worden, hätte diese märchenhafte Geschichte nie stattgefunden. Google wäre dann wahrscheinlich als Gesellschaft mit beschränkter Haftung (GmbH) nach deutschem Recht verfasst und die Übertragung von Geschäftsanteilen erschiene aufgrund der hohen bürokratischen Hürden und gesellschaftsrechtlichen Auswirkungen wenig praktikabel. Um dennoch Mitarbeiter an ihren Start-ups beteiligen zu können und Lebensgeschichten im Stile von Frau Brown zu ermöglichen, greifen immer mehr Gründer auf das Modell der virtuellen Mitarbeiterbeteiligung zurück. Die virtuelle Mitarbeiterbeteiligung bildet die Übertragung von Geschäftsanteilen schuldrechtlich ab und ist Gegenstand der nachfolgenden Arbeit.

---

1 Vgl. *Hafner*, Google Options Make Masseuse a Multimillionaire, nytimes.com vom 12.11.2007, abrufbar unter www.nytimes.com/2007/11/12/technology/12google.html [zuletzt abgerufen am 26.01.2022]; *Bülow*, Bonnie Brown: Mit Massagen zur Multimillionärin, stern.de vom 23.11.2007, abrufbar unter www.stern.de/wirtschaft/news/bonnie-brown-mit-massagen-zur-multi-millionaerin-3227716.html [zuletzt abgerufen am 26.01.2022].

2 Aus Gründen der besseren Lesbarkeit wird im Text verallgemeinernd das generische Maskulinum verwendet. Diese Formulierungen umfassen gleichermaßen weibliche, männliche und anderweitige Geschlechteridentitäten; alle Personen sind damit unabhängig von ihrem Geschlecht angesprochen.

§ 2 Grundlagen

A. Gang der Untersuchung

Zunächst werden die Grundlagen der Mitarbeiterbeteiligung, also deren Entstehungsgeschichte, Sinn und Zweck, sowie insbesondere der aktuelle Diskurs um die gesetzliche Modifikation der Mitarbeiterbeteiligung dargestellt, bevor der Bedarf für virtuelle Beteiligungsprogramme in deutschen Start-ups erläutert wird. Dabei werden zuerst die gängigen Formen der Mitarbeiterbeteiligung beschrieben. Es wird untersucht, warum diese Modelle für Start-ups nicht geeignet sind, und gerade Unternehmen in ihrer Gründungsphase auf Mitarbeiterbeteiligungen angewiesen sind. Anschließend wird die virtuelle Mitarbeiterbeteiligung als möglicher Weg aus diesem Dilemma untersucht.

Daraufhin wird auf die wesentlichen rechtlichen Rahmenbedingungen der virtuellen Beteiligungen an einer GmbH eingegangen. Insbesondere werden die rechtlichen Voraussetzungen und Folgen der Einführung eines virtuellen Beteiligungsprogramms beleuchtet. Im Rahmen dessen werden auch prozessrechtliche Zusammenhänge erörtert und die steuer- und sozialversicherungsrechtlichen Gesichtspunkte aufgezeigt.

Der Schwerpunkt der Arbeit liegt auf der Untersuchung gängiger virtueller Beteiligungsverträge, deren Klauseln bisher weder in Rechtsprechung noch Literatur näher überprüft wurden. Im Mittelpunkt der Prüfung stehen neben der AGB- und AGG-rechtlichen Zulässigkeit der Regelungen, deren Tatbestandsvoraussetzungen und Rechtsfolgen. Analysiert werden unter anderem sog. *Vesting*- bzw. *Leaver-Klauseln* und Voraussetzungen und Höhe der Zahlungsansprüche aus virtuellen Beteiligungen. Abschließend wird die Einführung virtueller Beteiligungsprogramme bewertet und deren Stärken und Schwächen erörtert.

Ziel der Arbeit ist es, die virtuellen Beteiligungsprogramme eingehend rechtlich zu begutachten, die Risiken gängiger Gestaltungsmöglichkeiten aufzuzeigen und eine Orientierung für die anwaltliche Beratung und die richterliche Überprüfung von Regelungen in den diesbezüglichen Verträgen zu schaffen. Das Thema hat gerade durch die gegenwärtigen Reformen, die für Mitarbeiterbeteiligungen in jungen Unternehmen Verbesserungen erreichen sollen, erheblich an praktischer Bedeutung gewonnen.

Da sich in der Diskussion um die virtuelle Mitarbeiterbeteiligung fortlaufend neue Umstände und Gesichtspunkte ergeben, sei darauf hingewiesen, dass alle Tatsachen, Rechtsprechung und Literatur nur bis Januar 2022 berücksichtigt wurden.

B. Begriffliche Klärungen

Für Mitarbeiterbeteiligungsmodelle, die keine dinglichen Gesellschafteranteile einräumen, sondern diese nur schuldrechtlich abbilden, gibt es in der Praxis und im Schrifttum eine Vielzahl unterschiedlicher Bezeichnungen. Schwierigkeiten bei der richtigen Zuordnung der Begriffe ergeben sich vor allem durch den starken Einfluss der englischen Sprache.

Aufgrund der Vermögensbildungsgesetze wurde für Mitarbeiterbeteiligung in Deutschland ursprünglich der Begriff „Vermögensbeteiligung“ als Synonym verwendet. Mittlerweile werden Mitarbeiterbeteiligungsprogramme häufig mit dem Terminus „Employee Stock Option Plan“ betitelt. Bei genauer Übersetzung wären von diesem Ausdruck nur Aktienoptionen erfasst, dennoch wird er für alle Beteiligungsformen gebraucht.

Die schuldrechtliche Nachbildung klassischer Beteiligungsprogramme wird unter anderem als „Phantom Stocks“, „Virtual Shares“, „Phantom Stock Programme“, „Virtual Share Option Plan“ oder „Virtual Stock Option Plan“ beschrieben. Insbesondere der Begriff „Virtual Stock Option Plan“ (VSOP) wird oft verwendet, obwohl der englische Ausdruck „stock“ eher mit der deutschen „Aktie“ vergleichbar ist und es sich regelmäßig auch nicht um Optionen im juristischen Sinne handelt. Wenn man sich einer englischen Bezeichnung bedienen wollte, wäre wohl der Begriff „Virtual Shares“ die korrekte Übersetzung für rein schuldrechtlich ausgestaltete Beteiligungen an einer GmbH.

In der nachfolgenden Untersuchung steht für die schuldrechtliche Abbildung „echter“ gesellschaftsrechtlicher Beteiligungen an einer GmbH zur Vereinfachung einheitlich der deutsche Begriff „virtuelle Mitarbeiterbeteiligung“.

Für die Arbeit ist außerdem der Ausdruck „Exit“[3] von Bedeutung. Ein *Exit* beschreibt in der Regel den Ausstieg der Gründer und/oder der Investoren aus einem Start-up durch Veräußerung ihrer Anteile. Die Veräußerung bzw. sonstige wirtschaftliche Verwertung eines Start-ups (zum Beispiel durch einen Börsengang) wird daher allgemein als *Exit* bezeichnet.[4]

3 „exit“ (engl.) = „Ausgang“; „Abgang“; „Ausfahrt“.

4 *Schiemzik*, NWB 2011, 798 (806) definiert den *Exit* als „Desinvestition des Risikokapitalgebers durch Anteilsverkauf an andere Investoren, Unternehmen oder über die Börse“.

C. Historische Entwicklung der Mitarbeiterbeteiligung in Deutschland

Die Mitarbeiterbeteiligung in Deutschland hat eine lange Entwicklungsgeschichte.

I. Mitarbeiterbeteiligung bis zur Nachkriegszeit

Bereits im 19. Jahrhundert unternahmen Betriebe erste Versuche, ihre Angestellten am Kapital oder an Gewinnausschüttungen zu beteiligen, um das Verhältnis zwischen Arbeitnehmer und Arbeitgeber zu verbessern.[5] Schon damals beteiligte etwa die Siemens-Gruppe ihre Mitarbeiter.[6]

In den Blickpunkt rückte die Mitarbeiterbeteiligung nach Ende des Ersten Weltkrieges, als Arbeiter- und Soldatenräte die Sozialisierung der Unternehmen durch Überführung der Produktionsmittel in Gemeineigentum forderten.[7] Arbeitgeberverbände zogen Mitarbeiterkapitalbeteiligung in Betracht, um Privateigentum sichern und die Eigenkapitalquote erhöhen zu können. Die Gewerkschaften begriffen die Beteiligung der Arbeitnehmer als Chance, mehr Verteilungsgerechtigkeit zu schaffen und durch kollektives Sammeln und Verwalten der Beteiligungen ihre Mitbestimmungsrechte in den Betrieben auszubauen. Sie wiesen auf die steigende Inflationsrate und den damit einhergehenden Wertverlust von Barvermögen hin und erhofften sich, durch Schaffung von Kapital in Arbeitnehmerhand die Folgen der Inflation für ihre Mitglieder zu mildern.

Letztlich konnten jedoch keine nennenswerten Fortschritte erzielt werden. Nachdem sich die revolutionären Kräfte nach Gründung der Weimarer Republik zunächst mäßigten, erschien den Arbeitgeberverbänden die Gefahr von Enteignungen gebannt und Mitarbeiterbeteiligungen somit überflüssig. Die Gewerkschaften fürchteten, dass sich beteiligte Arbeitnehmer schwieriger für gewerkschaftliche Interessen mobilisieren ließen. In dieser Situation sah auch die Politik keinen Anlass zu einer staatlichen Förderung.

---

5 Beispiele bei *Gaugler* in Wagner, Mitarbeiterbeteiligung: Visionen für eine Gesellschaft von Teilhabern (2002), S. 17 ff.; *Krüger*, Mitarbeiterbeteiligung (2008), S. 19 f.

6 *Krüger*, Mitarbeiterbeteiligung (2008), S. 19.

7 *Wagner*, BB 1995, 2 (2 ff.); *Ders.*, DStR 2000, 1707; *Krüger*, Mitarbeiterbeteiligung (2008), S. 20 ff.; vgl. umfassend zur Mitarbeiterbeteiligung in der Weimarer Republik *Becker*, Die Diskussion um die Kapitalbeteiligung von Arbeitnehmern während der Weimarer Republik (1992).

Nach Ende des Zweiten Weltkrieges kamen in den 1950er Jahren als Folge der zunehmenden Vermögenskonzentration erneut Diskussionen über Mitarbeiterbeteiligungsmodelle auf.[8] Die Arbeitgeber sahen jedoch wenig Anlass, das Schreckgespenst der „Sozialisierung" ihrer Unternehmen befürchten zu müssen und auch die Gewerkschaften zeigten geringes Interesse, so dass die Arbeitnehmerbeteiligung bis auf einige Ausnahmen kaum in Gang kam. Die Politik richtete ihr Augenmerk eher auf die Linderung der kriegsbedingten Vermögensschäden und den Wiederaufbau der Wirtschaft.

II. Zeit der gesetzlichen Förderung

Erst nach der Regierungsübernahme durch eine Koalition aus CDU/CSU und FDP im Jahr 1982 rückte die Mitarbeiterbeteiligung wieder in das gesetzgeberische und infolgedessen unternehmerische Blickfeld. Im Dezember 1983 beschloss der Bundestag das „Gesetz zur Förderung der Vermögensbildung der Arbeitnehmer durch Kapitalbeteiligungen (Vermögensbeteiligungsgesetz)"[9]. Dadurch wurde neben der Umbenennung des „Dritten Vermögensbildungsgesetzes" in „Viertes Vermögensbildungsgesetz" insbesondere der zwischenzeitlich aufgehobene § 19a EStG eingeführt, der erstmalig Mitarbeiterbeteiligung steuerlich subventionierte. Der halbe Wert der Vermögensbeteiligung, höchstens aber 300 DM, war steuerfrei und unterlag auch nicht der Sozialversicherungspflicht.

Das Zweite Vermögenbeteiligungsgesetz[10] brachte im Jahr 1986 eine weitere Förderung. Die förderungsfähigen Beteiligungen wurden auf den Erhalt von GmbH-Anteilen erweitert und der steuerliche Freibetrag von 300 DM auf 500 DM erhöht. Dieser Betrag wurde jedoch 1993 aufgrund von Bestrebungen zur Haushaltskonsolidierung wieder auf 300 DM gesenkt.[11] Das Dritte Vermögensbeteiligungsgesetz[12] vergrößerte schließlich erneut den Anwendungsbereich des § 19a a.F. EStG und führte eine Insolvenzversicherung bezüglich

---

8 Vgl. *Wagner*, BB 1995, 2 (3 ff.); *Ders.*, DStR 2000, 1707.

9 Gesetz vom 22.12.1983, BGBl. I S. 1952, in Kraft getreten am 01.01.1984; vgl. Brandis/Heuermann/*Treiber*, EStG (Stand: 10/2021), § 1 5. VermBG Rn. 4 ff.

10 „Zweites Gesetz zur Förderung der Vermögensbildung der Arbeitnehmer durch Kapitalbeteiligung" vom 19.12.1986, BGBl. I S. 2595.

11 „Gesetz zur Bekämpfung des Mißbrauchs und zur Bereinigung des Steuerrechts" vom 21.12.1994, BGBl. I S. 2310.

12 „Gesetz zur Förderung der Beteiligung der Arbeitnehmer am Produktivvermögen und anderer Formen der Vermögensbildung der Arbeitnehmer" vom 07.09.1998, BGBl. I S. 2647.

Mitarbeiterbeteiligungen für den Fall der Zahlungsunfähigkeit des Arbeitgebers ein.

Nachdem die Diskussion um mehr Arbeitnehmerbeteiligung als Grundlage für höhere Verteilungsgerechtigkeit Mitte der 2000er Jahre wieder zunahm, beschloss der Bundestag im Jahre 2009 das Mitarbeiterkapitalbeteiligungsgesetz[13]. Das Gesetz hob § 19a a.F. EStG auf und fügte die Regelung in § 3 Nr. 39 EStG ein. Der Steuerfreibetrag wurde auf 360 € festgelegt.

Die Entstehungsgeschichte zeigt, dass Politik wie Interessenvertreter die Mitarbeiterbeteiligung aus verschiedenen Beweggründen stets eher stiefmütterlich behandelt haben.[14] Die verabschiedeten Gesetze sahen jeweils nur unbedeutende Begünstigungen für die Mitarbeiterbeteiligung vor, die sich in der Praxis kaum auswirkten. Trotz entgegengesetzter Forderungen blieb die Beteiligung für die Unternehmen bis heute ein freiwilliges Instrument. Im Fokus des Gesetzgebers standen eher die Förderung der privaten und betrieblichen Altersversorgung, etwa durch Einführung der sog. Riester-Rente[15] und zuletzt durch das Betriebsrentenstärkungsgesetz[16]. Insofern kann allerdings auch die Mitarbeiterbeteiligung als eine Form der betrieblichen Altersversorgung gesehen werden.[17]

Das mäßige Interesse der Politik an einer Förderung der Mitarbeiterbeteiligung kommt insbesondere im geringen Umfang des Steuerfreibetrags zum Ausdruck. Für eine höhere Attraktivität der Beteiligungsformen hätte der Betrag um ein Vielfaches größer sein müssen.

D. Nutzen der Mitarbeiterbeteiligung

Unabhängig von der Ausgestaltung im Einzelnen profitieren sowohl die Unternehmen als auch die betroffenen Arbeitnehmer von Mitarbeiterbeteiligungsprogrammen. Mitarbeiterbeteiligung ist zwar im Hinblick auf eine Vielzahl von ineinandergreifenden Aspekten für die Beteiligten im Ergebnis vorteilhaft, wird von Arbeitnehmervertretern dennoch nach wie vor kritisch betrachtet.

---

13 „Gesetz zur steuerlichen Förderung der Mitarbeiterkapitalbeteiligung" vom 07.03.2009, BGBl. I S. 451.

14 Kritisch auch *Hasbargen/Schmitt/Betz*, BB 2010, 1951 (1955); *Roggemann*, ZRP 2011, 49 (51 ff.).

15 Vgl. *Blomeyer*, NZA 2001, 913.

16 Vgl. *Rolfs*, NZA 2017, 1225.

17 So auch *Wagner*, NJW 2003, 3081 (3082); *Sieg*, NZA 2015, 784 (787).

I. Bedeutung auf Unternehmensseite

Laut einer Studie des Instituts für Arbeitsmarkt- und Berufsforschung ist die Arbeitsproduktivität von am Unternehmen beteiligten Mitarbeitern um 20 % höher als von Nichtbeteiligten.[18] Auch eine aktuelle Studie der Georg-August-Universität Göttingen kommt am Beispiel der Siemens AG zu dem Ergebnis, dass das Engagement der Mitarbeiter durchschnittlich zunimmt, wenn mehr Arbeitnehmer an Beteiligungsprogrammen teilnehmen.[19] Außerdem steige die individuelle „Performance", je höher die Beteiligung ist.[20] Die positiven Effekte auf die Motivation der Mitarbeiter lassen sich mithin empirisch belegen.[21]

Es ist davon auszugehen, dass die Beteiligung eine höhere Identifikation der Mitarbeiter mit dem Unternehmen bewirkt und so die Motivation und Betriebstreue der Arbeitnehmer fördert, weil die Arbeitnehmer sich mehr als „Mit-Unternehmer" fühlen und eher unternehmerisches Denken und Handeln entwickeln.[22]

Weil die Begünstigten durch ihre Beteiligung unmittelbar am Unternehmenserfolg partizipieren, steigt ihre Leistungsbereitschaft, der Krankenstand sinkt und sie entwickeln ein besseres Kostenbewusstsein. Zusätzliche Anreize kann der Arbeitgeber erreichen, indem er die Mitarbeiterbeteiligungen mit Zielvereinbarungen verknüpft, die bei überdurchschnittlicher Leistung eine höhere Beteiligungsquote vorsehen. Eine entsprechende Ausgestaltung der Beteiligungsvereinbarungen kann zudem die Betriebstreue der Arbeitnehmer honorieren. Mitarbeiterbeteiligung kann darüber hinaus die Attraktivität des Unternehmens am Arbeitsmarkt fördern.

Die Beteiligung am Unternehmen dient auch der Personalkostenreduzierung und -flexibilisierung.[23] Sie kann zusätzlich zum Arbeitsentgelt gewährt

---

18 *Möller*, Mitarbeiterbeteiligung: Ein Weg zu höherer Produktivität, IAB-Kurzbericht 09/2001.

19 *Wolff/Zschoche*, Studie zur Wirkung der Mitarbeiterbeteiligung am Beispiel der Siemens AG (2015), S. 19.

20 *Wolff/Zschoche*, Studie zur Wirkung der Mitarbeiterbeteiligung am Beispiel der Siemens AG (2015), S. 20.

21 Dennoch kritisch MüKo/*Fuchs*, AktG (5. Aufl. 2021), § 192 Rn. 68 ff.

22 Vgl. etwa *Schanz*, NZA 2000, 626; *Wagner*, BB 2000, 42; *Ders*, NJW 2003, 3081 (3082); *Leuner/Dumser*, BB 2006, 1993; *Sieg*, NZA 2015, 784; Lüdicke/Sistermann/*Rödding/Brinkmann/Fischer*, UStR (2. Aufl. 2018), § 14 Rn. 145; *Walter*, ZRP 2019, 227 (227 f.).

23 Vgl. *Wagner*, NZG 1998, 2 (2 f.); *Ders.*, DStR 2000, 1707 (1712); *Ders.*, BB 2000, 42 (44 f.); *Hütche*, BC 2002, 105.

werden oder einen Teil des regulären Lohns ersetzen. Durch Letzteres kann das Unternehmen seine laufenden Personalausgaben begrenzen und so seine Liquidität schonen. Niedrigere reguläre Löhne bieten außerdem Spielraum, mehr Mitarbeiter einzustellen. Insofern hat die Arbeitnehmerbeteiligung grundsätzlich auch einen volkswirtschaftlichen Einfluss, weil mehr Personen von der Arbeitslosigkeit in ein Anstellungsverhältnis wechseln können.[24]

Mitarbeiterbeteiligung bietet sich unter Umständen auch zur Regelung der Unternehmensnachfolge an.[25] Kommt eine Nachfolge durch die Familie des Eigentümers oder Dritte nicht in Betracht, können die Mitarbeiter das Unternehmen durch dessen Erwerb fortführen. Diese Art der Mitarbeiterbeteiligung findet häufig in Gestalt eines sog. *Management-Buy-Outs* (MBO) statt, bei dem die Eigentümer das Unternehmen an das eigene Management verkaufen.

Bei Modellen der Führungskräftebeteiligung kann diese den sog. *Principal-Agency-Conflict* abschwächen.[26] Der *Principal-Agency-Conflict* ist eine ökonomische Theorie, nach der die Interessen des Beauftragenden und des Beauftragten immer divergieren, weil sich beide Parteien grundsätzlich eigennützig verhalten.[27] Auf Unternehmensebene tritt diese Problematik dann auf, wenn das Management und die Anteilsinhaber gegenläufige Interessen verfolgen. Durch eine Beteiligung des Managements am Unternehmen werden diese Personen jedoch selbst zu Inhabern, so dass sich die Interessen beider Seiten angleichen.

II. Chancen für Arbeitnehmer

Auf Seiten der Arbeitnehmer bietet die Mitarbeiterbeteiligung eine Möglichkeit zur individuellen Vermögensbildung und zusätzlichen Altersvorsorge, weil die Beteiligung in aller Regel auch nach Beendigung des Arbeitsverhältnisses fortbesteht. Als „Mit-Eigentümer" können die Betroffenen sich so eigene Kapitalanlagen schaffen und langfristig am Unternehmenserfolg teilhaben. Die Vermögensbildung wird zudem durch steuerliche Begünstigungen staatlich gefördert.[28]

---

24 Grundlegend *Sinn* in Arentz/Stihl, Vermögensbildung in Arbeitnehmerhand – Wege zu einer Gesellschaft von Teilhabern (1998), S. 9 ff.

25 *Koblenzer*, ZEV 2002, 350; *Wagner*, NJW 2003, 3081 (3082).

26 Vgl. *Zimmermann/Wortmann*, DB 2001, 289; *Lembke*, BB 2001, 1469; *Oehlrich*, NZG 2019, 1049.

27 *Neus*, Ökonomische Agency-Theorie und Kapitalmarktgleichgewicht (1989), S. 10 ff.

28 Hierzu sogleich unter § 3 A. I.

Mittelbar kommen den Beteiligten außerdem alle Vorteile des Arbeitgebers zugute, weil letztlich auch die Belegschaft von einem Unternehmen profitiert, das wirtschaftlich gut aufgestellt ist und perspektivisch wächst.

Zunehmend wird in wirtschaftlichen Krisenzeiten Mitarbeiterbeteiligung zur Unternehmenssanierung eingesetzt.[29] Insbesondere von der Zahlungsunfähigkeit bedrohte Unternehmen können sich die Effekte der Mitarbeiterbeteiligung zu Nutzen machen. Sie können leichter Fremdkapital einsammeln, die Personalkosten reduzieren und gleichzeitig die Liquidität stärken. In diesen Fällen wird ein erforderlicher vorübergehender Lohnverzicht häufig durch eine Mitarbeiterbeteiligung ausgeglichen. Die Arbeitnehmer profitieren „doppelt" von ihrer Beteiligung, weil sie nicht nur Teilhaber werden, sondern durch die Rettung des Unternehmens ihre Arbeitsplätze sichern. Mitarbeiterbeteiligungen in Krisenzeiten können außerdem ein positives Signal an potenzielle Investoren senden.

III. Haltung der Interessenvertreter

Trotz der aufgezeigten Stärken stehen Gewerkschaften und Arbeitgeberverbände der Einführung von Mitarbeiterbeteiligungsprogrammen traditionell kritisch gegenüber.[30] Gewerkschaften befürchten, dass die Beteiligung der Arbeitnehmer die Vermischung von Arbeit und Kapital weiter vorantreibt und sie dadurch an Einfluss verlieren. Sie weisen darauf hin, dass eine Kapitalbeteiligung immer ein Ausfallrisiko berge und lehnen daher Lohnkürzungen in diesem Zusammenhang grundsätzlich ab. Die Gewerkschaften befürworten Mitarbeiterbeteiligung in der Regel nur als Zusatzleistung zur regulären Vergütung.

Die Skepsis der Arbeitgeber erwächst aus der Befürchtung, die Unternehmensführung und -politik noch stärker mit den Arbeitnehmern abstimmen zu müssen. Sie sehen ihre unternehmerische Freiheit durch eine Beteiligung ihrer Mitarbeiter gefährdet.

---

29 Ausführlich *Göpfert/Buschbaum*, ZIP 2010, 2330; *Kutsch/Kersting*, BB 2011, 373; *Blunck*, BB 2015, 437.

30 Umfassend zur Haltung der Interessenvertreter im Hinblick auf Mitarbeiterbeteiligung *Lowitzsch*, Mitarbeiterkapitalbeteiligung in Deutschland und Europa (2020), S. 31 ff.; vgl. auch *Göpfert/Buschbaum*, ZIP 2010, 2330.

E. Start-ups in Deutschland

Start-ups sind mittlerweile für jede Volkswirtschaft von zentraler Bedeutung. Sie sorgen durch Innovation für wirtschaftliches Wachstum, Wettbewerbsfähigkeit und neue Arbeitsplätze. Vor der Covid-19-Pandemie wurden in Deutschland jährlich etwa 70.000 Start-ups gegründet.[31]

Doch wodurch zeichnet sich ein typisches Start-up überhaupt aus? Ist nicht jede Kanzleigründung im Prinzip auch ein Start-up? Der jährlich erscheinende „KfW-Start-up-Report“ definiert ein Start-up wie folgt: „Start-ups sind die aktiven Unternehmen von Gründerinnen und Gründern, die das Unternehmen vor höchstens 5 Jahren neu gründeten, im Vollerwerb gewerbetreibend (also nicht freiberuflich) tätig sind, ein Gründungsteam oder Angestellte haben und innovationsorientiert oder wachstumsorientiert sind. Innovationsorientiert bedeutet dabei Forschung und Entwicklung durchzuführen, um eine technologische Innovation zur Marktreife zu bringen, oder mindestens eine deutschlandweite Marktneuheit anzubieten.“[32] Ähnliche Merkmale verwendet auch der „Deutsche Startup Monitor 2020“.[33] Eine Kanzleigründung wäre demnach nicht vom Begriff des „Start-ups“ gedeckt, weil die anwaltliche Tätigkeit kein Gewerbe und keine technologische Innovation ist.

Die meisten Start-ups werden derzeit in NRW und Berlin gegründet.[34] Das Durchschnittsalter der Gründer liegt bei 36,1 Jahren.[35] Nach wie vor

31 *Metzger*, KfW-Start-up-Report 2020, S. 1, abrufbar unter www.kfw.de/PDF/Download-Center/Konzernthemen/Research/KfW-Start-up-Report/KfW-Start-up-Report-2020.pdf [zuletzt abgerufen am 26.01.2022].

32 *Metzger*, KfW-Start-up-Report 2020, S. 1, abrufbar unter www.kfw.de/PDF/Download-Center/Konzernthemen/Research/KfW-Start-up-Report/KfW-Start-up-Report-2020.pdf [zuletzt abgerufen am 26.01.2022].

33 Deutscher Startup Monitor 2020, S. 18 f., abrufbar unter www.deutscherstartupmonitor.de/wp-content/uploads/2020/09/dsm_2020.pdf [zuletzt abgerufen am 26.01.2022].

34 Deutscher Startup Monitor 2020, S. 22, abrufbar unter www.deutscherstartupmonitor.de/wp-content/uploads/2020/09/dsm_2020.pdf [zuletzt abgerufen am 26.01.2022].

35 Deutscher Startup Monitor 2020, S. 33, abrufbar unter www.deutscherstartupmonitor.de/wp-content/uploads/2020/09/dsm_2020.pdf [zuletzt abgerufen am 26.01.2022].

gründen hauptsächlich Männer Start-ups. Der Anteil der Gründerinnen lag im Jahre 2020 bei nur knapp 16 %.[36]

Bei deutschen Start-ups dominieren Geschäftsmodelle im Bereich der Informations- und Kommunikationstechnologie. 31,8 % der Start-ups ordnen sich diesem Sektor zu.[37] Mit einigem Abstand folgen Start-ups aus der Branche der Ernährung und Nahrungsmittel/Konsumgüter (10,7 %) und Medizin und Gesundheitswesen (9,2 %). Ein durchschnittliches Start-up besteht aus 2,4 Gründern und 14,3 Mitarbeitern.[38] Etwa zwei Drittel der Start-ups streben primär Profitabilität und schnelles Wachstum an.[39]

Allerdings gewinnen auch ökologische und gesellschaftliche Ziele für Start-ups zunehmend an Bedeutung. Sie setzen ihre Innovationskraft vermehrt für die Lösung von Klima- und Umweltschutzherausforderungen ein. Knapp die Hälfte der Start-ups ordnen ihre Produkte bzw. Dienstleistungen der *Green Economy* zu.[40]

F. Aktueller Diskurs und Reform

Bereits im Jahr 2018 vereinbarten CDU, CSU und SPD im Hinblick auf die Förderung der Gründungskultur in Deutschland im Koalitionsvertrag: „Wir werden neue Möglichkeiten der Mitarbeiterbeteiligung prüfen"[41]. Diese Absicht

---

36 Deutscher Startup Monitor 2020, S. 33, abrufbar unter www.deutscherstartupmonitor.de/wp-content/uploads/2020/09/dsm_2020.pdf [zuletzt abgerufen am 26.01.2022].

37 Deutscher Startup Monitor 2020, S. 23, abrufbar unter www.deutscherstartupmonitor.de/wp-content/uploads/2020/09/dsm_2020.pdf [zuletzt abgerufen am 26.01.2022].

38 Deutscher Startup Monitor 2020, S. 25, abrufbar unter www.deutscherstartupmonitor.de/wp-content/uploads/2020/09/dsm_2020.pdf [zuletzt abgerufen am 26.01.2022].

39 Deutscher Startup Monitor 2020, S. 42, abrufbar unter www.deutscherstartupmonitor.de/wp-content/uploads/2020/09/dsm_2020.pdf [zuletzt abgerufen am 26.01.2022].

40 Deutscher Startup Monitor 2020, S. 41, abrufbar unter www.deutscherstartupmonitor.de/wp-content/uploads/2020/09/dsm_2020.pdf [zuletzt abgerufen am 26.01.2022].

41 Ein neuer Aufbruch für Europa, Eine neue Dynamik für Deutschland, Ein neuer Zusammenhalt für unser Land, Koalitionsvertrag zwischen CDU, CSU und SPD, 19. Legislaturperiode, S. 63, abrufbar unter www.bundesregierung.de/resource/blob/974430/847984/5b8bc23590d4cb2892b31c987ad672b7/2018-03-14-koalitionsvertrag-data.pdf?download=1 [zuletzt abgerufen am 26.01.2022].

bekräftigte die Bundesregierung im Rahmen einer Kleinen Anfrage[42] im Januar 2019. Auf die Frage, ob sie eine höhere Anzahl an Unternehmensbeteiligungen für Mitarbeiter in Start-ups und anderen Unternehmen als erstrebenswert ansehe, antwortete die Bundesregierung: „Die Bundesregierung setzt sich für eine stärkere Verbreitung von Mitarbeiterkapitalbeteiligungen ein und prüft dazu auch neue Formen der Mitarbeiterbeteiligung."[43] Dennoch brachten zunächst nur die Fraktionen der Bündnis 90/Die Grünen und der FDP jeweils Anträge zur Optimierung der Mitarbeiterbeteiligung in den Bundestag ein.[44]

Die Mitarbeiterbeteiligung und im Besonderen deren Ermöglichung und Notwendigkeit für Start-ups waren infolgedessen zunehmend Gegenstand politischer und gesellschaftlicher Erörterungen, die schließlich im Januar 2021 in einem Gesetzentwurf der Bundesregierung mündeten.[45]

I. Politische Kommunikation der Start-up-Branche

Zahlreiche Interessenverbände versuchten im Vorfeld der Gesetzgebung Einfluss auf die Politik und die öffentliche Meinung auszuüben.

Im Juni 2020 startete beispielsweise der Bundesverband Deutsche Startups e.V. eine groß angelegte Kampagne, um die rechtlichen Rahmenbedingungen für Mitarbeiterbeteiligungen in Start-ups zu verbessern. Kernstück der Aktion war eine umfassende Studie mit dem Titel „#ESOPasap – Wie bessere Rahmenbedingungen für Mitarbeiterbeteiligungen Innovation und Wachstum fördern".[46] Der Hashtag „ESOPasap" steht dabei für „Employee Stock Option Plans as soon as possible" und soll die Beiträge auf den einschlägigen Social-Media-Plattformen konzentrieren. Bei Erstellung dieser Studie wirkten unter anderem die Unternehmensberatung Boston Consulting Group und die

---

42 Kleine Anfrage der Abgeordneten Dr. Danyal Bayaz, Anja Hajduk, Lisa Paus, Dr. Gerhard Schick, Stefan Schmidt, Beate Müller-Gemmeke, Claudia Müller, Katharina Dröge, Sven-Christian Kindler, Dr. Wolfgang Strengmann-Kuhn und der Fraktion Bündnis 90/Die Grünen, Möglichkeiten für Mitarbeiterbeteiligung in Start-ups und anderen Unternehmen, BT-Drs. 19/6843.

43 Antwort der Bundesregierung, BT-Drs. 19/7496, 5.

44 Antrag der Fraktion der FDP, Eigentumsturbo – Mitarbeiterbeteiligung schnell durchsetzen, BT-Drs. 19/14786; Antrag der Fraktion Bündnis 90/Die Grünen, Mitarbeiterbeteiligung erleichtern – In Start-ups und etablierten Unternehmen, BT-Drs. 19/15118.

45 BT-Drs. 19/27631.

46 Abrufbar unter www.deutschestartups.org/wp-content/uploads/2020/06/ESOPasap_Studie.pdf [zuletzt abgerufen am 26.01.2022].

Kanzlei Hengeler Mueller mit. Kernaussage der Studie ist, dass Start-ups auf Mitarbeiterbeteiligungen angewiesen seien, hierfür die Rahmenbedingungen in Deutschland jedoch nicht wettbewerbsfähig sind. Das habe „fatale Folgen" für Start-ups.

Im Nachgang der Studie bemühten sich der Start-up-Verband und Personen aus der Branche über ihre jeweiligen Social-Media-Kanäle, der Thematik weiter Raum in der Öffentlichkeit zu verschaffen. So twitterte etwa der FDP-Politiker Sebastian Czaja[47] am 13.07.2020: „Mitarbeiterbeteiligungen an Unternehmen sind nicht nur ein Zeichen von Vertrauen und Wertschätzung, sondern vor allem auch die Möglichkeit eines jeden Mitarbeiters am Erfolg des Unternehmens zu partizipieren. Brauchen deshalb dringend neue, wettbewerbsfähige Regelung. #ESOPasap".[48] Als Reaktion auf die Nominierung von Olaf Scholz als Kanzlerkandidat setzte der Präsident des Bundesverbandes Deutsche Startups e.V. Christian Miele[49] am 10. August 2020 folgenden Tweet ab: „Herzlichen Glückwunsch! Für gute Sozialpolitik braucht es zukünftig einen starken Standort. Daher die Startups bitte nicht vergessen, denn wir bringen überdurchschnittlich viele Arbeitsplätze und Wohlstand. … und bitte #ESOPasap in der Euphorie nicht vergessen."[50] Der Verband versucht außerdem über die Spendenplattform „betterplace" Geld zu sammeln, um die Verbesserung der Rahmenbedingungen weiter verfolgen zu können.[51]

Auch der SPD-nahe Verein D64 – Zentrum für Digitalen Fortschritt e.V. veröffentlichte im Mai 2020 ein Thesenpapier mit dem Titel „Startup-Förderung, 10 Maßnahmen für progressive Gründungskultur".[52] Neben mehr finanzieller Förderung und weniger Bürokratie fordert der Verein als wesentliche Maßnahme einen „Effizienten Rahmen für moderne Mitarbeitendenbeteiligung".

---

47 Sebastian Czaja ist Vorsitzender der FDP-Fraktion im Berliner Abgeordnetenhaus und war von 2015 bis 2020 Generalsekretär der Berliner FDP.

48 Abrufbar unter www.twitter.com/SebCzaja/status/1282576516535263234 [zuletzt abgerufen am 26.01.2022].

49 Christian Miele ist Urenkel des Unternehmers Carl Miele und Partner des Venture Capital Fonds E. ventures, der zu den größten Beteiligungsunternehmen in Europa gehört.

50 Abrufbar unter www.twitter.com/miele/status/1292746919182315520 [zuletzt abgerufen am 26.01.2022].

51 Abrufbar unter www.betterplace.me/hashtag-esopasap-mitarbeiterbeteiligungen-jetzt [zuletzt abgerufen am 26.01.2022].

52 Abrufbar unter www.d-64.org/wp-content/uploads/2020/07/Papier_D64_Start_Up_F%C3%B6rderung_2020.pdf [zuletzt abgerufen am 26.01.2022].

Die Thematik war in der zweiten Jahreshälfte 2020 auch Gegenstand zahlreicher Presseartikel, die sich auf die Studie des Start-up-Verbands bezogen.[53]

II. Das Fondsstandortgesetz

Am 22. April 2021 verabschiedete der Bundestag schließlich das Fondsstandortgesetz (FoStoG)[54]. Der Bundesrat stimmte dem Gesetz am 28. Mai 2021 zu.[55] Es trat in wesentlichen Teilen am 1. Juli 2021 in Kraft.[56] Das Gesetz trifft unter anderem Regelungen zur Modifikation der Mitarbeiterbeteiligung in Deutschland.[57] Der Gesetzentwurf wurde von der Finanzmarktabteilung des Bundesfinanzministeriums erarbeitet.[58]

1. Inhalt

Ziel der Reform ist es, innovative Beteiligungsformen stärker zu fördern und dadurch Deutschland als Gründerstandort zu stärken.[59] Start-ups seien

---

53 Beispielsweise *Seibel*, Diese Regel soll Start-up-Mitarbeitern Reichtum ermöglichen, welt.de vom 22.06.2020 (abrufbar unter www.welt.de/wirtschaft/article210097653/Mitarbeiterbeteiligungen-Reich-werden-in-der-Start-up-Branche.html [zuletzt abgerufen am 26.01.2022]); *Holzki*, So will die Gründerszene Deutschland zur Digitalisierungshochburg machen, handelsblatt.de vom 22.06.2020 (abrufbar unter www.handelsblatt.com/technik/it-internet/appell-an-altmaier-so-will-die-gruenderszene-deutschland-zur-digitalisierungshochburg-machen/25931332.html?ticket=ST-4301560-mfLaNjIrwblLIlVWnDJz-ap4 [zuletzt abgerufen am 26.01.2022]).

54 BT-PlPr. 19/224, 28521 (C); Für das Gesetz stimmten CDU/CSU und SPD. AFD, FDP und BÜNDNIS 90/Die Grünen enthielten sich. Die Linke stimmte als einzige Fraktion gegen das Gesetz.

55 BR-PlPr. 1005, 228 (6).

56 Gesetz zur Stärkung des Fondsstandorts Deutschland und zur Umsetzung der Richtlinie (EU) 2019/1160 zur Änderung der Richtlinien 2009/65/EG und 2011/61/EU im Hinblick auf den grenzüberschreitenden Vertrieb von Organismen für gemeinsame Anlagen vom 03.06.2021, BGBl. I S. 1498.

57 Zur konkreten Auswirkung des Entwurfs auf virtuelle Beteiligungsprogramme sogleich unter § 3 B. III. 3.

58 Referentenentwurf abrufbar unter www.bundesfinanzministerium.de/Content/DE/Gesetzestexte/Gesetze_Gesetzesvorhaben/Abteilungen/Abteilung_VII/19_Legislaturperiode/2021-06-10-FoStoG/1-Referentenentwurf.pdf?__blob=publicationFile&v=4 [zuletzt abgerufen am 26.01.2022].

59 Vgl. zur rechtlichen Einordnung des Entwurfs auch *Möllmann/Zantopp*, DStR 2020, 2817.

aufgrund ihrer Risikobereitschaft und ihres Engagements entscheidend für das Innovations- und Wachstumspotential der deutschen Wirtschaft. Die Rekrutierung qualifizierter Mitarbeiter durch Beteiligungen solle daher stärker gefördert werden.[60]

Zur Erreichung dieser Ziele sieht das Gesetz vor, den steuerfreien Höchstbetrag für Vermögensbeteiligungen in § 3 Nr. 39 EStG von 360 € auf 1.440 € pro Jahr anzuheben. Außerdem wird ein neuer § 19a EStG eingeführt, wonach die Einkünfte aus Mitarbeiterbeteiligungen erst zu versteuern sind, wenn die Beteiligung durch den Arbeitnehmer veräußert wird, bei einem Arbeitgeberwechsel oder spätestens zwölf Jahre nach Erhalt der Beteiligung. Voraussetzung hierfür ist, dass der Arbeitgeber weniger als 250 Mitarbeiter beschäftigt und einen Jahresumsatz von unter 50 Mio. € bzw. eine Jahresbilanz von unter 43 Mio. € hat und seine Gründung nicht mehr als zehn Jahre zurückliegt.

2. *Resonanz in der Gründerszene*

Die Start-up-Branche und insbesondere diejenigen, die sich lange für bessere Rahmenbedingungen für Mitarbeiterbeteiligung in Deutschland eingesetzt hatten, reagierten überwiegend enttäuscht auf das Gesetz.

In der Stellungnahme des Bundesverbandes Deutsche Startups e.V. zum Referentenentwurf heißt es etwa zusammenfassend: „Der aktuelle Entwurfsstand deckt sich nicht mit den Bedürfnissen der Praxis."[61] Kurz vor Verabschiedung des Gesetzes veröffentlichte der Start-up-Verband eine Pressemitteilung mit dem Titel: „Placebo statt Wachstumsspritze: Neue Regelungen für Mitarbeiterbeteiligungen bringen keine Verbesserungen für Startups".[62]

Die Stellungnahmen des Bundesverbandes Informationswirtschaft, Telekommunikation und Neue Medien e.V (Bitkom)., des Bundesverbandes Investment und Asset Management e.V. (BVI), und des Bundesverbandes Deutscher Kapitalbeteiligungsgesellschaften e.V. (BVK) begrüßen das Vorhaben zwar im Grundsatz, sehen aber bezüglich der Mitarbeiterbeteiligung noch erheblichen

---

60 BT-Drs. 19/27631, 1 f.

61 Stellungnahme des Bundesverbandes Deutsche Startups e.V. zum Referentenentwurf des Fondsstandortgesetzes vom 16.12.2020, abrufbar unter www.bundesfinanzministerium.de/Content/DE/Gesetzestexte/Gesetze_Gesetzesvorhaben/Abteilungen/Abteilung_VII/19_Legislaturperiode/2021-06-10-FoStoG/Stellungnahme-08-bds.pdf?__blob=publicationFile&v=2 [zuletzt abgerufen am 26.01.2022].

62 Pressemitteilung des Bundesverbandes Deutsche Startups e.V. vom 21.04.2021, abrufbar unter www.deutschestartups.org/wp-content/uploads/2021/04/20210420_PM-Fondsstandortgesetz.pdf [zuletzt abgerufen am 26.01.2022].

Nachbesserungsbedarf.[63] Der Präsident des Digitalverbandes Bitkom Achim Berger sprach laut Nachrichtenagentur Reuters von einer „Enttäuschung" ", es würden „zu wenige Startups davon profitieren".[64]

Ihre Unzufriedenheit mit dem Gesetzesentwurf brachten die Beteiligten erneut in erster Linie über ihre Social-Media-Kanäle zum Ausdruck. Der FDP-Politiker Christian Lindner[65] twitterte etwa am 20.01.2021 als Reaktion auf einen Zeitungsartikel, der über die Billigung der Reformvorschläge durch das Bundeskabinett berichtete: „Bei der Mitarbeiterbeteiligung an Unternehmen soll der Freibetrag auf 720 Euro steigen. So belohnen wir nicht Leistung und so werden wir keine #Eigentümernation. Sorry, aber mit so provinzieller Politik helfen wir auch nicht den #Startups in Deutschland. CL".[66] Kritik kam aber auch aus anderen politischen Lagern. Der BÜNDNIS 90/Die Grünen-Politiker Danyal Bayaz[67] reagierte via Twitter auf den Gesetzentwurf: „Mitarbeiterbeteiligung ist zentral für #Startups, um Fachkräfte zu gewinnen. Kabinettsentwurf wird dem nicht gerecht: steuerlicher Freibetrag ist marginal und Dry-Income birgt in dieser Form Nachteile für die Mitarbeiter. Parlament muss das Gesetz

---

63 Bitkom, Stellungnahme vom 16.12.2021, abrufbar unter www.bundesfinanzministerium.de/Content/DE/Gesetzestexte/Gesetze_Gesetzesvorhaben/Abteilungen/Abteilung_VII/19_Legislaturperiode/2021-06-10-FoStoG/Stellungnahme-11-bitkom.pdf?__blob=publicationFile&v=3 [zuletzt abgerufen am 26.01.2022]; BVI, Stellungnahme zum Referentenentwurf vom 1. Dezember 2020 für ein Fondsstandortgesetz vom 16.12.2020, abrufbar unter www.bundesfinanzministerium.de/Content/DE/Gesetzestexte/Gesetze_Gesetzesvorhaben/Abteilungen/Abteilung_VII/19_Legislaturperiode/2021-06-10-FoStoG/Stellungnahme-12-bvi.pdf?__blob=publicationFile&v=4 [zuletzt abgerufen am 26.01.2022]; Stellungnahme BVK, abrufbar unter www.bundesfinanzministerium.de/Content/DE/Gesetzestexte/Gesetze_Gesetzesvorhaben/Abteilungen/Abteilung_VII/19_Legislaturperiode/2021-06-10-FoStoG/Stellungnahme-13-bvk.pdf?__blob=publicationFile&v=2 [zuletzt abgerufen am 26.01.2022].

64 Kabinett billigt Scholz' Pläne zur Mitarbeiterbeteiligung, Agenturmeldung (Reuters) vom 20.01.2021, abrufbar unter www.businessinsider.de/gruenderszene/perspektive/kabinett-esop-reform-scholz/ [zuletzt abgerufen am 26.01.2022].

65 Christian Lindner ist Bundesvorsitzender der FDP und seit dem 8. Dezember 2021 Bundefinanzminister.

66 Der Tweet wurde zu einem Zeitpunkt abgesetzt, in dem der Gesetzesentwurf noch eine Anhebung des Freibetrags auf nur 720 € vorsah; Abrufbar unter www.twitter.com/c_lindner/status/1351914466288529412 [zuletzt abgerufen am 26.01.2022].

67 Danyal Bayaz war bis Mai 2021 Mitglied des Deutschen Bundestages. Seit dem 12. Mai 2021 ist er Finanzminister des Landes Baden-Württemberg.

besser machen.“[68] Der Investor Frank Thelen[69] kritisierte ebenfalls auf Twitter: „Lieber @OlafScholz wir wollen Mitarbeiter am Erfolg der Startups beteiligen. Das bringt breiteren Wohlstand und „befeuert“ das Startup Eco-System. Die gesamte Szene bewertet den aktuellen Entwurf als mangelhaft. Liegen Dir Startups ernsthaft am Herzen? Es sieht nach purer PR aus.“[70]

Auch in der Presse wurde Kritik am Entwurf der Bundesregierung laut. So erschien etwa auf tagesspiegel.de ein ausführlicher Kommentar mit dem Titel: „Mitarbeiterbeteiligungen: Warum müssen wir wieder das Schlusslicht sein?“.[71] In der F.A.Z. hieß es nach Verabschiedung des Gesetzes zusammenfassend: „Das Fondsstandortgesetz soll helfen. Doch es führt an der Praxis vorbei.“.[72]

---

68 Abrufbar unter www.twitter.com/DerDanyal/status/1351922686595903489 [zuletzt abgerufen am 26.01.2022].

69 Frank Thelen ist Geschäftsführer des Venture Capital Fonds Freigeist Capital und unter anderem Autor des Buches „Startup-DNA. Hinfallen, aufstehen, die Welt verändern“. Einer breiten Öffentlichkeit wurde er durch seine Tätigkeit als Juror in der VOX-Fernsehsendung „Die Höhle der Löwen“ bekannt.

70 Abrufbar unter www.twitter.com/frank_thelen/status/1359120849345871872 [zuletzt abgerufen am 26.01.2022].

71 *Wesemann*, Mitarbeiterbeteiligungen: Warum müssen wir wieder das Schlusslicht sein?, tagesspiegel.de vom 10.02.2021, abrufbar unter www.background.tagesspiegel.de/digitalisierung/mitarbeiterbeteiligungen-warum-muessen-wir-wieder-das-schlusslicht-sein [zuletzt abgerufen am 26.01.2022].

72 *Mannweiler*, Yoga, Sabbatical – und Unternehmensanteile, F.A.Z. vom 30.04.2021.

§ 3 Notwendigkeit virtueller Beteiligungsprogramme

Im Folgenden werden zunächst die gängigen Formen der Mitarbeiterbeteiligung und in einem zweiten Schritt deren mangelnde praktische Eignung für Unternehmen in der Gründungsphase erläutert.

A. Formen klassischer Mitarbeiterbeteiligung

Die gängigen Mitarbeiterbeteiligungen lassen sich in drei Kategorien einteilen: Arbeitgeber können ihre Arbeitnehmer am Eigenkapital, am Fremdkapital oder durch Mischformen beteiligen.

I. Allgemeine Erwägungen

Rechtsgrundlage für die Beteiligung kann der Arbeitsvertrag, eine Betriebsvereinbarung oder ein Tarifvertrag sein. Bei Abschluss einer Beteiligungsvereinbarung hat der Betriebsrat bezüglich der Beteiligungsgrundsätze und deren Durchführung ein Mitbestimmungsrecht gem. § 87 Abs. 1 Nr. 10 BetrVG, weil sich die Vorschrift auf alle vermögenswerten Leistungen bezieht.[73]

Mitarbeiterbeteiligungen können unter Umständen gem. § 3 Nr. 39 EStG i.V.m. § 2 Abs. 1 Nr. 1a, b und f bis l des „Fünften Gesetzes zur Förderung der Vermögensbildung der Arbeitnehmer" (5. VermBG), steuerlich begünstigt werden.[74] Bis zu 1.440 € können seit dem 1. Juli 2021 steuerfrei vereinnahmt werden. Der geldwerte Vorteil berechnet sich aus der Differenz zwischen dem Wert der Beteiligung und dem tatsächlichen Bezugspreis, zu dem diese dem Mitarbeiter überlassen wird. Voraussetzung für eine Steuerfreiheit ist gem. § 3 Nr. 39 S. 2 EStG, dass die Beteiligung mindestens allen Arbeitnehmern offensteht, die im Zeitpunkt der Bekanntgabe des Angebots ein Jahr oder länger ununterbrochen in einem gegenwärtigen Dienstverhältnis zum Unternehmen stehen.

---

73 Ganz herrschende Meinung, *Baek/Diller*, DB 1998, 1405 (1410); *Schanz*, NZA 2000, 626 (633); MHdB ArbR/*Krause* (5. Aufl. 2021), § 68 Rn. 9.

74 Vgl. umfassend Küttner/*Seidel* (28. Aufl. 2021), Mitarbeiterbeteiligung Rn. 22 ff.

II. Beteiligung am Eigenkapital

Die Beteiligung am Eigenkapital ist die intensivste Form der Beteiligung, weil sie den Mitarbeitern mitgliedschaftliche Rechte an der Gesellschaft einräumt, durch die sie am Gewinn und Verlust des Unternehmens partizipieren. Eigenkapitalbeteiligungen werden in erster Linie durch Ausgabe von Belegschaftsaktien, Aktienoptionen oder Geschäftsanteilen an einer GmbH gewährt.

1. Belegschaftsaktien

Eine der häufigsten Formen der Mitarbeiter-Kapitalbeteiligung ist die Belegschaftsaktie. Etwa zwei Drittel der börsennotierten Unternehmen in Deutschland bieten Belegschaftsaktien an.[75] Belegschaftsaktien werden insbesondere aufgrund ihrer einfachen rechtlichen und administrativen Umsetzung als Beteiligungsmodell gewählt.[76]

Sie zeichnen sich dadurch aus, dass sie den Mitarbeitern zu einem Vorzugskurs – also unentgeltlich oder zumindest verbilligt – gewährt werden.[77] Üblicherweise sehen die Beteiligungsprogramme Halte- oder Wartefristen vor, in denen die Aktien nicht übertragen werden dürfen.

Sobald der Arbeitnehmer Aktieninhaber ist, genießt er alle Rechte und Pflichten eines Aktionärs und kann unter anderem an der Hauptversammlung teilnehmen und sein Stimmrecht ausüben (§§ 118, 134 AktG). Zulässig und üblich ist jedoch auch die Ausgabe von Vorzugsaktien ohne Stimmrechte gem. §§ 139, 140 AktG. Für den Fall einer Mitarbeiterbeteiligungsgesellschaft übt diese die Rechte stellvertretend für die Mitarbeiter aus.

Der Vorteil von Belegschaftsaktien liegt unter anderem darin, dass Mitarbeiter durch Kurssteigerungen der Aktien und einen Anspruch auf Dividendenbezug wirtschaftlich am Unternehmenserfolg teilhaben können. Hinzu kommt, dass sich keine Schwierigkeiten bei der Bewertung der Anteile ergeben, soweit die Aktien an der Börse gehandelt werden. Nachteilig ist allerdings aus Sicht

75 *Steger/Sieg/Kluge*, Belegschaftsaktionäre in deutschen Großunternehmen, Mitbestimmungs-Report Nr. 38, 11.2017, S. 7.

76 Umfassend zu Belegschaftsaktien *Schanz*, NZA 2000, 626 (633); *Sieg*, NZA 2015, 784 (785); Hümmerich/*Lücke*/Mauer, Arbeitsrecht (9. Aufl. 2018), § 2 Rn. 307 ff.; Grobys/Panzer-Heemeier/*Simon*/*Esskandari*, Arbeitsrecht (3. Aufl. 2020), Mitarbeiterbeteiligung Rn. 3.

77 Der Nachlass kann zwischen 15 % und 65 % betragen (*Kutsch*/*Kersting*, BB 2011, 373 (380)).

der Arbeitnehmer, dass bei der Eigenkapitalbeteiligung im Falle der Insolvenz der Gesellschaft der Totalverlust der Anlage droht.

2. *Aktienoptionen*

Aktienoptionen gewähren den Begünstigten des Aktienoptionsplans das Recht, vom Arbeitgeber Aktien innerhalb eines festgelegten Zeitraums und zu einem vorher festgelegten Preis zu erwerben.[78] Der vereinbarte Preis liegt üblicherweise unter dem Börsenkurs der Aktie, so dass die Optionsberechtigten die Aktien vergünstigt erhalten. Die Gewinnchance liegt in der Differenz zwischen dem Bezugspreis und dem Veräußerungserlös. Die Option verpflichtet nicht zum Kauf, sondern berechtigt lediglich zum Bezug.

Die benötigten neuen Aktien werden in der Regel durch eine bedingte Kapitalerhöhung geschaffen. Bezugsberechtigt sind gem. § 192 Abs. 2 Nr. 3 AktG Arbeitnehmer und Mitglieder der Geschäftsführung der Gesellschaft oder eines verbundenen Unternehmens. Erforderlich ist ein Hauptversammlungsbeschluss, der gem. § 193 Abs. 2 Nr. 4 AktG Erfolgsziele und Erwerbs- und Ausübungszeiträume festlegt. Als Erfolgsziel wird in der Praxis häufig das Erreichen eines bestimmten Kurswertes vereinbart.

Die Wartezeit zwischen Optionseinräumung und Optionsausübung muss gem. § 192 Abs. 2 Nr. 4 mindestens vier Jahre betragen. Ebenfalls üblich ist eine Haltefrist, in der die Bezugsaktien nicht übertragen werden dürfen.

Aktienoptionen werden in erster Linie zur erfolgsorientierten Vergütung von Führungskräften und Vorstandsmitgliedern eingesetzt, wodurch eine Annäherung der Interessen der Aktieninhaber und der Entscheidungsträger erreicht werden soll.[79] Im Hinblick auf die Vor- und Nachteile gelten ansonsten die gleichen Grundsätze wie bei der Ausgabe von Belegschaftsaktien.

3. *GmbH-Anteile*

Die Beteiligung durch Übertragung von GmbH-Anteilen an Mitarbeiter beschränkt sich in der Regel auf leitende Angestellte und Geschäftsführer.[80] Für

---

78 BAG, Urt. vom 16.01.2008 – 7 AZR 887/06, NZA 2008, 836 (837); weitergehend zu Aktienoptionen *Lembke*, BB 2001, 1469; Grobys/Panzer-Heemeier/*Simon*/*Esskandari*, Arbeitsrecht (3. Aufl. 2020), Aktienoptionen; NK/*Wagner*, AktienKapMR (5. Aufl. 2020), § 192 AktG Rn. 21 ff.; MüKo/*Fuchs*, AktG (5. Aufl. 2021), § 192 Rn. 62 ff.

79 MüKo/*Fuchs*, AktG (5. Aufl. 2021), § 192 Rn. 65.

80 *Schanz*, NZA 2000, 626 (628); Grobys/Panzer-Heemeier/*Simon*/*Esskandari*, Arbeitsrecht (3. Aufl. 2020), Mitarbeiterbeteiligung Rn. 3.

eine größere Anzahl an Mitarbeitern ist dieses Beteiligungsmodell aufgrund der hohen administrativen Voraussetzungen bei der Übertragung der Anteile und der weitreichenden Mitgliedschaftsrechte kaum praktikabel.[81] Soll dennoch eine größere Gruppe Arbeitnehmer Geschäftsanteile erhalten, können deren Rechte in einer Mitarbeiterbeteiligungs-GbR gebündelt werden.[82]

III. Fremdkapitalbeteiligung

Werden die Mitarbeiter nicht dinglich, sondern nur schuldrechtlich am Unternehmen des Arbeitgebers beteiligt, handelt es sich um eine Beteiligung durch Fremdkapital. Dies geschieht in der Regel in Form von Mitarbeiterdarlehen. Auch ein Forderungsverzicht durch Arbeitnehmer ist als Mitarbeiterbeteiligung im weiteren Sinne einzuordnen.

1. Mitarbeiterdarlehen

Die Arbeitnehmer stellen dem Unternehmen Fremdkapital in Form eines Darlehens (§§ 488 ff. BGB) zur Verfügung und werden somit zu Gläubigern des Unternehmens.[83] Laufzeit und Zinsen werden üblicherweise vorher fest vereinbart. Häufig ist der Zinssatz vom Gewinn des Unternehmens abhängig, es handelt sich dann um ein sog. partiarisches Darlehen. Aufgrund der schuldrechtlichen Natur des Mitarbeiterdarlehens lässt sich diese Form der Beteiligung einfach und flexibel gestalten und ist zudem unabhängig von der Rechtsform der Gesellschaft umsetzbar. Arbeitnehmerdarlehen kommen insbesondere dann zur Anwendung, wenn Mitarbeiter bei drohender Insolvenz ihres Arbeitgebers und drohendem Verlust des Arbeitsplatzes zur Überwindung der Krise Teile ihres Lohns als Darlehen zur Verfügung stellen.[84]

Im Gegensatz zur Eigenkapitalbeteiligung profitieren die Mitarbeiter nicht unmittelbar vom Wertzuwachs des Unternehmens, sie tragen aber auch nicht das Risiko eines Totalverlusts ihrer Anlage. Arbeitnehmerdarlehen schränken die unternehmerischen Handlungsspielräume nicht ein, weil sie keine organschaftlichen Rechte vermitteln.

81 Hierzu sogleich ausführlich unter § 3 B. II. 2.

82 Vgl. *Weitnauer*, GWR 2014, 1.

83 Vgl. *Kutsch/Kersting*, BB 2011, 373 (375 f.); *Blunck*, BB 2015, 437 (440); Grobys/Panzer-Heemeier/*Simon/Esskandari*, Arbeitsrecht (3. Aufl. 2020), Mitarbeiterbeteiligung Rn. 5; Küttner/*Griese/Thomas/Schlegel* (28. Aufl. 2021), Arbeitnehmerdarlehen.

84 *Blunck*, BB 2015, 437 (440); Küttner/*Griese* (28. Aufl. 2021), Arbeitnehmerdarlehen Rn. 1.

2. Forderungsverzicht

Insbesondere zur Bewältigung von wirtschaftlichen Krisen können Arbeitnehmer auch auf Forderungen – insbesondere Lohnforderungen – gegenüber ihrem Arbeitgeber vorübergehend verzichten, um so eine Insolvenz abzuwenden und den eigenen Arbeitsplatz zu sichern. Sobald sich die Lage des Unternehmens bessert, lebt die Forderung vollständig oder zum Teil wieder auf. Diese Konstruktion wird daher auch als „Besserungsschein“[85] oder „Forderungsverzicht mit Besserungsabrede“[86] bezeichnet.

IV. Mischformen

Mitarbeiterbeteiligung ist schließlich auch als Mischform zwischen Eigen- und Fremdkapitalbeteiligung möglich, etwa in Form von Genussrechten oder als stille Beteiligung.

1. Genussrechte

Genussrechte sind schuldrechtliche Vermögensrechte, die regelmäßig als sog. Genussscheine verbrieft und an der Börse gehandelt werden können.[87] Die Parteien sind in ihrer Ausgestaltung weitestgehend frei und ihre Anwendung ist unabhängig von der Rechtsform des Unternehmens möglich, weil Genussrechte gesetzlich nicht explizit geregelt sind – sie werden allerdings beispielsweise in § 221 Abs. 3 AktG erwähnt.

Genussrechte sehen üblicherweise eine Gewinn- und Verlustbeteiligung und eine langfristige Kapitalüberlassung mit (gewinnabhängiger) Verzinsung vor. In der Regel leistet der Arbeitnehmer eine Kapitaleinlage mit fester Laufzeit und Verzinsung, die an das Unternehmen gebunden ist und die nach Ende der Laufzeit vom Unternehmen zurückerstattet wird.[88] Mitwirkungsrechte entstehen für die Genussrechtsinhaber nicht, häufig werden jedoch zur Vertrauensbildung Informationsrechte vertraglich eingeräumt.

---

85 *Göpfert/Buschbaum*, ZIP 2010, 2330 (2333 f.); *Blunck*, BB 2015, 437 (441); grundlegend zum Forderungsverzicht gegen Besserungsschein in Krisensituationen *Briese*, DStR 2017, 799.

86 *Kutsch/Kersting*, BB 2011, 373 (376).

87 Vgl. *Schmeisser/Clausen*, DStR 2008, 688 (690 f.); *Göpfert/Buschbaum*, ZIP 2010, 2330 (2332); *Wagner*, ZNotP 2014, 90; NK/*Müller*, AktienKapMR (5. Aufl. 2020), § 221 AktG Rn. 44 ff.

88 Grobys/Panzer-Heemeier/*Simon/Esskandari*, Arbeitsrecht (3. Aufl. 2020), Mitarbeiterbeteiligung Rn. 6.

2. *Stille Beteiligung*

Arbeitnehmer können auch in Form einer stillen Beteiligung nach §§ 230–236 HGB am Unternehmen des Arbeitgebers beteiligt werden.[89] Um eine stille Beteiligung zu erwerben, muss der Mitarbeiter gem. § 230 Abs. 1 HGB eine Vermögenseinlage in die Gesellschaft einbringen und wird am Gewinn[90] des Unternehmens nach § 231 Abs. 2 HGB beteiligt. Die Gewinnbeteiligung kann – anders als die Verlustbeteiligung – vertraglich nicht ausgeschlossen werden (§ 231 Abs. 2 HGB). Ausgenommen von Kontroll- und Informationsrechten nach § 233 HGB entstehen durch die stille Beteiligung keine mitgliedschaftlichen Rechte an der Gesellschaft.

Die Beteiligung in Form einer stillen Gesellschaft ist für Unternehmen in allen Rechtsformen möglich, die ein Handelsgewerbe betreiben (§ 230 Abs. 1 HGB). Sie wird oftmals anhand von Beteiligungsgesellschaften, die die Rechte der teilnehmenden Belegschaft gebündelt ausüben, wahrgenommen, weil der Ein- und Austritt von Mitarbeitern so einfacher abgewickelt werden kann.[91]

Vorteil der stillen Gesellschaft ist insbesondere die hohe Flexibilität bei der vertraglichen Gestaltung. Die stillen Gesellschafter haften zudem nur im Innenverhältnis und nur in Höhe ihrer Einlage.

3. *Schuldverschreibungen*

Ist das Arbeitgeberunternehmen als Aktiengesellschaft (AG) organisiert, können Mitarbeiter auch durch die Ausgabe von Wandel- oder Optionsanleihen beteiligt werden. Hierbei stellt der Arbeitnehmer dem Unternehmen zunächst ein verzinsliches Darlehen zu Verfügung.[92]

Bei einer Wandelanleihe (sog. *convertible bonds*) erhält er neben seinem Rückzahlungsanspruch aus dem Darlehen das Recht, seine Anleihe zum Ende

---

89 *Göpfert/Buschbaum*, ZIP 2010, 2330 (2332); *Kutsch/Kersting*, BB 2011, 373 (376 f.); EBJS/*Gehrlein*, HGB (4. Aufl. 2020), § 230 Rn. 5 ff.; umfassend *Blaurock*, Handbuch Stille Gesellschaft (9. Aufl. 2020).

90 Insbesondere an diesem Merkmal erfolgt die Abgrenzung zum Darlehen: liegt eine feste Verzinsung vor, die sich nicht am Gewinn des Unternehmens orientiert, ist von einem Darlehen nach §§ 488 ff. BGB auszugehen (EBJS/*Gehrlein*, HGB (4. Aufl. 2020), § 230 Rn. 19 mit weiteren Nachweisen).

91 Vgl. MHdB ArbR/*Krause* (5. Aufl. 2021), § 68 Rn. 4.

92 Vgl. *Blunck*, BB 2015, 437 (441); Henssler/Strohn/*Hermanns*, GesellR (5. Aufl. 2021), § 221 AktG Rn. 3 ff.; MüKo/*Habersack*, AktG (5. Aufl. 2021), § 221 Rn. 29 ff.

oder während der Darlehenszeit in Aktien umzutauschen. Macht der Arbeitnehmer von diesem Recht Gebrauch, erlischt sein Rückzahlungsanspruch.

Optionsanleihen (sog. *warrant bonds*) zeichnen sich dadurch aus, dass neben dem Rückzahlungsanspruch ein eigenes Bezugsrecht auf Aktien besteht. Übt der Mitarbeiter sein Bezugsrecht aus, bleibt sein Anspruch bestehen. Kompensiert wird dies oftmals durch niedrige Darlehenszinsen.

B. Erfordernis virtueller Mitarbeiterbeteiligung für Start-ups

Mitarbeiterbeteiligungen sind insbesondere für junge Unternehmen ein beliebtes Mittel, um auf dem Arbeitsmarkt erfahrene und qualifizierte Mitarbeiter zu rekrutieren. Die dargestellten klassischen Formen der Mitarbeiterbeteiligung sind hierfür jedoch kaum praktikabel.

I. Struktur deutscher Start-ups

Alle Start-ups in Deutschland verbindet eine typische rechtliche und organisatorische Grundstruktur, die für das Bedürfnis nach Mitarbeiterbeteiligung und die fehlende Eignung klassischer Beteiligungsprogramme maßgebend ist.

1. Lebenszyklus

Die Phasen eines (erfolgreichen) Start-ups lassen sich in drei zeitliche Abschnitte einteilen: Die *Early Stage*, die *Expansion Stage* und die *Late Stage*.[93] In der *Early Stage* werden in erster Linie die Geschäftsidee entwickelt, der Markt analysiert, ein Businessplan erstellt und formale Schritte auf dem Weg zur Errichtung einer Gesellschaft eingeleitet.

In der *Expansion Stage* erzielt das Unternehmen im besten Fall erste Gewinne und versucht sich am Markt fester zu etablieren. Spätestens dann beginnt die Suche nach Wachstumsfinanzierung durch Investoren. In der *Late Stage* können eine Veräußerung des Unternehmens, ein Börsengang oder auch die Übernahme durch ein externes Management im Vordergrund stehen.

---

93 In Anlehnung an *Schefczyk*, Finanzieren mit Venture Capital und Private Equity (2. Aufl. 2006), S. 26 mit weiteren Nachweisen; alternativ lassen sich die Phasen in *Seed Stage*, *Start-up Stage*, *Growth Stage*, *Later Stage*, *Steady Stage* einteilen (so etwa Deutscher Startup Monitor 2020, S. 20, abrufbar unter www.deutscherstartupmonitor.de/wp-content/uploads/2020/09/dsm_2020.pdf [zuletzt abgerufen am 26.01.2022]).

2. *Rechtsformwahl bei der Unternehmensgründung*

In der *Early Stage* einer Unternehmensgründung müssen sich die Gründer unter anderem entscheiden, in welcher Rechtsform sie ihr Unternehmen aufbauen wollen.

a) *Aktiengesellschaft*

Die Gründung einer AG scheidet für junge Unternehmen in aller Regel schon aufgrund des erforderlichen Startkapitals i.H.v. 50.000 € aus (§ 7 AktG). Die formalen Schritte auf dem Weg zur Gründung einer AG (unter anderem Erstellung und notarielle Beglaubigung der Satzung (§ 23 AktG), Bestellung der Organe (§ 30 AktG), Gründungsbericht und Gründungsprüfung (§§ 32 ff. AktG)) sind zudem für Start-ups zu zeit- und kostenintensiv. Deren Bewältigung lohnt sich zu einem Zeitpunkt, in dem der Erfolg des Unternehmens noch gar nicht absehbar ist, nur in Ausnahmefällen. Als AG organisierte Start-ups sind daher auf dem deutschen Markt kaum anzutreffen.[94]

b) *Personengesellschaften*

Auf der anderen Seite des gesellschaftsrechtlichen Spektrums kommt die Gründung einer Gesellschaft bürgerlichen Rechts (GbR) nach §§ 705 ff. BGB bzw. einer offenen Handelsgesellschaft (OHG) gem. §§ 105 ff. HGB in Betracht. Für Gründer ist die GbR aufgrund ihrer unbürokratischen und unkomplizierten Errichtung attraktiv. Es ist kein Mindest-Stammkapital erforderlich und der Abschluss eines Gesellschaftervertrags ist formfrei möglich. Bezüglich der Organisation der Gesellschaft besteht ein großer Gestaltungsspielraum. Die GbR ist nicht zur Buchführung und Bilanzierung verpflichtet, sie kann ihre Buchhaltung frei organisieren. Gerade für junge dynamische Unternehmen kann die hohe Flexibilität der GbR nützlich sein.

Dennoch werden zur Unternehmensgründung kaum Personengesellschaften gebildet.[95] Die sich aus der unbeschränkten persönlichen Haftung (analog

---

94 Nur etwa 2 % der Gründer wählen die AG als Rechtsform (Start-up-Unternehmen in Deutschland 2017, S. 32, abrufbar unter www.pwc.de/de/startups/startup-unternehmen-in-deutschland-2017.pdf [zuletzt abgerufen am 26.01.2021]).

95 Die Unternehmensgründung als GbR wird statistisch gar nicht erfasst. 0 % der Gründer gaben eine „sonstige“ Rechtsform an (Start-up-Unternehmen in Deutschland 2017, S. 32, abrufbar unter www.pwc.de/de/startups/startup-unternehmen-in-deutschland-2017.pdf [zuletzt abgerufen am 26.01.2021]).

§ 128 S. 1 HGB) ergebenden Risiken möchten die Gründer im Hinblick auf ihre privaten wirtschaftlichen Verhältnisse selten eingehen.

Aus denselben Gründen ist auch die Kommanditgesellschaft (KG) nach §§ 161 ff. HGB keine gute Option. Bei der KG kann zwar gem. § 171 Abs. 1 HGB die Haftung eines Gesellschafters beschränkt werden, mindestens ein weiterer Gesellschafter haftet jedoch persönlich für die Verbindlichkeiten der Gesellschaft (§ 161 Abs. 1 HGB).[96]

Die persönliche Haftung könnten die Gründer allerdings vermeiden, indem sie eine GmbH & Co.KG schaffen. Dafür müssten aber zwei Gesellschaften (eine GmbH und eine KG) gegründet werden. Insofern ist die Gründung einer GmbH & Co.KG verhältnismäßig zeit- und kostenintensiv. Auch der Aufwand für die Buchhaltung ist hoch, weil diese für beide Gesellschaften zu führen ist. Deshalb werden in der Praxis kaum GmbH & Co.KGs zur Unternehmensgründung verwendet.[97]

c) Gesellschaft mit beschränkter Haftung

Ganz überwiegend werden in Deutschland Unternehmen in Form einer GmbH gegründet. Im Jahre 2017 gaben 84 % der Gründer an, ihr Start-up sei als GmbH verfasst.[98]

Die GmbH hat gegenüber den Personengesellschaften den entscheidenden Vorteil, dass die Gesellschafter nicht persönlich haften, sondern ihre Haftung gem. § 13 Abs. 2 GmbHG auf das Gesellschaftervermögen beschränkt ist. Die GmbH genießt im Geschäftsverkehr einen guten Ruf und kann nach § 1 GmbHG sogar durch einen einzelnen Gründer errichtet werden (sog. 1-Personen-GmbH).

Wesentlicher Aspekt für die Wahl der GmbH für Start-ups ist es, dass sich Investoren zu einem späteren Zeitpunkt haftungsbeschränkt an der

---

96 Ca. 1 % der Gründer nutzen die KG als Rechtsform (Start-up-Unternehmen in Deutschland 2017, S. 32, abrufbar unter www.pwc.de/de/startups/startup-unternehmen-in-deutschland-2017.pdf [zuletzt abgerufen am 26.01.2021]).

97 Auch die Unternehmensgründung in Form einer GmbH & Co.KG wird statistisch nicht erfasst (Start-up-Unternehmen in Deutschland 2017, S. 32, abrufbar unter www.pwc.de/de/startups/startup-unternehmen-in-deutschland-2017.pdf [zuletzt abgerufen am 26.01.2021]).

98 Start-up-Unternehmen in Deutschland 2017, S. 32, abrufbar unter www.pwc.de/de/startups/startup-unternehmen-in-deutschland-2017.pdf [zuletzt abgerufen am 26.01.2021].

Gesellschaft beteiligen können. An Personengesellschaft würden sich Investoren nicht beteiligen, weil ihnen dann die unbeschränkte Haftung droht.

Für die Gründung einer GmbH ist gem. § 5 Abs. 1 GmbHG ein Stammkapital von mindestens 25.000 € aufzubringen, wovon die Hälfte, also 12.500 €, als Geldeinlage auf das Geschäftskonto einzuzahlen ist (§ 7 Abs. 2 S. 2 GmbHG). Neben dem finanziellen Aufwand verursacht die Gründung einer GmbH gewisse administrative Maßnahmen. So ist etwa der Gesellschaftervertrag notariell zu beurkunden (§ 2 Abs. 1 S. 1 GmbHG) und die GmbH in das Handelsregister einzutragen (§ 7 Abs. 1 GmbHG).

Zur Kostenreduzierung bietet es sich für junge Unternehmen an, die Gesellschaft im vereinfachten Verfahren nach § 2 Abs. 1a GmbHG zu gründen.[99] Das vereinfachte Verfahren zeichnet sich in erster Linie dadurch aus, dass ein Musterprotokoll (Anlage b) zu § 2 Abs. 1a GmbHG) zu verwenden ist, über das hinaus keine vom Gesetz abweichenden Bestimmungen getroffen werden können. Das vereinfachte Verfahren ist allerdings auf höchstens drei Gesellschafter beschränkt.

Trotz des Mindest-Stammkapitals und des administrativen Aufwands ist für die meisten Gründer der Ausschluss der persönlichen Haftung ausschlaggebend. In aller Regel sind deutsche Start-ups daher als GmbH verfasst.

d) Unternehmergesellschaft

Jedoch erfreut sich auch die „kleine Schwester" der GmbH, die in § 5a GmbHG normierte Unternehmergesellschaft (UG), zunehmender Beliebtheit innerhalb der Start-up-Branche.[100] Die UG hat der Gesetzgeber im Rahmen des „Gesetzes zur Modernisierung des GmbH-Rechts und zur Bekämpfung von Missbräuchen (MoMiG) vom 23.10.2008" in Reaktion auf die ansteigende Flucht deutscher Unternehmen in die Rechtsform einer britischen *Private Company*

---

99 Bei Verwendung des Musterprotokolls findet der gebührenrechtliche Mindestwert i.H.v. 30.000 € (§ 107 Abs. 1 S. 1 GNotKG) gem. §§ 105 Abs. 6 S. 1, 107 Abs. 1 S. 2 GNotKG keine Anwendung, so dass sich der Gebührenwert üblicherweise auf das Mindestkapital von 25.000 € reduziert. Für die Beurkundung eines Gesellschaftervertrags mit mehreren Gesellschaftern fällt die 2,0-fache Gebühr nach KV Nr. 21100 GNotKG an (vgl. Noack/*Servatius*/Haas, GmbHG [23. Aufl. 2022], § 2 Rn. 55).

100 Bereits 2017 waren ca. 11 % der Start-ups als UG organisiert. Dieser Wert dürfte inzwischen deutlich gestiegen sein (Start-up-Unternehmen in Deutschland 2017, S. 32, abrufbar unter www.pwc.de/de/startups/startup-unternehmen-in-deutschland-2017.pdf [zuletzt abgerufen am 26.01.2021]).

Limited by Shares (Ltd.) geschaffen.[101] Hintergrund der Verbreitung der Ltd. war die Zulassung ausländischer Gesellschaftsrechtsformen in Deutschland durch den EuGH[102] und die Verlockung, durch die Ltd. das Mindest-Stammkapital i.H.v. 25.000 € zu umgehen und gleichzeitig die persönliche Haftung ausschließen zu können. Für die Gründung einer englischen Ltd. ist nur ein Pfund Sterling als Stammkapital notwendig.

Die UG ist eine Rechtsformvariante der GmbH, auf die alle Vorschriften des GmbHG Anwendung finden, soweit § 5a GmbHG keine abweichenden Regelungen enthält. Im Unterschied zur GmbH genügt gem. § 5a Abs. 1 GmbHG für die Gründung einer UG ein Euro als Mindest-Stammkapital. Das Stammkapital kann allerdings gem. § 5a Abs. 2 S. 2 GmbHG nur durch Bareinlagen aufgebracht werden. Sacheinlagen sind – im Gegensatz zur GmbH – ausgeschlossen. Nach § 5a Abs. 3 GmbHG müssen Teile des Gewinns durch Dotierung einer gesetzlichen Rücklage einbehalten werden, um die UG in eine GmbH entwickeln zu können. Sobald die UG das Stammkapital der GmbH erreicht hat, gilt sie gem. § 5a Abs. 5 GmbHG als GmbH. Für die UG-Gründung bietet sich zur Kostenreduzierung das vereinfachte Verfahren gem. § 2 Abs. 1a GmbHG an.[103]

Die UG ermöglicht es, trotz geringem Stammkapital die persönliche Haftung der Gründer auszuschließen. Aufgrund des niedrigeren Mindest-Stammkapitals genießt sie allerdings im Vergleich zur GmbH unter Geschäftsleuten einen schlechteren Ruf.[104]

Die UG ist der GmbH in allen für die vorliegende Arbeit bedeutsamen Aspekten gleichgestellt. Die folgenden Ausführungen gelten daher ebenso für die UG, auch wenn nur die GmbH genannt wird.

---

101 Vgl. BeckOK/*Miras*, GmbHG (Stand: 01.05.2021), § 5a Rn. 1; Noack/*Servatius*/Haas, GmbHG (23. Aufl. 2022), § 5a Rn. 1 f.

102 EuGH, Urt. vom 09.03.1999 – C-212/97 [Centros], NJW 1999, 2027; Urt. vom 05.11.2002 – C-208/00 [Überseering], NJW 2002, 3614; Urt. vom 30.09.2003 – C-167/01 [Inspire Art], NJW 2003, 3331.

103 Bei der Gründung einer UG mit Musterprotokoll ist die Ersparnis aufgrund der Nichtanwendbarkeit des Mindestgebührenwertes i.H.v. 30.000 € gem. §§ 105 Abs. 6 S. 1, 107 Abs. 1 S. 2 GNotKG deutlich höher als bei Errichtung einer GmbH mit Musterprotokoll, da sich der Gebührenwert nicht wie üblicherweise bei der GmbH-Gründung auf 25.000 € reduziert, sondern auf einen darunterliegenden Wert.

104 Kritisch gegenüber der UG etwa Bork/*Schäfer*, GmbHG (4. Aufl. 2019), § 5a Rn. 2.

II. Mangelnde Praktikabilität klassischer Beteiligungsformen für Start-ups

Für Start-ups sind die klassischen Beteiligungsmodelle schon aus rechtlichen Gründen kaum geeignet.

1. Beteiligung durch Aktien

Eine Beteiligung in Form von Belegschaftsaktien, Aktienoptionen oder Schuldverschreibungen kommt in der Praxis kaum vor, weil Start-ups nur sehr selten als AG organisiert sind. Diese Beteiligungsform kommt – wenn überhaupt – erst in der *Late Stage* in Betracht, wenn die Gesellschaft bereits in eine AG umgewandelt wurde.

2. Beteiligung durch GmbH-Anteile

Die meisten Start-ups sind, wie erwähnt, als GmbH organisiert. Für sie kommt als Eigenkapitalbeteiligung nur die Übertragung von Anteilen der GmbH an die Arbeitnehmer in Betracht. Diese Vorgehensweise liegt jedoch aufgrund der rechtlichen Vorgaben im Hinblick auf Umsetzung und Wirkung der Übertragung von Geschäftsanteilen selten im Interesse der Gründer.

a) Rechte der Gesellschafter

Durch den Erwerb der Geschäftsanteile werden die Begünstigten zu Gesellschaftern der GmbH und erhalten damit einhergehend alle mitgliedschaftlichen Rechte und Pflichten eines Gesellschafters.

aa) Stimmrechte

Jeder Gesellschafter hat ein Stimmrecht in der Gesellschafterversammlung nach §§ 45 ff. GmbHG. Die Gesellschafterversammlung ist das oberste Organ der GmbH, durch das die Willensbildung der Gesellschafter erfolgt. Sie ist gegenüber der Geschäftsführung umfassend weisungsbefugt (§ 37 Abs. 1, § 45, § 46 Nr. 6 GmbHG[105]) und kann dadurch die Geschäfte der GmbH in jeder Hinsicht steuern.

Würden Arbeitnehmer Geschäftsanteile erhalten, hätte das zur Folge, dass sie durch ihr Stimmrecht in der Gesellschafterversammlung über die

---

105 Die Weisungsbefugnis ergibt sich mittelbar aus diesen Vorschriften (vgl. BGH, Urt. vom 08.01.2019 – II ZR 364/18, ZIP 2019, 701 (706); Roth/*Altmeppen*, GmbHG (10. Aufl. 2021), § 37 Rn. 3).

Geschäftsführung mitbestimmen können. Das ist allerdings von den Gründern in aller Regel nicht gewollt. Wenn eine Vielzahl von Arbeitnehmern in der Gesellschaftsversammlung stimmberechtigt wäre, würde das die Entscheidungsfindung unter Umständen erheblich erschweren und verlangsamen. Gerade Start-ups möchten ihre Flexibilität und Dynamik nicht einbüßen.

Selbst wenn die Arbeitnehmer insgesamt nur einen kleinen Teil der Anteile halten, können sie durch Ausübung ihrer Minderheitsrechte aus § 50 GmbHG die Agilität eines jungen Unternehmens erheblich bremsen. Die Einberufung einer Gesellschafterversammlung wird mit zunehmender Anzahl an Gesellschaftern zudem administrativ und zeitlich aufwendiger, vgl. § 51 Abs. 1 GmbHG.

Auch ist es mit dem Selbstverständnis der Gründer kaum zu vereinbaren, dass Arbeitnehmer, die nach § 106 GewO weisungsgebunden sind, nach Erhalt der Anteile gegenüber der Geschäftsführung selbst weisungsbefugt sind.

Als Lösung für dieses Dilemma könnte in Betracht kommen, die Stimmrechte der Gesellschafter vertraglich auszuschließen. Ein vertraglicher Stimmrechtsverzicht erfordert aufgrund der gesellschaftsrechtlichen Komplexität jedoch in erheblichem Umfang rechtliche Beratung. Außerdem ist in Schrifttum und Rechtsprechung umstritten, ob und inwieweit ein Stimmrechtsausschluss überhaupt zulässig ist.[106]

bb) Informationsrechte

Die Gesellschafter können gem. § 51a Abs. 1 GmbHG verlangen, unverzüglich Auskunft über die Angelegenheiten der Gesellschaft zu erhalten und ihnen Einsicht in die Bücher und Schriften zu gestatten. „Angelegenheiten der Gesellschaft" ist weit auszulegen und umfasst alles mit einem Bezug zur Mitgliedschaft des Gesellschafters.[107] Das Einsichtsrecht bezieht sich auf alle Geschäftsunterlagen unabhängig von der Form der Aufbewahrung oder Speicherung.[108]

Diese weitgehenden Informationsrechte lassen sich aus Gründersicht nur schwer mit dem Arbeitnehmerstatus vereinbaren. So könnten die Mitarbeiter etwa alle abgeschlossenen Verträge der Gesellschaft und Unterlagen betreffend

---

106 Überblick bei EBJS/*Freitag*, HGB (4. Aufl. 2020), § 119 Rn. 22 f. mit weiteren Nachweisen.

107 BGH, Beschl. vom 06.03.1997 – II ZB 4/96, NJW 1997, 1985; Urt. vom 08.01.2019 – II ZR 364/18, ZIP 2019, 701 (706).

108 Roth/*Altmeppen*, GmbHG (10. Aufl. 2021), § 51a Rn. 8; *Noack*/Servatius/Haas, GmbHG (23. Aufl. 2022), § 51a Rn. 21.

die Unternehmensleitung und Zukunftsplanung einsehen.[109] Dazu würden unter anderem die Dienstverträge der Geschäftsführer gehören.[110] Vom Einsichtsrecht wäre die gesamte handelsrechtliche Buchhaltung der Gesellschaft erfasst.[111]

Diese Informationen möchten die Gründer üblicherweise nicht mit den Mitarbeitern teilen, um internen Diskussionen über die Unternehmens- oder etwa Gehaltspolitik aus dem Weg zu gehen. Die Start-ups möchten ihre finanziellen und personellen Ressourcen nicht für diese Art „formeller Beiwerke" aufwenden.

b) Administrativer Aufwand

Die Anteile einer GmbH sind zwar im Grundsatz frei veräußerlich (§ 15 Abs. 1 GmbHG), die Verkehrsfähigkeit ist jedoch gesetzlich erheblich eingeschränkt, um den spekulativen Handel mit ihnen zu unterbinden.[112] Zur Abtretung von Geschäftsanteilen durch Gesellschafter bedarf es gem. § 15 Abs. 3 GmbHG eines in notarieller Form geschlossenen Vertrages. Sowohl die dingliche Abtretung als auch das schuldrechtliche Grundgeschäft sind notariell zu beurkunden.

Im Rahmen von Mitarbeiterbeteiligungsprogrammen erschwert die Pflicht zur notariellen Beurkundung die Umsetzung der Beteiligung erheblich. Mit ihr ist ein zeitlicher, finanzieller und logistischer Aufwand verbunden, der für Unternehmen in der Gründungsphase insbesondere dann nicht lohnend ist, wenn mehrere Mitarbeiter, die nicht zeitgleich in das Unternehmen einsteigen, beteiligt werden sollen.

c) Dry-Income-Problematik

Mitarbeiterbeteiligung in Form von GmbH-Anteilen ist nicht nur für die Gründer unvorteilhaft, sondern unter Umständen auch für die beteiligten Arbeitnehmer.

Die Übertragung der Geschäftsanteile führt nämlich auf Seiten des Arbeitnehmers zu einem zu versteuernden geldwerten Vorteil gem. § 19 Abs. 1 S. 1

---

109 Vgl. OLG München, Beschl. vom 11.12.2007 – 31 Wx 48/07, NJW-RR 2008, 423; Roth/*Altmeppen*, GmbHG (10. Aufl. 2021), § 51a Rn. 6.

110 OLG Köln, Beschl. vom 26.04.1985 – 24 W 54/84, ZIP 1985, 800.

111 BeckOK/*Schindler*, GmbHG (Stand: 01.05.2021), § 51a Rn. 26; *Noack*/Servatius/Haas, GmbHG (23. Aufl. 2022), § 51a Rn. 20.

112 Ausführlich zum Sinn und Zweck des § 15 Abs. 3 GmbHG *Walz*/*Fembacher*, NZG 2003, 1134.

Nr. 1, § 8 Abs. 2 EStG, weil der Erwerb durch das Dienstverhältnis veranlasst ist (vgl. § 2 Abs. 1 S. 1 LStDV).[113] Der geldwerte Vorteil liegt in der Preisermäßigung, die dem Mitarbeiter bei Erhalt der Anteile eingeräumt wird, also die Differenz zwischen dem Erwerbspreis und dem tatsächlichen Wert der erhaltenen Geschäftsanteile. Werden den Arbeitnehmern die Anteile unentgeltlich übertragen, ist der volle Wert der Anteile als geldwerter Vorteil zu versteuern.

Für den Besteuerungszeitpunkt ist § 11 Abs. 1 S. 4 i.V.m. § 38a Abs. 1 S. 3 EStG maßgebend, wonach auf den Zuflusszeitpunkt abzustellen ist. Der geldwerte Vorteil ist zugeflossen, wenn der Betroffene wirtschaftlich über die Anteile verfügen kann und bei ihm eine Vermögensmehrung eingetreten ist.[114] Bei der Übertragung von GmbH-Anteilen ist das der Zeitpunkt, in dem ein Vertrag über die Anteilsabtretung wirksam zustande kommt.

Das bedeutet für die betroffenen Arbeitnehmer, dass die Beteiligung schon besteuert wird, obwohl sie keinen liquiden Vermögensvorteil erhalten. Das bezeichnet man als „Dry-Income“. Die Besteuerung im Zuflusszeitpunkt macht die Beteiligung durch GmbH-Anteile für viele Mitarbeiter schlichtweg unmöglich, weil sie im Allgemeinen nicht über die nötigen Barmittel verfügen, um die Steuerschuld begleichen zu können. Die Arbeitnehmer tragen durch die Besteuerung sogar das Risiko, durch die Beteiligung finanzielle Verluste zu erleiden, wenn das Unternehmen langfristig keine Erfolge verzeichnet und die Anteile wertlos sind.

Die Problematik verstärkt sich noch dadurch, dass die Geschäftsanteile keinen festen Wert haben, weil sie nicht an der Börse gehandelt werden und in der Regel noch gar nicht die für die üblichen Bewertungsmethoden benötigte Finanzhistorie verfügen.[115] Die Wohnsitzfinanzämter müssen den Wert der Anteile und somit die Höhe des zu versteuernden geldwerten Vorteils daher selbstständig schätzen. Sind mehrere Finanzämter für die Mitarbeiter zuständig, kann das sogar dazu führen, dass die Beteiligungen innerhalb eines Unternehmens unterschiedlich hoch zu versteuern sind.

Die Beteiligung in Form von Geschäftsanteilen ist daher auch aus Arbeitnehmerperspektive nicht empfehlenswert.

---

113 BFH, Urt. vom 15.03.2018 – VI R 8/16, NZG 2018, 877; *Grisar/Zantopp*, DStR 2020, 1768 (1779); *Möllmann/Zantopp*, DStR 2020, 2817 (2818).

114 Ständige Rechtsprechung, BFH, Urt. vom 12.04.2007 – VI R 6/02, DStR 2007, 894; Urt. vom 11.02.2014 – VIII R 25/12, NZWiSt 2015, 227 (229); Urt. vom 16.09.2015 – I R 61/13, BeckRS 2016, 94061 Rn. 14.

115 Vgl. *Möllmann/Zantopp*, DStR 2020, 2817 (2823).

3. *Andere Beteiligungsformate*

Neben der Übertragung von Geschäftsanteilen könnten Start-ups zwar auf eine der übrigen dargestellten Mitarbeiterbeteiligungsformen zurückgreifen, auch diese sind jedoch in den allermeisten Fällen nicht praktikabel.

Eine Mitarbeiterbeteiligung in Form eines Arbeitnehmerdarlehens ist für junge Unternehmen untauglich, weil sie in der Regel nicht genügend Mitarbeiter beschäftigen, um die nötigen Beträge für eine Expansion einsammeln zu können. Arbeitnehmerdarlehen funktionieren nur, wenn die Belegschaft schon eine nicht unerhebliche Größe erreicht hat. Start-ups verzeichnen außerdem in den ersten Jahren üblicherweise Verluste, so dass die Vereinbarung einer gewinnorientierten Verzinsung nicht zweckmäßig ist.

Aus denselben Gründen scheidet die Einräumung von Genussrechten bzw. Genussscheinen aus. Die Anzahl an Mitarbeitern ist in der frühen Phase eines Unternehmens nicht hoch genug, um auf diese Weise genügend Kapital generieren zu können. Eine erfolgsabhängige Verzinsung ist wegen des hohen Ausfallrisikos zudem wenig attraktiv für die Mitarbeiter. Unabhängig davon, wird den Arbeitnehmern in der Regel der Wille fehlen, größere Kapitaleinlagen in die Gesellschaft zu tätigen, ohne dafür vollwertige Vermögensrechte zu erhalten. Außerdem haben die Gründer kein Interesse daran, an der Börse handelbare Genussscheine auszugeben.

Auch für die Beteiligung in Form einer stillen Gesellschaft fehlt es den Start-ups an einer entsprechenden Anzahl an Mitarbeitern, die Kapital einbringen können und wollen. Stille Gesellschafter können außerdem gem. § 233 Abs. 1 HGB eine abschriftliche Mitteilung des Jahresabschlusses verlangen und dessen Richtigkeit unter Einsicht der Bücher und Papiere prüfen. Wie bereits dargelegt sind solche Informationsrechte in der Regel nicht im Interesse der Gründer.[116]

4. *Zwischenergebnis*

Klassische Mitarbeiterbeteiligung – insbesondere in Form von GmbH-Anteilen – ist für Start-ups aufgrund des hohen administrativen Aufwands und der weitreichenden gesellschaftsrechtlichen Auswirkungen ungeeignet. Steuerlich ist der Erhalt von GmbH-Anteilen auch für die Arbeitnehmer nachteilig.

116 Siehe oben § 3 B. II. 2. a) bb).

III. Virtuelle Beteiligungsprogramme als Lösung

Um dennoch Mitarbeiter in attraktiver Weise beteiligen zu können, bedienen sich Unternehmen in der Gründungsphase zunehmend virtueller Mitarbeiterbeteiligungsprogramme.

Das lässt sich auch statistisch nachvollziehen. Knapp über die Hälfte (53,3 %) der deutschen Start-ups gab im Rahmen des „Deutschen Startup Monitors 2019" an, eine Form von Mitarbeiterbeteiligung zu nutzen.[117] 78,3 % dieser Start-ups nutzten virtuelle Beteiligungen.[118] In einer weiteren durch den Bundesverband Deutsche Startups e.V. und die Internet Economy Foundation durchgeführten Erhebung betrug der Anteil 73 %.[119] Nur 14 % der Befragten verwendeten „echte" Unternehmensanteile bzw. weitere 22 % „echte" Anteilsoptionen.[120]

1. Grundprinzip

Grundprinzip dieser Beteiligungsmethode ist, dass die Arbeitnehmer keine dinglichen Geschäftsanteile erhalten, schuldrechtlich aber so gestellt werden. Dieses Vertragskonstrukt ermöglicht es, Mitarbeiter am Unternehmen des Arbeitgebers zu beteiligen ohne die dargelegten Nachteile der Beteiligung in Gestalt „echter" GmbH-Anteile. Die beteiligten Arbeitnehmer setzen für den Erhalt der virtuellen Anteile kein eigenes Kapital ein.

Die Begünstigten erhalten sog. virtuelle Anteile. Die virtuellen Anteile sind ein bedingter Zahlungsanspruch, der mit der Veräußerung des Unternehmens fällig wird und dessen Höhe vom Veräußerungserlös und der Anzahl der erhaltenen virtuellen Anteile abhängig ist. Für die Fälligkeit ist in der Regel auch der Bestand des Arbeitsverhältnisses Voraussetzung.

Die schuldrechtliche Prägung der virtuellen Beteiligung verhindert, dass die begünstigten Arbeitnehmer durch eine Gesellschafterstellung mitgliedschaftliche Rechte erhalten. Virtuelle Beteiligungsvereinbarungen können außerdem formfrei und ohne administrativen Aufwand abgeschlossen werden. Alle

---

117 Deutscher Startup Monitor 2019, S. 49, abrufbar unter www.pwc.de/de/branchen-und-markte/start-up_monitor-2019.pdf [zuletzt abgerufen am 26.01.2022].

118 Deutscher Startup Monitor 2019, S. 49, abrufbar unter www.pwc.de/de/branchen-und-markte/start-up_monitor-2019.pdf [zuletzt abgerufen am 26.01.2022].

119 #ESOPasap, S. 37, abrufbar unter www.deutschestartups.org/wp-content/uploads/2020/07/IEF_BGC_ESOPasap_010720.pdf, [zuletzt abgerufen am 26.01.2022]

120 #ESOPasap, S. 37, abrufbar unter www.deutschestartups.org/wp-content/uploads/2020/07/IEF_BGC_ESOPasap_010720.pdf, [zuletzt abgerufen am 26.01.2022].

Möglichkeiten der schuldrechtlichen Vertragsfreiheit lassen sich im Gegensatz zum gesellschaftsrechtlichen Typenzwang ausschöpfen.

Die bereits dargelegten Vorteile der Mitarbeiterbeteiligung im Allgemeinen verstärken sich zudem in ihrer Wirkung bei Start-ups: Die Teams sind zu Beginn noch überschaubar, so dass sich die Leistungsbereitschaft des Einzelnen exponentiell auf den Erfolg des gesamten Unternehmens auswirken kann. Gerade in der Gründungsphase müssen die Beteiligten viel Zeit und Kraft investieren, um sich am Markt zu etablieren. Die Stellung als virtueller Teilhaber dürfte auch psychologisch das Gemeinschaftsgefühl innerhalb des Start-ups fördern, weil so Hierarchien als flacher empfunden werden.

Allerdings nutzen auch „gestandene" als AG verfasste Unternehmen teilweise virtuelle Beteiligungen.[121] Die Notwendigkeit virtueller Aktien ist jedoch im Vergleich zur GmbH eingeschränkt, weil Aktien wesentlich verkehrsfähiger sind als GmbH-Anteile. AGs sind zudem in der Regel auf längere Dauer und nicht auf einen späteren Verkauf ausgerichtet.

2. *Beweggründe*

Die Bedeutung der virtuellen Mitarbeiterbeteiligung für Start-ups ist auf mehrere Ursachen zurückzuführen, die sich wechselseitig verstärken.

a) Exit *als primäres Ziel*

Virtuelle Beteiligungen sind unter anderem deshalb beliebt, weil sie auf einem Ziel – nämlich den erfolgreichen *Exit* – aufbauen, das die Gründer mittel- bis langfristig ohnehin anstreben.[122] Die Ausgabe virtueller Beteiligungen sorgt dafür, dass auch die beteiligten Arbeitnehmer von einem *Exit* profitieren. Die Interessen der Arbeitgeber und Arbeitnehmer werden insofern durch ein virtuelles Beteiligungsprogramm angeglichen.

---

121 Virtuelle Anteile an AGs werden in der Regel als sog. *Stock Appreciation Rights* oder sog. *Phantom Stocks* ausgegeben. Hierzu ausführlich *Feddersen*, ZHR 1997, 269 (285 f.); *Achleitner/Wichels*, in: Achleitner/Wollmerts, Stock Options (2. Aufl. 2002), S. 1 (14); *Binz/Sorg*, BB 2002, 1273 (1275); *Schulz*, Aktienorientierte Vergütungssysteme (2010), S. 203 f.; Hümmerich/*Reufels*, Gestaltung von Arbeitsverträgen (4. Aufl. 2019), Rn. 448; MüKo/*Spindler*, AktG (5. Aufl. 2019), § 87 Rn. 117.

122 Über die Hälfte der Gründer (58,7 %) streben einen *Exit* an (Deutscher Startup Monitor 2020, S. 47, abrufbar unter www.deutscherstartupmonitor.de/wp-content/uploads/2020/09/dsm_2020.pdf [zuletzt abgerufen am 26.01.2022]).

Für die Mitarbeiter liegt in der Möglichkeit eines exponentiellen Wachstums und das damit einhergehende Erzielen eines hohen Verkaufspreises der Reiz einer virtuellen Beteiligung – zumal das Wachstumspotential junger Unternehmen im Vergleich zu etablierten Unternehmen deutlich höher ist. Eine Unternehmensbeteiligung kann für die Arbeitnehmer die einmalige Möglichkeit für einen großen finanziellen Erfolg sein.

Die Ausrichtung auf einen *Exit* ist für die Implementierung eines virtuellen Beteiligungsprogramms außerdem erforderlich, weil sich die Zahlungsansprüche üblicherweise wesentlich am Veräußerungserlös und -zeitpunkt orientieren.

Folglich ist die Einführung eines virtuellen Beteiligungsprogramms insbesondere dann sinnvoll, wenn die Unternehmenspolitik auf einen *Exit* ausgerichtet ist.

b) Einfluss der Venture Capital Investoren

Maßgeblicher Faktor für die Einführung virtueller Beteiligungen kann auch der Einstieg von Venture Capital Investoren (Fonds oder Einzelpersonen) sein.

Den Anfang und die ersten Phasen des Start-ups finanzieren die Gründer in der Regel noch selbst oder nehmen staatliche Fördermittel sowie Bankkredite in Anspruch.[123] Sobald das Start-up jedoch die ersten Schritte erfolgreich gemeistert hat und Wachstumspotential vorhanden ist, wird zur Finanzierung in erster Linie mit Venture Capital Investoren kooperiert.[124] Je größer das Unternehmen wird, umso mehr verlieren Eigenersparnisse an Bedeutung, weil das Kapital selten ausreicht, eine Expansion voran zu treiben.

Venture Capital Fonds investieren in junge Unternehmen mit hohem Wachstumspotential und gehen bestimmungsgemäß („venture" (engl.) = Wagnis) durch ihre Finanzierung ein hohes Risiko ein. Allerdings müssen nur etwa 10–20 % der Investitionen beachtlichen Profit abwerfen (sog. *High Flyer* oder

---

123 Vgl. Deutscher Startup Monitor 2019, S. 47 Abb. 30, 31, abrufbar unter www.pwc.de/de/branchen-und-markte/start-up_monitor-2019.pdf [zuletzt abgerufen am 26.01.2022].

124 63,2 % der Start-ups, die schon 50 oder mehr Mitarbeiter haben, nutzen Venture Capital als Finanzierungsquelle, nur 8,9 % der Start-ups nutzen Venture Capital bei einer Unternehmensgröße von ein bis fünf Mitarbeitern (Deutscher Startup Monitor 2019, S. 47, abrufbar unter www.pwc.de/de/branchen-und-markte/start-up_monitor-2019.pdf [zuletzt abgerufen am 26.01.2022]); vgl. auch *Fiegler*, Venture Capital-Netzwerke (2016), S. 16.

Unicorns[125]), damit der Fond eine Rendite abwirft.[126] Die Venture Capital Geber erwarten nicht wie bei einer klassischen Bankenfinanzierung Darlehenszinsen oder laufende Gewinnbeteiligungen (sog. *Buy-Out-Strategie*[127]), sondern hoffen auf die exponentielle Wertsteigerung ihrer Beteiligung, die sich im Idealfall in einem *Exit* realisiert. Bei einem solchen Vorgehen spricht man von einer „Build-to-sell-Politik". Auch die Gründer bevorzugen häufig eine Venture Capital Finanzierung, da sie die nötigen Sicherheiten für eine Bankenfinanzierung ohnehin nicht bereitstellen können.[128]

Die Investoren unterstützen die Gründer nicht nur durch ihr Kapital, sondern stehen auch fachlich und strategisch mit Rat zur Seite (sog. *value-added support*).[129] Im günstigsten Fall bringen sie ein branchenspezifisches Netzwerk in das Start-up ein, an denen es jungen Gründern in der Regel (noch) fehlt.

Venture Capital Geber sind häufig die Initiatoren für die Einführung virtueller Beteiligungsprogramme. Hintergrund ist, dass auch die Investoren ein Interesse daran haben, kompetente Mitarbeiter zu gewinnen, während sie gleichzeitig den Kreis der Gesellschafter möglichst klein halten möchten, um strategische Entscheidungen leichter beeinflussen zu können. Das setzt voraus, dass die Arbeitnehmer dinglich keine Anteile und somit auch keine Stimmrechte erhalten.

Die Investoren können durch die Implementierung eines virtuellen Beteiligungsprogramms sicherstellen, dass alle Beteiligten in ihrem Interesse handeln. Neben den Investoren und Gründern haben so auch die Arbeitnehmer einen eigenen Nutzen durch einen erfolgreichen *Exit*. Venture Capital Geber und virtuelle Beteiligungsprogramme harmonisieren daher gut.

Häufig stammen die Investoren zudem aus dem anglo-amerikanischen Raum, in dem Mitarbeiterbeteiligungen auch in jungen Unternehmen unbürokratisch und ohne gesellschaftsrechtliche Folgen umsetzbar sind. Sie erwarten daher in Unkenntnis des geltenden Rechts, dass Mitarbeiterbeteiligungen auch in Deutschland ohne gesellschaftsrechtliche Nachteile möglich sind. Virtuelle

---

125 Als „*Unicorns*" werden Start-ups bezeichnet, die ein exponentielles Wachstum anstreben. Sog. *Zebras* sind hingegen auf lineares Wachstum ausgelegt und verfolgen häufig ökologische und soziale Ziele (vgl. *El-Qalqili/Offinger*, BKR 2021, 86).

126 *Weitnauer*, Handbuch Venture Capital (6. Aufl. 2019), A. Rn. 45.

127 Vgl. Pöllath/Rodin/Wewel/*Schwarz van Berk/Euhus*, Private Equity und Venture Capital (2018), S. 2.

128 *Fiegler*, Venture Capital-Netzwerke (2016), S. 14.

129 *Fiegler*, Venture Capital-Netzwerke (2016), S. 13 f.; *Weitnauer*, Handbuch Venture Capital (6. Aufl. 2019), A. Rn. 4.

Beteiligungen sind dann die einzige Möglichkeit, dem Wunsch der Investoren nachzukommen.

c) Rekrutierung neuer Mitarbeiter

Nach der *Early Stage* entsteht in der *Expansion Stage* für Start-ups in aller Regel der Bedarf, entsprechend qualifizierte neue Mitarbeiter (sog. *key persons/high potentials*) einzustellen, um weiteres Wachstum zu generieren. Insbesondere in der Technologie-Branche[130] sind qualifizierte Mitarbeiter allerdings schwer zu finden und haben dementsprechend hohe Gehaltsvorstellungen[131]. Es fehlt den Start-ups jedoch üblicherweise noch die Liquidität, um diese marktgerecht entlohnen zu können. Als Ausweg bieten junge Unternehmen häufig virtuelle Beteiligungen an, um den geringeren monatlichen Lohn zu kompensieren. Für Start-ups ist das oft die einzige Möglichkeit, sich im sog. *War of talents*[132] gegen etablierte Wettbewerber durchzusetzen. Gleichzeitig können sie so sicherstellen, dass sich auch neue Mitarbeiter für den Unternehmenserfolg einsetzen.

Ferner kommt die Konkurrenz um qualifizierte Bewerber häufig aus dem Ausland, wo Mitarbeiterbeteiligungen leichter umsetzbar sind.[133] Auch unter diesem Aspekt sind Mitarbeiterbeteiligungen für Start-ups notwendig, um international wettbewerbsfähig zu sein. Viele ausländische Bewerber ziehen eine Anstellung in einem Start-up ohne Beteiligung an einem etwaigen *Exit* gar nicht mehr in Betracht.[134]

---

130 Zwei Drittel (66,6 %) aller deutschen Start-ups ordnen sich einem digital Geschäftsbereich zu (Deutscher Startup Monitor 2020, S. 24, abrufbar unter www.deutschestartupmonitor.de/wp-content/uploads/2020/09/dsm_2020.pdf [zuletzt abgerufen am 26.01.2022]); die drei meistgefragtesten Fähigkeiten in Start-ups sind: 1. Programmierer 2. IT-Sicherheitsexperten 3. Entwickler (Start-up-Unternehmen in Deutschland 2018, S. 16, abrufbar unter www.pwc.de/de/startups/pwc-studie-startups-in-deutschland-2018.pdf [zuletzt abgerufen am 26.01.2021]).

131 62 % der Gründer empfinden die Mitarbeitersuche als „schwierig"; als Grund gaben 47 % der Befragten an, es seien keine Fachkräfte verfügbar und 35 % die zu hohen Gehaltsforderungen der Bewerber (Start-up-Unternehmen in Deutschland 2018, S. 15 f., abrufbar unter www.pwc.de/de/startups/pwc-studie-startups-in-deutschland-2018.pdf, [zuletzt abgerufen am 26.01.2021]).

132 Der Begriff „*War of talents*" wurde 1997 von der Beratungsgesellschaft McKinsey & Company geprägt, deren Berater die Etablierung des Ausdrucks später durch Veröffentlichung einer Abhandlung zu dieser Thematik weiter vorantrieben (*Michael/Handfield-Jones/Axelrod*, The War for Talent (2001)).

133 Siehe unten § 6 D.

134 #ESOPasap, S. 48 f., abrufbar unter www.deutschestartups.org/wp-content/uploads/2020/07/IEF_BGC_ESOPasap_010720.pdf, [zuletzt abgerufen am 26.01.2022].

3. *Auswirkungen des Fondsstandortgesetzes*

Im April 2021 verabschiedete der Bundestag das Fondsstandortgesetz.[135] Das Gesetz soll zwar die Rahmenbedingungen für Mitarbeiterbeteiligung in Start-ups verbessern, hat aber letztlich keine Auswirkungen auf die Bedeutung und Notwendigkeit virtueller Beteiligungsprogramme.

Die Erhöhung des Steuerfreibetrags und die Verlagerung der Besteuerung auf einen späteren Zeitpunkt (Art. 3 FoStoG) gilt nämlich nach wie vor ausschließlich für klassische Formen der Mitarbeiterbeteiligung, also beispielsweise die Übertragung von Aktien oder „echter" GmbH-Anteile.[136] Der Ursprung virtueller Beteiligungen liegt aber gerade in der mangelnden Praktikabilität klassischer Beteiligungen. Diese Problematik löst der Gesetzesentwurf nicht, weil die staatliche Förderung die Übertragung dinglicher Anteile bereits voraussetzt. Diese Voraussetzung können die allermeisten Start-ups allerdings faktisch nicht erfüllen.

Falls sich junge Unternehmen dennoch entscheiden, ihre Mitarbeiter mit gesellschaftsrechtlichen Geschäftsanteilen zu beteiligen, kann unter Umständen jedoch zumindest die *Dry-Income-Problematik* entfallen, weil die Anteile nach der gesetzgeberischen Reform nicht mehr schon bei deren Erhalt besteuert werden (Art. 3 FoStoG).

Aufgrund der bestehenden Hindernisse werden deutsche Start-ups durch das Gesetz in der Praxis überwiegend keine Verbesserungen erfahren. Sie werden zur Umgehung der gesellschaftsrechtlichen Vorschriften nach wie vor auf virtuelle Beteiligungsmodelle zurückgreifen müssen.

C. Zwischenergebnis

Arbeitgeber können ihre Mitarbeiter in einer Vielzahl von Varianten beteiligen. Klassische Mitarbeiterbeteiligungsmodelle sind jedoch für junge Unternehmen nicht praktikabel, weil Start-ups nahezu ausschließlich als GmbH organisiert sind. Insbesondere ist die Übertragung von Anteilen einer GmbH an Arbeitnehmer aufgrund der umfassenden gesellschaftsrechtlichen Auswirkungen und des administrativen Aufwands für Start-ups ungeeignet.

Daher verwenden Start-ups überwiegend virtuelle Beteiligungsprogramme. Hierbei erhalten die Mitarbeiter keine „echten" Geschäftsanteile, werden jedoch schuldrechtlich so gestellt, als seien sie Anteilsinhaber.

---

135 Vgl. zu den Einzelheiten bereits § 2 F. II.

136 Vgl. *Möllmann/Zantopp*, DStR 2020, 2817 (2820).

§ 4 Rechtliche Ausgangslage

Im Folgenden wird die virtuelle Mitarbeiterbeteiligung in Start-ups näher beleuchtet. Zunächst ist auf die rechtlichen Aspekte bei der Einführung eines virtuellen Programms einzugehen und im Zuge dessen eine prozessuale, steuer- und sozialversicherungsrechtliche Einordnung vorzunehmen.

A. Vorüberlegungen

Die Einführung einer virtuellen Mitarbeiterbeteiligung bedarf sorgfältiger Vorbereitung. Die Gründer müssen genau überlegen, welche Ziele sie durch das virtuelle Beteiligungsprogramm erreichen möchten und wie sich diese bestmöglich rechtlich und wirtschaftlich umsetzen lassen.

Bevor neuen oder bereits angestellten Mitarbeitern virtuelle Anteile angeboten werden, sind einige zentrale Punkte abzuklären. Es empfiehlt sich für die Gründer, die Rahmenbedingungen im Vorfeld festzulegen und sich dabei insbesondere mit der Frage zu beschäftigen, wie vielen noch anzustellenden Mitarbeitern ähnliche Angebote gemacht werden und welche Höhe deren Anteile haben sollen. Die Gesellschafter sollten berücksichtigen, dass die Ansprüche der beteiligten Arbeitnehmer gegebenenfalls erhebliche Auswirkungen auf die Liquidität des Unternehmens haben und einen möglichen Gewinn aus der Veräußerung dinglicher Anteile schmälern können. Schon zu einem frühen Zeitpunkt ist es sinnvoll, Steuerberater, Rechtsanwälte und Wirtschaftsprüfer in die Planung einzubeziehen. Die Beteiligung eines Betriebsrates spielt in Start-ups kaum eine Rolle, weil die Arbeitnehmer in der Regel einen Betriebsrat nicht für notwendig halten. Das mag daran liegen, dass Arbeitnehmer sich in jungen Unternehmen nicht strukturell unterlegen fühlen und/oder sich informelle Abstimmungsprozesse etablieren. Gerade in kleineren Betrieben können aber auch die Formalien des Wahlverfahrens abschrecken.[137]

---

137 Unter anderem vor diesem Hintergrund hat das Bundeskabinett am 31. März 2021 den Entwurf eines „Gesetzes zur Förderung der Betriebsratswahlen und der Betriebsratsarbeit in einer digitalen Arbeitswelt (Betriebsrätemodernisierungsgesetz)" verabschiedet (abrufbar unter www.bmas.de/SharedDocs/Downloads/DE/Gesetze/Regierungsentwuerfe/reg-betriebsraetemodernisierungsgesetz.pdf;jsessionid=04F10D6587BC62D2775840FDE9915EBF.delivery1-replication?__blob=publicationFile&v=1 [zuletzt abgerufen am 26.01.2022]). Das Gesetz soll der stark rückläufigen Zahl der Betriebsräte in Deutschland entgegenwirken. Neben

Ist geplant, die Beteiligungen einer Vielzahl von Mitarbeitern anzubieten, kann es zweckmäßig sein, ein Rahmenvertragswerk zu entwerfen und dieses so detailliert auszugestalten, dass die einzelnen Arbeitsverträge darauf verweisen können. In den Vereinbarungen mit den jeweils Begünstigten ist dann nur noch die Anzahl der virtuellen Anteile festzuhalten. Der Prozess der Übertragung virtueller Anteile kann dadurch vereinfacht werden.

B. Allgemeine rechtliche Aspekte

I. Beteiligung der Gesellschafterversammlung

Ist in der Satzung der GmbH keine Regelung darüber getroffen, wer für die Mitarbeiterbeteiligung zuständig ist, gelten die gesetzlichen Vorschriften. Nach dem Katalog des § 46 GmbHG ist für die Einführung eines virtuellen Beteiligungsprogramms ein Gesellschafterbeschluss nicht notwendig. Teile der Literatur sind jedoch der Meinung, die Aufzählung in § 46 GmbHG sei nicht abschließend.[138] Über den Wortlaut der Vorschrift hinaus müssten bei ungewöhnlichen Maßnahmen der Geschäftsführung die Gesellschafter entscheiden. Teilweise wird vertreten, „ungewöhnliche Maßnahmen" seien in Anlehnung an § 49 Abs. 2 GmbHG Geschäfte, die wegen außerordentlicher wirtschaftlicher Bedeutung und/oder hohem Risiko Ausnahmecharakter haben.[139] Nach dieser Auffassung könnte für die Einführung eines virtuellen Beteiligungsprogramms ein Gesellschafterbeschluss notwendig sein.

Es ist jedoch nicht erkennbar, warum der Katalog des § 46 GmbHG nicht abschließend sein soll. Die Geschäftsführung fällt grundsätzlich in den Zuständigkeitsbereich des Geschäftsführers. Die Zuständigkeit der Gesellschafterversammlung ist die Ausnahme. Die Vorschriften hinsichtlich der Kompetenz der Gesellschafterversammlung sind daher eng auszulegen. § 46 GmbHG als

---

der Vereinfachung des Wahlverfahrens sieht es virtuelle Betriebsratssitzungen und Mitbestimmung beim Einsatz von künstlicher Intelligenz vor.

138 MüKo/*Stephan*/*Tieves*, GmbHG (3. Aufl. 2019), § 37 Rn. 19; Henssler/Strohn/*Mollenkopf*, GesellR (5. Aufl. 2021), § 46 GmbHG Rn. 63; *Noack*/Servatius/Haas, GmbHG (23. Aufl. 2022), § 46 Rn. 90 plädiert für eine ungeschriebene Zuständigkeit der Gesellschafterversammlung bei „ganz außergewöhnlichen Geschäftsführerentscheidungen".

139 Scholz/*Schneider*/*Schneider*, GmbHG (12. Aufl. 2018), § 37 Rn. 12; Oppenländer/Trölitzsch/*Jaeger*, Praxishandbuch der GmbH-Geschäftsführung (3. Aufl. 2020), § 19 Rn. 13; Lutter/Hommelhoff/*Kleindiek*, GmbH-Gesetz (20. Aufl. 2020), § 37 Rn. 11.

Auffangtatbestand zu qualifizieren, entspräche aufgrund ihres Ausnahmecharakters nicht der Systematik der Zuständigkeiten in der GmbH.

Im Übrigen ist der Maßstab der „ungewöhnlichen Maßnahmen" wenig konkret. Offen bleibt vor allem, in welcher Relation die Maßnahme „ungewöhnlich" sein muss. Die Maßnahme könnte beispielsweise im Vergleich zu den Geschäften der konkreten Gesellschaft „ungewöhnlich", aber im Vergleich zu den Geschäften einer GmbH generell gewöhnlich sein.

Jedenfalls ist die Einführung eines virtuellen Beteiligungsprogramms keine „ungewöhnliche Maßnahme". Zwar kann durch sie eine hohe wirtschaftliche Belastung in Form von Verbindlichkeiten gegenüber den Angestellten entstehen, gerade bei Unternehmen in der Gründungsphase ist die Verwendung von virtuellen Beteiligungsmodellen aber eher die Regel als die Ausnahme. Die Maßnahme ist daher gewöhnlich. Durch die virtuellen Beteiligungen entstehen außerdem bloß schuldrechtliche Ansprüche der Arbeitnehmer gegen die Gesellschaft. Der Abschluss von Verträgen, durch die schuldrechtliche Verbindlichkeiten gegenüber der Gesellschaft entstehen, gehört jedoch gerade zum typischen Aufgabenfeld des Geschäftsführers. Solche Vereinbarungen haben keinen Ausnahmecharakter.

Folglich ist die Beteiligung der Gesellschafterversammlung für die Einführung eines virtuellen Mitarbeiterbeteiligungsprogramms nicht erforderlich, wenn dies nicht ausdrücklich in der Satzung vorgesehen ist.[140] Bei jungen Unternehmen sind die Geschäftsführer und Gesellschafter zudem oft personenidentisch, so dass hier wenig Konfliktpotential besteht.

Die Ausgabe von virtuellen Anteilen an Geschäftsführer stellt jedoch eine Vergütung dar, für die die Gesellschafterversammlung gem. analog § 46 Nr. 5 GmbHG zuständig ist.[141]

II. Verhältnis zu anderen Rechtsinstituten

Die virtuelle Mitarbeiterbeteiligung ist von anderen schuldrechtlich ausgestalteten Beteiligungen abzugrenzen. Eindeutig ist die Abgrenzung zum Arbeitnehmerdarlehen, weil es schon am zur Verfügung gestellten Geldbetrag i.S.d. § 488 Abs. 1 S. 1 BGB durch die Arbeitnehmer fehlt.

---

140 So im Ergebnis auch: *Kessler*/Sauter/*Suchan*, Handbuch Stock Options (2003), Rn. 785, S. 237 f.; *Hahn*, Virtuelle Mitarbeiterbeteiligung (2. Aufl. 2019), S. 13.

141 Ständige Rechtsprechung, zuletzt BGH, Urt. vom 03.07.2018 – II ZR 452/17, DStR 2018, 1929 (1930); Roth/*Altmeppen*, GmbHG (10. Aufl. 2021), § 46 Rn. 48.

1. *Abgrenzung zur stillen Gesellschaft*

Schwierigkeiten können sich indessen bei der Abgrenzung zur stillen Gesellschaft nach §§ 230–236 HGB ergeben. Liegen die Merkmale einer stillen Gesellschaft vor, wären die handelsrechtlichen Vorschriften auf das Beteiligungsprogramm anzuwenden. So ist ein stiller Gesellschafter gem. § 233 Abs. 1 HGB berechtigt, die abschriftliche Mitteilung des Jahresabschlusses zu verlangen und dessen Richtigkeit unter Einsicht in die Bücher und Papiere zu prüfen.

Voraussetzungen für das Vorliegen einer stillen Beteiligung sind in erster Linie das Erbringen einer Vermögenseinlage (§ 230 Abs. 1 HGB) und eine Gewinnbeteiligung (§ 231 Abs. 2 HGB). Wenn das virtuelle Beteiligungsprogramm schon keine laufende Gewinnbeteiligung[142] vorsieht, liegt keine stille Beteiligung vor.

Als Vermögenseinlage genügt jede Hingabe eines der Schätzung zugänglichen Vermögenswerts, weil das Tatbestandsmerkmal weit auszulegen ist.[143] Danach ist auch die Arbeitsleistung des Begünstigten eines virtuellen Beteiligungsprogramms eine Vermögenseinlage i.S.d. § 230 Abs. 1 HGB, weil ihr ein wirtschaftlicher Wert zukommt.

Entscheidend für die Abgrenzung der beiden Rechtsinstitute sind allerdings der Vertragszweck und -inhalt und die wirtschaftlichen Ziele der Betroffenen, die im Rahmen einer umfassenden Abwägung zu ermitteln sind.[144] Zweck der virtuellen Beteiligung ist gerade, den Arbeitnehmern – im Gegensatz zu stillen Gesellschaftern – keine mitgliedschaftlichen Rechte zu gewähren. Eine Gesellschafterstellung gleich welcher Art ist von den Parteien nicht gewollt. Der Vertragszweck wird in der Regel in der Präambel der Beteiligungsvereinbarung erläutert, um ihn bei Auslegungsstreitigkeiten heranzuziehen.[145] Auch der weitere Inhalt der virtuellen Beteiligungsprogramme wird nicht auf die Anwendbarkeit der Regelungen über die stille Gesellschaft hindeuten, weil der Vertragswortlaut üblicherweise von einer rein schuldrechtlichen Beteiligung spricht und eine Gesellschafterstellung explizit ausschließt.

---

142 Siehe unten § 5 D.

143 Herrschende Meinung, EBJS/*Gehrlein*, HGB (4. Aufl. 2020), § 230 Rn. 14 ff.; Baumbach/Hopt/*Roth*, HGB (40. Aufl. 2021), § 230 Rn. 20; Henssler/Strohn/*Servatius*, GesellR (5. Aufl. 2021), § 230 HGB Rn. 27.

144 Zu den Abgrenzungskriterien BGH, Urt. vom 26.06.1989 – II ZR 128/88, NJW 1990, 573; Baumbach/Hopt/*Roth*, HGB (39. Aufl. 2020), § 230 Rn. 4.

145 So etwa zu finden bei *Weitnauer*, Handbuch Venture Capital (6. Aufl. 2019), Anhang X. Präambel.

Folglich sind virtuelle Beteiligungsverträge nicht als stille Gesellschaft nach §§ 230–236 HGB zu qualifizieren und die Vorschriften nicht anwendbar.

2. Analoge Anwendung der handelsrechtlichen Vorschriften

Eine analoge Anwendung der Vorschriften über die stille Gesellschaft scheidet aus.[146] Die Annahme einer Analogie setzt eine Regelungslücke, die Planwidrigkeit der Regelungslücke und eine Vergleichbarkeit der Interessenlagen voraus. Schon eine Planwidrigkeit der Regelungslücke liegt nicht vor, weil die virtuelle Mitarbeiterbeteiligung zwar nicht explizit gesetzlich, aber ausreichend von den allgemeinen zivilrechtlichen Vorschriften erfasst ist.

Auch besteht keine vergleichbare Interessenlage, weil sich – wie soeben dargelegt – die Konstrukte in ihrem Sinn und Zweck umfassend voneinander unterscheiden.

III. Mindestlohn

In der Start-up-Branche werden Mitarbeiter häufig mit Unternehmensbeteiligungen und einem modernen Arbeitsumfeld gelockt, müssen dann aber für geringen Lohn unverhältnismäßig viel arbeiten.[147] Oft wird das als Teil einer „Start-up-Kultur“ verstanden, nach der ohne eine völlige Aufopferung für das Unternehmen der „ganz große Wurf“ nicht gelingen kann. Dabei wird von den Gründern häufig übersehen, dass trotz virtueller Beteiligungen allen Arbeitnehmern der gesetzliche Mindestlohn zu zahlen ist (§ 1 Abs. 1 MiLoG).[148] Im Hinblick auf die hohe Quote der misslungenen Start-ups, bei denen eine Erfolgsbeteiligung der Mitarbeiter entsprechend leerläuft, ist das auch kein rein theoretisches Problem.

Ganz abgesehen vom begangenen Rechtsbruch, sind Verstöße gegen § 1 Abs. 1 MiLoG für die Gründer auch wirtschaftlich schädlich. Die Verstöße würden im

---

146 So aber wohl *Hahn*, Virtuelle Mitarbeiterbeteiligung (2. Aufl. 2019), S. 6 f.

147 Vgl. etwa *Ramadier*, Wir sind eine Familie? Bullshit!, zeit.de vom 10.10.2017 (abrufbar unter www.zeit.de/arbeit/2017-10/start-ups-berlin-arbeitswelt-versprechen-luegen/komplettansicht [zuletzt abgerufen am 26.01.2022]); *Potter*, Brave New Work – Arbeitsbedingungen bei Start-Ups, taz.de vom 01.05.2018 (abrufbar unter www.taz.de/Arbeitsbedingungen-bei-Start-Ups/!5499407/ [zuletzt abgerufen am 26.01.2022]).

148 Der gesetzliche Mindestlohn beträgt ab dem 1. Januar 2022 gem. § 1 Nr. 3 MiLoV3 9,82 € brutto je Zeitstunde und gem. § 1 Nr. 4 MiLoV3 ab dem 1. Juli 2022 10,45 € brutto je Zeitstunde.

Verkaufsfall im Rahmen einer Unternehmensprüfung (*Due-Diligence*) hervortreten und aufgrund der drohenden Bußgelder gem. § 21 MiLoG den Verkaufspreis unter Umständen erheblich schmälern. Außerdem droht der Ausschluss von der Vergabe öffentlicher Aufträge (§ 19 MiLoG). Bei vorsätzlichem Handeln der Gründer käme sogar eine Strafbarkeit nach § 266a StGB in Betracht. Dann würden die Gründer gem. § 6 Abs. 2 S. 2 Nr. 3e GmbHG für die Dauer von fünf Jahren von der Geschäftsführung ausgeschlossen.

C. Prozessuale Aspekte

I. Durchsetzbarkeit von Ansprüchen

Soweit es um die prozessuale Durchsetzbarkeit von Ansprüchen aus virtuellen Beteiligungsprogrammen geht, handelt es sich in der Regel um Klagen der beteiligten Arbeitnehmer auf Zahlung und gegebenenfalls Auskunft über Tatsachen, die für die Höhe des Zahlungsanspruchs relevant sind. Hier können der Rechtsweg und die Zulässigkeit einer Stufenklage nach § 254 ZPO problematisch sein.

1. Rechtsweg

a) Zuständigkeit der Arbeitsgerichtsbarkeit

Nach § 13 GVG gehören die bürgerlichen Rechtsstreitigkeiten vor die ordentlichen Gerichte, wenn nicht auf Grund von Vorschriften des Bundesrechts besondere Gerichte bestellt sind. Vorliegend ist als abdrängende Sonderzuweisung die Zuständigkeit der Gerichte für Arbeitssachen zu prüfen (§ 2 ArbGG).

Gem. § 2 Abs. 1 Nr. 3a ArbGG ist das Arbeitsgericht zuständig für bürgerliche Rechtsstreitigkeiten zwischen Arbeitnehmern und Arbeitgebern. Das gilt unter anderem für Ansprüche, die mit dem Arbeitsverhältnis in rechtlichem oder unmittelbar wirtschaftlichem Zusammenhang stehen (§ 2 Abs. 1 Nr. 4a ArbGG). Die Vorschrift erweitert die Zuständigkeit aus § 2 Abs. 1 Nr. 3a ArbGG auf Fälle, in denen neben dem Arbeitsverhältnis noch weitere Rechtsverhältnisse bestehen.

Ein unmittelbarer wirtschaftlicher Zusammenhang zwischen dem geltend gemachten Anspruch und dem Arbeitsverhältnis liegt dann vor, wenn der Anspruch auf demselben wirtschaftlichen Verhältnis beruht oder wirtschaftliche Folge desselben Tatbestands ist.[149] Die Ansprüche müssen innerlich

149 BAG, Beschl. vom 16.04.2014 – 10 AZB 12/14, GWR 2014, 335; Düwell/Lipke/*Zimmermann/Krasshöfer*, ArbGG (5. Aufl. 2019), § 2 Rn. 7; ErfK/*Koch* (22. Aufl. 2022), § 2 ArbGG Rn. 20.

zusammengehören und einem einheitlichen Lebenssachverhalt entspringen.[150] Der Zusammenhang kommt besonders dann zum Ausdruck, wenn die Leistung auch eine Bindung des Arbeitnehmers an den Betrieb bezweckt.[151] Ein rechtlicher Zusammenhang wird bejaht, wenn der geltend gemachte Anspruch auf dem Arbeitsverhältnis beruht oder durch dieses bedingt ist.[152]

Wird die Übertragung virtueller Anteile schon innerhalb des Arbeitsvertrages vereinbart, ist die Zuständigkeit der Arbeitsgerichtsbarkeit bereits nach § 2 Abs. 1 Nr. 3a ArbGG gegeben, weil sich der Anspruch dann direkt aus dem Arbeitsverhältnis ergibt. Schwierigkeiten können allerdings entstehen, wenn die virtuellen Anteile separat zugeteilt werden. Dann stellt sich die Frage, ob die Voraussetzungen des § 2 Abs. 1 Nr. 4a ArbGG erfüllt sind. Dagegen spricht, dass die Ansprüche aus dem virtuellen Beteiligungsprogramm keinen Einfluss auf die Hauptleistungspflichten aus dem Arbeitsvertrag haben. Der Vertrag über die virtuellen Geschäftsanteile besteht grundsätzlich unabhängig vom Arbeitsvertrag.

Andererseits wirkt eine Aufteilung der Rechtsverhältnisse im Bezug auf den Rechtsweg gekünstelt und prozessökonomisch wenig sinnhaft. Selbst wenn es sich um getrennte Vereinbarungen – Arbeitsvertrag und Vereinbarung über die Gewährung von virtuellen Anteilen – handelt, können diese nur einheitlich betrachtet werden, weil die Anteile nicht ohne ein zugrundeliegendes Arbeitsverhältnis zugeteilt würden. Diese Verknüpfung wird in der Regel auch vertraglich manifestiert, indem das Bestehen des Arbeitsvertrags Bedingung für die Auszahlung der virtuellen Anteile ist.

Die arbeitsgerichtliche Zuständigkeit ist deshalb jedenfalls nach § 2 Abs. 1 Nr. 4a ArbGG gegeben.

b) Beschluss des Hessischen LAG

Diese Ansicht scheint auch das Hessische LAG zu vertreten. Das Gericht hatte in einem Fall über den Rechtsweg zu entscheiden, in dem das beklagte Unternehmen mittels Zusatzvereinbarung virtuelle Anteile nicht nur an Arbeitnehmer, sondern auch an auf Grundlage eines Dienstvertrages tätige Berater

---

150 BAG, Beschl. vom 16.04.2014 – 10 AZB 12/14, GWR 2014, 335; Düwell/Lipke/*Zimmermann/Krasshöfer*, ArbGG (5. Aufl. 2019), § 2 Rn. 7; ErfK/*Koch* (22. Aufl. 2022), § 2 ArbGG Rn. 20.

151 BAG, Beschl. vom 16.04.2014 – 10 AZB 12/14, GWR 2014, 335; Düwell/Lipke/*Zimmermann/Krasshöfer*, ArbGG (5. Aufl. 2019), § 2 Rn. 7.

152 BAG, Beschl. vom 11.09.2013 – 7 ABR 29/12, NZA 2014, 391; Boecken/Düwell/Diller/Hanau/*Holthaus*, Gesamtes Arbeitsrecht (2016), § 2 ArbGG Rn. 55.

ausgab.[153] Der Kläger erhielt seine virtuellen Anteile aufgrund eines separaten Vertrages, während er noch als Berater für das Unternehmen tätig war. Erst zu einem späteren Zeitpunkt kam zwischen dem Kläger und der Beklagten ein Arbeitsvertrag zustande.

Das Arbeitsgericht Frankfurt am Main hatte den Rechtsweg zu den Gerichten der Arbeitsgerichtsbarkeit zunächst für unzulässig erklärt.[154] Das Beteiligungsprogramm sei rechtlich selbstständig und für sich wirtschaftlich funktionsfähig. Das Rechtsverhältnis aus dem Beteiligungsprogramm sei nicht einmal mittelbar arbeitsrechtlich geprägt.

Die Beschwerde des Klägers gegen die Entscheidung des Arbeitsgerichts war jedoch erfolgreich. Das Hessische LAG bejahte die Zuständigkeit der Arbeitsgerichte gem. § 2 Abs. 1 Nr. 4a ArbGG. Es sei nicht relevant, ob die virtuellen Anteile grundsätzlich auch an Berater ausgegeben werden, sondern ob im konkreten Fall ein Bezug zum Arbeitsverhältnis vorläge.[155] Diesen Bezug bejahte das Gericht insbesondere mit der Begründung, dass die Beteiligung laut Präambel der Zusatzvereinbarung die Bindung der Begünstigten an den Betrieb fördern sollte. Nicht entscheidend sei, ob der Anspruch aus den virtuellen Beteiligungen hypothetisch auch ohne zugrundeliegendes Arbeitsverhältnis bestehen könnte.[156]

Der streitgegenständliche Sachverhalt ging noch weiter als der gängige Fall, in dem ein Arbeitsverhältnis parallel zum Beteiligungsvertrag besteht, weil hier zwischen den Parteien zunächst nur ein Dienstvertrag abgeschlossen wurde und ein Arbeitsvertrag erst nach Erhalt der virtuellen Anteile zustande kam. Wenn das Gericht selbst in dieser Konstellation den unmittelbaren Zusammenhang zwischen den Rechtsverhältnissen annimmt, ist erst recht davon auszugehen, dass dieser Zusammenhang in der skizzierten Grundkonstellation gegeben ist.

c) Schiedsgerichts- und Mediationsklauseln

Investoren wollen oftmals Schiedsgerichtsklauseln in die Beteiligungsvereinbarung aufnehmen, um nachgelagerte Streitigkeiten nicht öffentlich austragen zu müssen. Schiedsgerichtsklauseln sind allerdings in Arbeitssachen gem. § 4, § 101 Abs. 3 ArbGG grundsätzlich unzulässig. Sie sind nur ausnahmsweise

153 LAG Hessen, Beschl. vom 20.12.2019 – 14 Ta 398/19, BeckRS 2019, 42159.
154 ArbG Frankfurt am Main, Beschl. vom 17.07.2019 – 11 Ca 4909/19.
155 LAG Hessen, Beschl. vom 20.12.2019 – 14 Ta 398/19, BeckRS 2019, 42159 Rn. 31 ff.
156 LAG Hessen, Beschl. vom 20.12.2019 – 14 Ta 398/19, BeckRS 2019, 42159 Rn. 32.

nach § 101 Abs. 1 und 2 ArbGG zulässig, wenn die Klausel Bestandteil eines Tarifvertrags ist. Die virtuellen Beteiligungsprogramme junger Start-ups sind jedoch nicht tarifvertraglich ausgestaltet.

Auch sog. verpflichtende Mediationsklauseln, in denen die Parteien sich auferlegen, vor einer prozessualen Geltendmachung der Ansprüche ein Mediationsverfahren durchzuführen, sind gem. § 309 Nr. 14 BGB unwirksam, soweit es sich um vorformulierte Verträge handelt.[157] Eine solche Klausel könnte wirksam nur aufgenommen werden, wenn die Mediation freiwillig bleibt. Den Parteien bleibt jedenfalls immer die Möglichkeit einer außergerichtlichen Konfliktbeilegung nach § 54a ArbGG.

2. *Zulässigkeit einer Stufenklage*

Möchten Arbeitnehmer Ansprüche aus virtuellen Anteilen geltend machen, können sie deren Höhe nicht beziffern, wenn sie den Wert des Unternehmens oder den durch die Veräußerung der Anteile erzielten Erlös nicht kennen. Ein Klageantrag muss jedoch grundsätzlich gem. § 253 Abs. 2 Nr. 2 ZPO bestimmt sein. Eine Ausnahme zum Bestimmtheitsgebot ist § 254 ZPO, der gem. § 46 Abs. 2 ArbGG auch im arbeitsgerichtlichen Urteilsverfahren Anwendung findet. Im Rahmen der Stufenklage kann der Kläger zunächst Auskunftserteilung und gegebenenfalls Abgabe einer eidesstattlichen Versicherung beantragen und den Leistungsantrag bis zur Erfüllung des Auskunftsanspruchs unbeziffert lassen. Eine Stufenklage ist zulässig, soweit die Hilfsansprüche für den Kläger zur Bezifferung des Leistungsanspruchs notwendig und hinreichend bestimmt sind gem. § 253 Abs. 2 Nr. 2 ZPO.

Das trifft bei einer Geltendmachung von Ansprüchen aus virtuellen Beteiligungsprogrammen zu, da ein Arbeitnehmer in der Regel keine hinreichend detaillierte Kenntnis von den erzielten Veräußerungserlösen oder den wertgebenden Umständen hat. Er braucht sie aber zwingend für die Bezifferung seines Antrags, weil der Wert der virtuellen Geschäftsanteile auf Grundlage dieser Tatsachen berechnet wird.[158]

Die Stufenklage dient der Prozessökonomie. Durch sie soll vermieden werden, dass die Ansprüche in zwei unterschiedlichen Verfahren geltend gemacht werden müssen. Sie hat für den Kläger den Vorteil, dass die Verjährung des

---

157 *Henkel*, AuA 2016, 274 (275); Hümmerich/Reufels/*Schiefer*, Gestaltung von Arbeitsverträgen (4. Aufl. 2019), § 1 Rn. 3226.

158 Siehe zur Berechnung der Anspruchshöhe unter § 5 C. III.

Leistungsanspruchs trotz der Unbestimmtheit mit Klageerhebung (§ 261 Abs. 1 ZPO) gehemmt wird (§ 204 Abs. 1 Nr. 1 ZPO).

Materiell-rechtlich ergibt sich der Auskunftsanspruch aus Treu und Glauben gem. § 242 BGB, wenn die Parteien diesbezüglich keine Regelung getroffen haben.[159]

II. Zwangsvollstreckung in virtuelle Anteile

Hat ein Gläubiger eines Inhabers virtueller Anteile einen vollstreckbaren Titel (§§ 704, 794 ZPO) gegen diesen erlangt, kann eine Forderungspfändung nach §§ 828 ff. ZPO in die virtuellen Geschäftsanteile in Betracht kommen. Dabei wird unterstellt, dass die sonstigen Vollstreckungsvoraussetzungen (Klausel, Zustellung, Antrag, etc.) vorliegen.

1. Pfändung virtueller Anteile vor deren Fälligkeit

Die Zwangsvollstreckung in „echte" Geschäftsanteile ist durch Pfändung gem. § 857 Abs. 1, § 851 Abs. 1 ZPO zulässig, weil sie gem. § 15 Abs. 1 Alt. 1 GmbHG veräußerlich sind.[160]

Ein virtueller Geschäftsanteil ist hingegen kein „anderes Vermögensrecht" i.S.d. § 857 Abs. 1 ZPO, weil durch eine Einräumung fiktiver Anteile lediglich ein schuldrechtlicher Zahlungsanspruch entsteht. Dieser Anspruch ist zudem aufschiebend (§ 158 Abs. 1 BGB) und auflösend (§ 158 Abs. 2 BGB) bedingt, weil das Entstehen von einem Ereignis (zum Beispiel eine Veräußerung der Gesellschaft) abhängig ist und durch vertraglich festgelegte Umstände erlöschen kann.

Die Pfändung könnte aber gem. § 829 Abs. 1 S. 1 ZPO zulässig sein, wenn der Erhalt virtueller Anteile bereits eine „Geldforderung" im Sinne der Vorschrift ist. Die Pfändung zukünftiger Forderungen ist zulässig, wenn im Zeitpunkt der Pfändung schon eine Rechtsbeziehung zwischen Schuldner und Drittschuldner besteht, aus der die Forderung nach ihrer Art und nach der Person des Drittschuldners bestimmt werden kann.[161] Indiz für eine solche Rechtsbeziehung

---

159 Zu den Anspruchsgrundlagen für Auskunftsansprüche im Einzelnen Musielak/Voit/*Foerste*, ZPO (18. Aufl. 2021), § 254 Rn. 2 mit weiteren Nachweisen.

160 BGH, Urt. vom 16.05.1988 – II ZR 375/87, BNotZ 1989, 380; Roth/*Altmeppen*, GmbHG (10. Aufl. 2021), § 15 Rn. 62; MüKo/*Reichert*/*Weller*, GmbHG (4. Aufl. 2022), § 15 Rn. 519.

161 BGH, Urt. vom 29.10.1969 – VIII ZR 202/67, NJW 1970, 241 (242); Beschl. vom 31.10.2003 – IXa ZB 200/03, NJW 2004, 369 (370).

kann eine vertragliche Dauer- oder Rahmenvereinbarung sein.[162] Die Forderung muss daher ihrer Höhe nach noch nicht bestimmt und nicht fällig sein.[163] Forderungen sind selbst dann pfändbar, wenn sie aufschiebend bedingt sind und ungewiss ist, ob sie überhaupt entstehen.[164] Die bloße Erwartung und Hoffnung, dass eine Forderung entsteht, genügt indessen nicht.[165]

Die Zuteilung virtueller Anteile begründet zwar grundsätzlich eine Forderung, es ist allerdings zunächst unsicher, ob und in welcher Höhe sie entsteht. Nach den aufgeführten Kriterien ist dies aber für das Vorliegen einer „Geldforderung" i.S.d. § 829 Abs. 1 S. 1 ZPO irrelevant. Durch die Vereinbarung über die virtuellen Anteile besteht zwischen dem Arbeitnehmer und der Gesellschaft eine Rechtsbeziehung. Aufgrund dieser Beziehung kann die Gesellschaft als Drittschuldnerin und der Inhalt des Anspruchs als Zahlungsanspruch bestimmt werden. Auch die vereinbarten aufschiebenden und auflösenden Bedingungen stehen der Pfändung nicht entgegen, weil es sich nicht um eine bloße Erwartung handelt, sondern die Kriterien für die Höhe und das Entstehen der Forderung hinreichend bestimmbar sind.

Folglich kann der Anspruch aus einem virtuellen Beteiligungsprogramm auch dann schon gem. § 829 Abs. 1 S. 1 ZPO gepfändet werden, wenn er noch gar nicht fällig ist. Der Pfändungsbeschluss entfaltet seine Wirkung allerdings erst, wenn die Forderung tatsächlich entsteht.

Die Pfändung kann wegen § 851 Abs. 2 ZPO nicht dadurch ausgeschlossen werden, dass die Beteiligten ein Abtretungsverbot (§ 399 BGB) bezüglich der virtuellen Anteile vereinbaren.[166]

2. *Pfändungsschutz für Arbeitseinkommen*

Wenn Ansprüche aus virtuellen Anteilen entstehen, kann sich auch die Frage stellen, ob diese dem Pfändungsschutz für Arbeitseinkommen gem. §§ 850 ff. ZPO unterliegen. Das hätte insbesondere zur Folge, dass die Pfändungsfreigrenzen des § 850c ZPO anwendbar sind.

---

162 BeckOK/*Riedel*, ZPO (Stand: 01.09.2021), § 829 Rn. 7.

163 Fleischer/*Smid*, ZPO (6. Aufl. 2020), § 829 Rn. 13; Musielak/Voit/*Flockenhaus*, ZPO (18. Aufl. 2021), § 829 Rn. 6.

164 MüKo/*Smid*, ZPO (6. Aufl. 2020), § 829 Rn. 13; Musielak/Voit/*Flockenhaus*, ZPO (18. Aufl. 2021), § 829 Rn. 6.

165 BeckOK/*Riedel*, ZPO (Stand: 01.09.2021), § 829 Rn. 7; Musielak/Voit/*Flockenhaus*, ZPO (18. Aufl. 2021), § 829 Rn. 6.

166 Vergleiche zu Abtretungsverboten § 5 I. I. 1.

Gem. § 850 Abs. 1 ZPO unterliegt Arbeitseinkommen, das in Geld zahlbar ist, den Bestimmungen der §§ 850a–850i ZPO. Arbeitseinkommen sind nach § 850 Abs. 2 ZPO unter anderem alle Arbeits- und Dienstlöhne, die die Erwerbstätigkeit des Schuldners vollständig oder zu einem wesentlichen Teil in Anspruch nehmen. Vom Pfändungsschutz erfasst sind einmalige und wiederkehrende Bezüge, die aufgrund eines Arbeits- oder Dienstverhältnisses geschuldet sind.[167] Einmalige Leistungen können nur auf Antrag des Schuldners geschützt werden (§ 850i Abs. 1 ZPO).

Der Pfändungsschutz für Arbeitseinkommen sichert das Recht auf Schutz des Existenzminimums als Ausfluss des Sozialstaatsprinzips und der Menschenwürde.[168] Der Begriff „Arbeitseinkommen" ist daher weit auszulegen.[169] Das Einkommen muss aus einer Tätigkeit resultieren, bei der die persönliche Leistung des Schuldners im Vordergrund steht und die die Existenzgrundlage des Schuldners bildet.[170]

Ansprüche aus virtuellen Beteiligungsprogrammen kompensieren bei Unternehmen in der Gründungsphase regelmäßig einen geringeren Lohn. Die Zahlung hat daher zumindest Lohncharakter. Der Begünstigte soll für seine erbrachte Arbeitsleistung entlohnt werden. Die Abhängigkeit der Beteiligung vom Bestehen des Arbeitsverhältnisses verdeutlicht zudem, dass der reguläre Lohn und die Ansprüche aus dem Beteiligungsprogramm dieselbe Leistung – die Arbeitskraft – abgelten sollen.

Fraglich ist hingegen, ob die virtuellen Anteile die Existenzgrundlage des Arbeitnehmers bilden. In der Regel wird schon die fortlaufende Vergütung aus dem Arbeitsvertrag die Lebensgrundlage des Mitarbeiters sichern. Aus Sicht der Arbeitnehmer erscheint eine anderweitige Gestaltung wenig sinnvoll, weil sich virtuelle Anteile oftmals erst Jahre später realisieren lassen und immer das Risiko besteht, dass die Anteile wertlos sind.

Letztendlich handelt es sich hierbei um eine Einzelfallentscheidung. Je höher die laufende monatliche Vergütung des beteiligten Arbeitnehmers im Verhältnis zur Zahlung aus einem Beteiligungsprogramm ist, desto höher ist

---

167 Musielak/Voit/*Flockenhaus*, ZPO (18. Aufl. 2021), § 850 Rn. 4; BeckOK/*Riedel*, ZPO (Stand: 01.09.2021), § 850 Rn. 21; Zöller/*Herget*, ZPO (34. Aufl. 2022), § 850 Rn. 6.

168 Zum verfassungsrechtlichen Hintergrund: Prütting/Gehrlein/*Ahrens*, ZPO (13. Aufl. 2021), § 850 Rn. 1 f. mit weiteren Nachweisen.

169 MüKo/*Smid*, ZPO (6. Aufl. 2020), § 850 Rn. 20; Prütting/Gehrlein/*Ahrens*, ZPO (13. Aufl. 2021), § 850 Rn. 12.

170 Prütting/Gehrlein/*Ahrens*, ZPO (13. Aufl. 2021), § 850 Rn. 11 f.

die Wahrscheinlichkeit, dass sie die Existenzgrundlage bildet und somit die Ansprüche aus dem Beteiligungsprogramm nicht unter den Pfändungsschutz für Arbeitseinkommen fallen.

Betroffene müssen den Pfändungsschutz aber ohnehin gem. § 850i Abs. 1 ZPO beantragen, weil die Zahlung aus den virtuellen Anteilen eine einmalige Leistung ist. Eine Entscheidung kann daher letztlich offenbleiben. § 850i Abs. 1 Alt. 2 ZPO schützt nämlich auf Antrag auch sonstige Einkünfte, die kein Arbeitseinkommen sind. Der Begriff der „sonstigen Einkünfte" umfasst alle eigenständig erwirtschafteten Einkünfte.[171] Dabei kommt es nicht darauf an, ob die Einkünfte auf eigenständiger Leistung des Schuldners beruhen oder auf dem Einsatz von Personal oder Kapital.[172]

Wenn § 850i Abs. 1 Alt. 2 ZPO schon Einkommen aus Kapital erfasst, müssen erst recht Einkünfte aus virtuellen Beteiligungsprogrammen dem Pfändungsschutz unterfallen. Diese Ansprüche sind schließlich denen aus Kapital nachgebildet und beruhen insofern sogar mehr auf dem Einsatz persönlicher Leistung, weil sie eng mit dem Arbeitsverhältnis verknüpft sind. Der Schuldner setzt mit dem Bezug der virtuellen Anteile zwar kein eigenes Kapital ein, verzichtet aber auf eine höhere Grundvergütung.

Wenn der Pfändungsschutz daher nicht schon gem. § 850i Abs. 1 Alt. 1 ZPO besteht, greift jedenfalls der Auffangtatbestand nach § 850i Abs. 1 Alt. 2 ZPO. Der Schuldner kann in beiden Fällen erfolgreich Pfändungsschutz beantragen. Das Gericht hat dem Schuldner dann während eines angemessenen Zeitraums so viel zu belassen, wie ihm nach freier Schätzung verbleiben würde, wenn sein gesamtes Einkommen aus laufendem Arbeitslohn bestünde (§ 850 Abs. 1 S. 1 ZPO). Dabei werden die wirtschaftlichen Verhältnisse, insbesondere seine sonstigen Verdienstmöglichkeiten, frei vom Gericht gewürdigt (§ 850 Abs. 1 S. 2 ZPO).

---

171 BGH, Beschl. vom 21.09.2018 – IX ZB 19/18, BeckRS 2018, 26451 Rn. 10; Beschl. vom 21.02.2019 – IX ZB 7/17, NJW 2019, 586 (587); Musielak/Voit/*Flockenhaus*, ZPO (18. Aufl. 2021), § 850i Rn. 3.

172 BT-Drs. 16/7615, 18; Prütting/Gehrlein/*Ahrens*, ZPO (13. Aufl. 2021), § 850i Rn. 21; Musielak/Voit/*Flockenhaus*, ZPO (18. Aufl. 2021), § 850i Rn. 3; Zöller/*Herget*, ZPO (34. Aufl. 2022), § 850i Rn. 1b.

D. Steuerliche Einordnung

I. Einkunftsart

In welchem Umfang die Zahlungen aus virtuellen Beteiligungsprogrammen besteuert werden, richtet sich nach der Einkunftsart im Einzelnen (vgl. § 2 Abs. 1 S. 2 EStG). In Betracht kommt eine Besteuerung als Einkünfte aus nichtselbstständiger Arbeit (§ 19 Abs. 1 EStG) oder als Kapitaleinkünfte (§ 20 Abs. 1 S. 1 Nr. 1 EStG). Einkünfte aus nichtselbstständiger Arbeit werden progressiv (§ 32a EStG), Kapitaleinkünfte hingegen mit einer Pauschale i.H.v. 25 % (§ 32d Abs. 1 EStG) besteuert, es sei denn der Betroffene hält mehr als 1 % der Anteile an der Gesellschaft. Dann könnte der Arbeitnehmer – sofern für ihn vorteilhaft – das sog. Teileinkünfteverfahren gem. § 32d Abs. 2 Nr. 3 S. 1b EStG i.V.m. § 17 EStG als Besteuerungsmodell wählen.

Zu den Einkünften aus nichtselbstständiger Arbeit gehören Gehälter, Löhne, Gratifikationen, Tantiemen und andere Bezüge und Vorteile für eine Beschäftigung im öffentlichen oder privaten Dienst (§ 19 Abs. 1 S. 1 Nr. 1 EStG). Arbeitslohn sind gem. § 2 Abs. 1 S. 1 LStDV alle Einnahmen, die dem Arbeitnehmer aus dem Dienstverhältnis zufließen. Einnahmen sind alle Güter, die in Geld oder Geldeswert bestehen und dem Steuerpflichtigen im Rahmen einer der Einkunftsarten zufließen (§ 8 Abs. 1 S. 1 EStG). Der steuerrechtliche Begriff der Einkünfte steht selbstständig neben dem zwangsvollstreckungsrechtlichen Begriff des Einkommens.[173] Das Zwangsvollstreckungsrecht unterscheidet im Gegensatz zum Steuerrecht nicht danach, ob die Dienste selbstständig oder nichtselbstständig erbracht werden. Entscheidend ist einzig, dass das Einkommen die Existenzsicherung des Vollstreckungsschuldners bildet.

Zu den Kapitaleinkünften zählen gem. § 20 Abs. 1 S. 1 Nr. 1 EStG unter anderem Gewinnanteile, Ausbeuten und sonstige Bezüge aus Anteilen an Gesellschaften mit beschränkter Haftung. Diese Vorschrift bezieht sich allerdings nur auf Einkünfte, die auf dinglichen Geschäftsanteilen beruhen.

Für eine analoge Anwendung auf virtuelle Anteile besteht kein Raum. Die begünstigte Besteuerung von Kapitaleinkünften beruht auf dem Gedanken, dass die Mittel, die zum Kapitalerwerb eingesetzt werden, bereits besteuert sind. Das soll eine Zweitbesteuerung abmildern. Die pauschale Besteuerung soll zudem Anleger begünstigen, die durch Kapitalerwerb ein Wagnis eingehen. Beim Erhalt virtueller Anteile setzt der Betroffene jedoch kein finanzielles

173 LG Stuttgart, Beschl. vom 24.07.2012 – 19 T 78/12, NJW-RR 2012, 1277 (1278); MüKo/*Smid*, ZPO (6. Aufl. 2020), § 850 Rn. 4.

Kapital ein, das bereits besteuert wurde und dessen Verlust möglich ist. Es fehlt daher schon die für eine Analogie notwendige vergleichbare Interessenlage. Eine Besteuerung als Kapitaleinkünfte scheidet aus.

Die Zahlungen aus einem virtuellen Beteiligungsprogramm sind vielmehr Einnahmen, die dem Arbeitnehmer aus dem Dienstverhältnis zufließen. Sie sind durch das Dienstverhältnis veranlasst, weil sie zumindest im weitesten Sinne Gegenleistung für die Arbeitskraft sind. Das Arbeitsverhältnis und die virtuellen Anteile sind rechtlich und tatsächlich eng miteinander verknüpft.

Demnach werden Zahlungen aus dem Beteiligungsprogramm als Einkünfte aus nichtselbstständiger Arbeit besteuert. Die daraus resultierende Lohnsteuer ist vom Arbeitgeber einzubehalten (§ 38 Abs. 1 S. 1 EStG) und an das zuständige Finanzamt abzuführen (§ 41a EStG).

II. Besteuerungszeitpunkt

Der Zeitpunkt der Besteuerung richtet sich nach dem sog. Zuflussprinzip. Gem. § 11 Abs. 1 S. 4 i.V.m. § 38a Abs. 1 S. 3 EStG wird Arbeitslohn, der nicht als laufender Arbeitslohn gezahlt wird, in dem Kalenderjahr besteuert, in dem er dem Arbeitnehmer zufließt. Der Lohn ist zugeflossen, sobald der Steuerpflichtige über ihn wirtschaftlich verfügen kann und bei ihm eine Vermögensmehrung eingetreten ist.[174] Das bloße Innehaben von Ansprüchen oder Rechten begründet hingegen keinen Zufluss im steuerrechtlichen Sinne.[175]

Folglich wird erst die Auszahlung aus den virtuellen Anteilen besteuert und nicht schon deren Erhalt, weil dieser dem Steuerpflichtigen lediglich Ansprüche und Rechte einräumt. Die *Dry-Income-Problematik* spielt bei virtuellen Beteiligungsprogrammen deshalb keine Rolle.

III. Steuerliche Privilegierung

1. Steuerfreibetrag

Gem. § 3 Nr. 39 EStG sind Vorteile des Arbeitnehmers im Rahmen eines gegenwärtigen Dienstverhältnisses aus der unentgeltlichen oder verbilligten Überlassung von Vermögensbeteiligungen i.S.d. § 2 Abs. 1 Nr. 1a, b und f bis l und Abs. 2 bis 5 5. VermBG am Unternehmen des Arbeitgebers steuerfrei, soweit

---

174 BFH, Urt. vom 11.02.2014 – VIII R 25/12, BeckRS 2014, 94938 Rn. 24; Urt. vom 16.09.2015 – I R 61/13, BeckRS 2016, 94061 Rn. 14.

175 Für Lohneinkünfte: BFH, Urt. vom 23.06.2005 – VI R 124/99, DStR 2005, 1394 (1396).

der Vorteil insgesamt 1.440 € im Kalenderjahr nicht übersteigt. Diese Privilegierung wird jedoch bei virtuellen Beteiligungsprogrammen an zwei Voraussetzungen scheitern. Zunächst ist gem. § 3 Nr. 39 S. 2 EStG Voraussetzung für die Steuerfreiheit, dass die Beteiligung mindestens allen Arbeitnehmern offensteht, die im Zeitpunkt der Bekanntgabe des Angebots ein Jahr oder länger ununterbrochen in einem gegenwärtigen Dienstverhältnis zum Unternehmen stehen. Virtuelle Anteile werden jedoch in der Regel längst nicht an alle Arbeitnehmer verteilt.

Auch wenn die Beteiligung allen Arbeitnehmern offensteht, scheitert die Steuerfreiheit daran, dass § 2 Abs. 1 Nr. 1a, b und f bis l und Abs. 2 bis 5 5. VermBG nicht die schuldrechtliche Nachbildung von Vermögenbeteiligungen erfasst. Die Aufzählung ist insofern abschließend.[176]

Bei Vergütungen aus virtuellen Beteiligungsprogrammen kann daher kein Steuerfreibetrag gem. § 3 Nr. 39 EStG geltend gemacht werden.

2. *Gebrauch der sog. Fünftelregelung*

Der Arbeitnehmer erhält die Zahlung aus dem virtuellen Beteiligungsprogramm üblicherweise als Einmalzahlung. Das führt dazu, dass im Jahr der Zahlung Lohnsteuer auf seinen Arbeitslohn und auf die Zahlung aus dem virtuellen Beteiligungsprogramm fällig wird. Es käme dann zu einer einmalig hohen Steuerlast für den Betroffenen, weil die Beträge addiert werden und die Lohnsteuer progressiv steigt (vgl. § 32a Abs. 1 S. 2 EStG).

Das könnte der beteiligte Arbeitnehmer vermeiden, wenn er von der sog. Fünftelregelung nach § 34 Abs. 1 EStG profitieren kann. Die Vorschrift sieht eine abweichende Berechnung der Lohnsteuer für den Fall vor, dass im zu versteuernden Einkommen außerordentliche Einkünfte enthalten sind. Dann beträgt die Einkommensteuer gem. § 34 Abs. 1 S. 2 EStG das Fünffache des Unterschiedsbetrags zwischen der Einkommensteuer für das um diese Einkünfte verminderte zu versteuernde Einkommen (verbleibendes zu versteuerndes Einkommen) und der Einkommensteuer für das verbleibende zu versteuernde Einkommen zuzüglich eines Fünftels dieser Einkünfte.[177] Diese Methode führt

176 BMF-Schreiben vom 08.12.2009, BStBl. I 2009, 1513 (1.1.2).

177 Das ergibt folgende Formel: $5 \times \left(\mathrm{ESt}\left(\mathrm{NE} + \frac{\mathrm{AE}}{5} \right) - \mathrm{ESt}(\mathrm{NE}) \right)$; ESt = Einkommensteuer gem. § 32a EStG, NE = verbleibendes zu versteuerndes Einkommen, AE = außerordentliche Einkünfte.

dazu, dass sich letztendlich nur ein Fünftel der außerordentlichen Einkünfte progressiv auf die Steuerlast auswirkt. Wenn der Arbeitnehmer schon auf das verbleibende zu versteuernde Einkommen ohne Berücksichtigung der außerordentlichen Einkünfte den sog. Spitzensteuersatz (§ 32a Abs. 1 Nr. 5 EStG: 45 %) zahlt, ist die Fünftelregelung nicht von Belang.

Sinn und Zweck dieser Berechnung ist, dass der Arbeitnehmer, der die Einkünfte zwar über mehrere Jahre erwirtschaftet, aber einmalig ausgezahlt bekommt, nicht schlechter stehen soll als derjenige, der die Zahlungen jährlich erhält.

Außerordentliche Zahlungen sind gem. § 34 Abs. 2 Nr. 4 EStG Vergütungen für eine mehrjährige Tätigkeit. Mehrjährig ist eine Tätigkeit, soweit sie sich über mindestens zwei Veranlagungszeiträume erstreckt und einen Zeitraum von mehr als zwölf Monaten umfasst. Diese Voraussetzungen erfüllen Zahlungen aufgrund virtueller Anteile in aller Regel, weil die Beteiligungsprogramme auf einen längeren Zeitraum angelegt sind.[178]

Der Arbeitgeber hat folglich im Rahmen des Lohnsteuerabzugs die sog. Fünftelregelung gem. § 34 Abs. 1 EStG zu berücksichtigen und den abzuziehenden Betrag entsprechend zu berechnen. Hierfür ist ein Antrag erforderlich. Aus verhandlungstaktischer Sicht sind die Arbeitnehmer auf diesen Vorteil im Zuge der Einführung eines Beteiligungsprogramms hinzuweisen. Ein schriftlicher Hinweis im Rahmen der Vereinbarung ist zwar rein deklaratorisch, mag aber im Hinblick auf die bessere Verständlichkeit für den juristischen Laien sinnvoll sein.

IV. Betriebsausgaben

Die Gesellschaft kann die Zahlungen aus einem virtuellen Beteiligungsprogramm als Betriebsausgaben i.S.d. § 4 Abs. 4 EStG gewinnmindernd geltend machen. Dadurch reduziert sich die steuerliche Bemessungsgrundlage. Die Vergütung stellt eine Betriebsausgabe dar, weil sie eine Aufwendung ist, die durch den Betrieb veranlasst wurde (§ 4 Abs. 4 EStG).

Die bloße Einräumung virtueller Anteile ist noch keine Betriebsausgabe, weil sie nicht den Gewinn mindert. Abzugsfähig sind nur die tatsächlichen Zahlungen aus dem virtuellen Beteiligungsprogramm.

---

178 Ebenso bejahend für geldwerte Vorteile aus Aktienoptionen: Boecken/Düwell/Diller/Hanau/*Hummel*, Gesamtes Arbeitsrecht (2016), § 34 EStG Rn. 39.

E. Sozialversicherungsrechtliche Folgen

Die Höhe der Sozialversicherungsbeiträge richtet sich nach der Beitragsbemessungsgrundlage. Beitragsbemessungsgrundlage sind die beitragspflichtigen Einnahmen, die sich bei Arbeitnehmern aus dem Arbeitsentgelt zusammensetzen.[179]

Arbeitsentgelt sind gem. § 14 Abs. 1 S. 1 SGB IV alle laufenden oder einmaligen Einnahmen aus einer Beschäftigung gleichgültig, ob ein Rechtsanspruch auf die Einnahmen besteht, unter welcher Bezeichnung oder in welcher Form sie geleistet werden und ob sie unmittelbar aus der Beschäftigung oder im Zusammenhang mit ihr erzielt werden. Vergütungen aus einem virtuellen Beteiligungsprogramm sind ein einmalig gezahltes Arbeitsentgelt i.S.d. § 23a Abs. 1 S. 1 SGB IV, weil sie eine Zuwendung darstellen, die dem Arbeitsentgelt zuzurechnen ist und nicht für die Arbeit in einem einzelnen Entgeltabrechnungszeitraum gezahlt wird.

Gem. § 1 Abs. 1 Nr. 1 Sozialversicherungsentgeltverordnung (SvEV) sind einmalige Einnahmen nur dann kein beitragspflichtiges Entgelt, wenn sie lohnsteuerfrei sind. Wie bereits dargelegt, sind die Einnahmen aus virtuellen Beteiligungsprogrammen lohnsteuerpflichtig und somit auch beitragspflichtig im Sinne des Sozialversicherungsrechts.

Die Einnahmen sind daher mit dem regulären Lohn zu addieren und entsprechend bei der Berechnung der Beiträge zu berücksichtigen.[180] Der Gesamtsozialversicherungsbeitrag (Summe der Kranken-, Renten-, Pflege-, Arbeitslosenversicherungsbeiträge, § 28d SGB IV) ist vom Arbeitgeber zu ermitteln und an die zuständige Einzugsstelle abzuführen (§ 28e Abs. 1 SGB IV). Der Arbeitgeber ist alleiniger Schuldner des Gesamtsozialversicherungsbeitrags.

Die Zahlungen werden gem. § 23a Abs. 1 S. 3 SGB IV im Monat der Auszahlung beitragsrechtlich berücksichtigt. Ist das Arbeitsverhältnis bei Auszahlung bereits beendet, ist das einmalig gezahlte Arbeitsentgelt dem letzten Entgeltabrechnungszeitraum des laufenden Kalenderjahres zuzuordnen (§ 23a Abs. 2 SGB IV).

---

179 Arbeitslosenversicherungsbeiträge: § 341 Abs. 3, § 342 SGB III; Krankenversicherungsbeiträge: § 223 Abs. 2, Abs. 3 SGB V; Rentenversicherungsbeiträge: § 161 Abs. 1, § 162 Nr. 1 SGB VI; Pflegeversicherungsbeiträge: § 54 Abs. 1, Abs. 3 SGB XI i.V.m. § 223 Abs. 2, Abs. 3 SGB V.

180 Die Addition wirkt sich beitragsrechtlich allerdings nur dann aus, wenn der Lohn des Arbeitnehmers nicht ohnehin schon über den jeweiligen Beitragsbemessungsgrenzen liegt.

F. Rückstellungen

Nach § 249 Abs. 1 S. 1 HGB sind für ungewisse Verbindlichkeiten und für drohende Verluste aus schwebenden Geschäften Rückstellungen zu bilden. Für andere Zwecke dürfen keine Rückstellungen gebildet werden (§ 249 Abs. 2 S. 1 HGB). Die Regelung ist abschließend.[181]

Liegen nach handelsrechtlichen Grundsätzen Rückstellungen vor, hat dies auch Auswirkungen auf die Steuerbilanz, denn in ihr ist gem. § 5 Abs. 1 S. 1 EStG grundsätzlich das Betriebsvermögen anzusetzen, das nach den handelsrechtlichen Grundsätzen ordnungsmäßiger Buchführung auszuweisen ist. Steuerlich würde für die Ansprüche aus virtuellen Beteiligungsprogrammen allerdings § 5 Abs. 2a EStG gelten, sofern die Ansprüche erst durch einen *Exit* ausgelöst werden: Für Verpflichtungen, die nur zu erfüllen sind, soweit künftig Einnahmen oder Gewinne anfallen, sind Verbindlichkeiten oder Rückstellungen erst anzusetzen, wenn die Einnahmen oder Gewinne tatsächlich anfallen.

Rückstellungen sind Passivposten, die Verbindlichkeiten, Verluste oder Aufwendungen berücksichtigen, deren Entstehen oder Höhe zum Zeitpunkt des Bilanzstichtages noch ungewiss ist und erst später zu einer Auszahlung führen.[182] Bei ungewissen Verbindlichkeiten muss die Inanspruchnahme objektiv wahrscheinlich sein, es müssen also mehr Gründe für als gegen die Inanspruchnahme sprechen (über 50 %).[183] Für die Beurteilung sind nur objektiv erkennbare Tatsachen aus Sicht eines sorgfältig und gewissenhaft handelnden Kaufmanns und unter Berücksichtigung der betriebsindividuellen und branchenüblichen Erkenntnisse heranzuziehen.[184] Für klassische Aktienoptionen hat der BFH bereits entschieden, dass keine Rückstellungen zu bilden sind.[185]

Die Ansprüche aus einem virtuellen Beteiligungsprogramm stehen in aller Regel unter der aufschiebenden Bedingung (§ 158 Abs. 1 BGB), dass das Start-up veräußert wird und zumindest teilweise unter der auflösenden Bedingung (§ 158 Abs. 2 BGB), dass das Arbeitsverhältnis im Zeitpunkt der Veräußerung noch besteht. Nach Rechtsprechung des BFH sind bedingte Verpflichtungen

---

181 Baumbach/Hopt/*Merkt*, HGB (40. Aufl. 2021), § 249 Rn. 2.

182 BeckOK/*Regierer*, HGB (Stand: 15.07.2021), § 249 Rn. 3; Baumbach/Hopt/*Merkt*, HGB (40. Aufl. 2021), § 249 Rn. 1.

183 Ständige Rechtsprechung, BFH, Urt. vom 16.12.2014 – VIII R 45/12, DStR 2015, 1358; FG Niedersachsen, Urt. vom 03.06.2013 – 6 K 357/12, BeckRS 2013, 96147.

184 FG Hamburg, Urt. vom 23.07.2008 – 2 K 38/07, BB 2008, 2680; dem folgend auch Baumbach/Hopt/*Merkt*, HGB (40. Aufl. 2021), § 249 Rn. 8.

185 BFH, Urt. vom 15.03.2017 – I R 11/15, DStR 2017, 1700.

nicht zu bilanzieren, es sei denn, die Bedingung kann einseitig durch die Gesellschaft herbeigeführt werden.[186] Das ist jedoch bei virtuellen Beteiligungsprogrammen nicht der Fall, weil es jedenfalls für einen *Exit* mindestens eine weitere Partei – einen Käufer – bräuchte. Nach diesen Grundsätzen sind folglich keine Rückstellungen zu bilden.

Ohnehin erscheint es fraglich, ob eine Veräußerung überwiegend wahrscheinlich ist. Schließlich hängt der erfolgreiche Verkauf eines Start-ups von einer Vielzahl von Faktoren ab, die alle für sich genommen äußerst unbestimmt sind. In erster Linie spricht schon die Statistik dafür, dass ein Verkauf unwahrscheinlich ist, weil die meisten Start-ups am Markt nicht bestehen und daher auch keinen erfolgreichen *Exit* erreichen.[187] Das Entstehen der Ansprüche aus virtuellen Beteiligungsprogrammen ist daher – sofern sie von einem *Exit* abhängig sind – nicht wahrscheinlicher als das Nichtentstehen.

Der Arbeitgeber hat insofern weder handels- noch steuerbilanzrechtlich Rückstellungen für die Verpflichtungen aus virtuellen Beteiligungen zu bilden.[188]

---

186 BFH, Urt. vom 17.12.1998 – IV R 21/97, DStR 1999, 451 (452); Baumbach/Hopt/*Merkt*, HGB (40. Aufl. 2021), § 249 Rn. 8.

187 Vgl. etwa *Grabmeier*, Arbeiten in der Start-up-Welt – Das Blendwerk der Möchtegern-Stars, manager-magazin.de vom 29.04.2019 (abrufbar unter www.manager-magazin.de/lifestyle/artikel/start-up-szene-new-work-arbeitswelt-ist-oft-eine-schoene-neue-scheinwelt-a-1264963.html [zuletzt abgerufen am 26.01.2022]).

188 So auch *Weitnauer/Dunkmann*, GWR 2013, 371 (372); *Hahn*, Virtuelle Mitarbeiterbeteiligung (2. Aufl. 2019), S. 15; *Schrade/Denninger*, DStR 2019, 2615 (2618).

§ 5 Möglichkeiten und Gefahren einer virtuellen Beteiligungsvereinbarung

A. Vertragliche Ausgangslage

Rechtliche Grundlage für virtuelle Mitarbeiterbeteiligungen ist eine Vereinbarung über deren Erwerb. Der Vertrag sieht im Wesentlichen vor, dass die Mitarbeiter keine dinglichen, sondern virtuelle Anteile erwerben. Die beteiligten Arbeitnehmer erhalten lediglich einen schuldrechtlichen Anspruch auf Zahlung, der sie wirtschaftlich so stellt, als hielten sie gesellschaftsrechtlich tatsächlich Geschäftsanteile. Bei der Ausgestaltung derartiger Beteiligungsvereinbarungen (für die sich der Begriff „virtuelle Beteiligungsvereinbarungen" eingebürgert hat) haben sich in der Praxis zahlreiche Klauseln etabliert, die nur im Detail variieren.

Gemein ist allen Klauseln, dass sie bisher kaum Gegenstand in Rechtsprechung und Schrifttum sind. Die Ausformulierung bzw. Überprüfung einer virtuellen Beteiligungsvereinbarung ist daher stets mit erheblichen Unsicherheiten verbunden.

In der Regel beginnen virtuelle Beteiligungsvereinbarungen mit einer Präambel, die den Hintergrund und Sinn und Zweck der virtuellen Beteiligung erläutert. Wesentlicher Bestandteil einer solchen Vereinbarung sind zudem Klauseln, die festlegen unter welchen Umständen die Ansprüche aus dem Beteiligungsprogramm fällig werden und wie sich deren Höhe berechnet. Üblicherweise werden die Ansprüche mit der Veräußerung des Unternehmens fällig. Die Verträge enthalten außerdem häufig sog. *Vesting-* und *Leaver-Klauseln*. Durch *Vesting-Klauseln* wachsen die virtuellen Anteile dem Arbeitnehmer sukzessive in bestimmten Zeitabständen an. *Leaver-Klauseln* regeln die Folgen einer Beendigung des Arbeitsverhältnisses. Gängig ist es auch die Übertragbarkeit von Ansprüchen und ein Abfindungsrecht zu vereinbaren. Die Beteiligungsverträge werden in der Regel durch gängige Klauseln wie beispielsweise zum Thema Datenschutz, Haftung und Teilunwirksamkeit abgerundet.[189]

---

189 Da es sich hierbei nicht um spezifische Bestandteile einer virtuellen Mitarbeiterbeteiligungsvereinbarung handelt, bleiben diese Regelungen für die nachfolgende Untersuchung außer Betracht.

B. AGB-rechtliche Einordnung

Zu prüfen ist zunächst, ob die virtuellen Beteiligungsvereinbarungen Allgemeine Geschäftsbedingungen (AGB) i.S.d. §§ 305 ff. BGB darstellen. Ist das der Fall, müssten die einzelnen Klauseln auf ihre AGB-rechtliche Zulässigkeit „abgeklopft" werden.

I. Anwendbarkeit des AGB-Rechts

Vereinbarungen über den Erwerb von virtuellen Anteilen unterliegen einer AGB-Kontrolle, wenn sie vorformulierte Vertragsbedingungen für eine Vielzahl von Verträgen und vom Verwender gestellt sind (§ 305 Abs. 1 S. 1 BGB). Das Beteiligungsprogramm darf kein Vertrag auf dem Gebiet des Gesellschaftsrechts (§ 310 Abs. 4 S. 1 BGB) und keine Individualabrede (§ 305 Abs. 1 S. 3 BGB) sein.

1. Kein Vertrag auf dem Gebiet des Gesellschaftsrechts

Die §§ 305 ff. BGB finden keine Anwendung auf Verträge auf dem Gebiet des Gesellschaftsrechts (§ 310 Abs. 4 S. 1 BGB). Der Begriff „Gesellschaftsrecht" erfasst das Handelsrecht, das Genossenschaftsrecht und das Vereinsrecht.[190] Die Ausnahme zielt auf Verträge zur Gründung von Personen- und Kapitalgesellschaften oder Mischformen ab.[191] Die Verträge müssen mitgliedschaftliche oder organisatorische Rechte der Vertragsparteien regeln, also Struktur, Personenkreis oder Willensbildung der Gesellschaft berühren.[192] Vereinbarungen, die nur mittelbar das Gesellschaftsrecht betreffen, sind nicht erfasst, da es sich hierbei regelmäßig um bloß schuldrechtliche Austauschverhältnisse handelt.[193] Hintergrund der Bereichsausnahme ist, dass bei Gesellschaftsverträgen die Konditionen in der Regel einzeln ausgehandelt werden und die Parteien

---

190 BT-Drs. 7/3919, 41; BeckOGK/*Richters/Friesen*, BGB (Stand: 01.01.2022), § 310 Rn. 185.

191 MüKo/*Basedow*, BGB (8. Aufl. 2019), § 310 Rn. 120; Erman/*Roloff/Looschelders*, BGB (16. Aufl. 2020), § 310 Rn. 27.

192 Dauner-Lieb/Langen/*Kollmann*, BGB (4. Aufl. 2021), § 310 Rn. 55; BeckOGK/*Richters/Friesen*, BGB (Stand: 01.01.2022), § 310 Rn. 190.

193 Soergel/*Fritzsche*, BGB (13. Aufl. 2019), § 310 Rn. 60; Erman/*Roloff/Looschelders*, BGB (16. Aufl. 2020), § 310 Rn. 28; PWW/*Berger*, BGB (16. Aufl. 2021), § 310 Rn. 16 f.

hinreichend durch die gesetzlichen Vorschriften über die jeweiligen Gesellschaften geschützt sind.[194]

Verträge über eine Zuteilung virtueller Anteile betreffen nicht die mitgliedschaftsrechtliche Stellung der Parteien. Sie sind gerade darauf ausgelegt, den Begünstigten keine gesellschaftsrechtlichen Positionen zu verschaffen. Die virtuellen Programme sind schuldrechtliche Austauschverträge und daher nicht von der Bereichsausnahme erfasst.[195]

2. *Vorformulierte Vertragsbedingungen*

Die Beteiligungsprogramme sind AGB, wenn sie für eine Vielzahl von Verträgen vorformulierte Vertragsbedingungen sind, die eine Vertragspartei (Verwender) der anderen Vertragspartei bei Abschluss eines Vertrags stellt (§ 305 Abs. 1 S. 1 BGB).

Vorformuliert sind Vertragsbedingungen, wenn sie für eine mehrfache Verwendung zeitlich vor Vertragsschluss schriftlich aufgezeichnet oder in sonstiger Weise fixiert sind.[196] Die Bedingungen sind für eine Vielzahl von Verträgen vorformuliert, wenn sie für mindestens drei Verwendungen vorgesehen sind.[197] Es ist nicht erforderlich, dass der Verwender selbst beabsichtigt, sie mehrfach zu verwenden. Sie können auch von einem Dritten zur mehrfachen Verwendung erstellt worden sein.[198] Die Vertragsbedingungen sind „gestellt", wenn eine Vertragspartei sie in die Verhandlungen einbringt und deren Einbeziehung einseitig verlangt.[199]

Eine Teilhabe an einem virtuellen Beteiligungsprogramm kann der Arbeitgeber entweder schon im Rahmen des Arbeitsvertrages anbieten oder in einer separaten Zusatzvereinbarung. In der Regel wird im Arbeitsvertrag oder in

---

194 Die Begründung für die Bereichsausnahme ist in der Literatur umstritten; die Argumente sind im Überblick dargestellt bei Soergel/*Fritzsche*, BGB (13. Aufl. 2019), § 310 Rn. 58; BeckOGK/*Richters/Friesen*, BGB (Stand: 01.01.2022), § 310 Rn. 186.

195 So auch *Schniepp/Giesecke*, NZG 2017, 128 (129); *Weitnauer*, Handbuch Venture Capital (6. Aufl. 2019), G. Rn. 135.

196 MüKo/*Basedow*, BGB (8. Aufl. 2019), § 305 Rn. 13; *Grüneberg*, BGB (81. Aufl. 2022), § 305 Rn. 8.

197 BGH, Urt. vom 15.04.1998 – VIII ZR 377/96, NJW 1998, 2286 (2287); Urt. vom 11.12.2003 – VII ZR 31/03, NJW 2004, 1454; BAG, Urt. vom 01.03.2006 – 5 AZR 363/05, NZA 2006, 746.

198 BAG, Urt. vom 15.09.2009 – 3 AZR 173/06, NJW 2010, 550; MüKo/*Basedow*, BGB (8. Aufl. 2019), § 305 Rn. 19; *Grüneberg*, BGB (81. Aufl. 2022), § 305 Rn. 9.

199 *Grüneberg*, BGB (81. Aufl. 2022), § 305 Rn. 10.

einer Zusatzvereinbarung auf ein Rahmenvertragswerk verwiesen, das die Bedingungen für eine Teilhabe am Beteiligungsprogramm regelt. Dieses Rahmenvertragswerk ist zur Verwendung für alle Mitarbeiter, die virtuelle Anteile erhalten sollen, erstellt worden und schon deshalb ein vorformulierter Vertragstext. Selbst wenn der Arbeitgeber keinen Rahmenvertrag verwendet, orientiert er sich üblicherweise an bestehenden Mustervereinbarungen.[200] Auch dann liegt die Absicht zur mehrfachen Verwendung vor, weil die Absicht des Erstellers des Formularvertrages maßgeblich ist.

Die Beteiligungsverträge sind folglich in den allermeisten Fällen für eine Vielzahl von Verträgen vorformulierte Vertragsbedingungen i.S.d. § 305 Abs. 1 S. 1 BGB.

3. *Keine Individualvereinbarung*

AGB liegen gem. § 305 Abs. 1 S. 3 BGB nicht vor, wenn die Vertragsbedingungen zwischen den Parteien ausgehandelt sind. Ausgehandelte Klauseln ließen sich zwar schon über das Merkmal des „Stellens" in § 305 Abs. 1 S. 1 BGB abgrenzen, die Vorschrift hat so aber zumindest Klarstellungsfunktion.

Ein „Aushandeln" ist mehr als ein „Verhandeln". Die Anforderungen an den Begriff sind entsprechend hoch. Der Verwender muss den gesetzesfremden Kerngehalt seiner Vertragsbedingungen inhaltlich ernsthaft zur Disposition stellen und dem Verhandlungspartner Gestaltungsfreiheit zur Wahrung seiner eigenen Interessen einräumen.[201]

Bei Beteiligungsvereinbarungen stellt der Arbeitgeber die Konditionen regelmäßig nicht zur Disposition. Der Arbeitnehmer kann sich nur entscheiden, ob er an dem Programm teilnehmen möchte, nicht aber zu welchen Bedingungen er dies tut. Einem Arbeitnehmer fehlt es im Allgemeinen schlicht an der notwendigen Verhandlungsmacht.

Selbst wenn die Parteien einzelne Klauseln aushandeln, führt das lediglich dazu, dass die jeweilige Klausel nicht der AGB-Kontrolle unterliegt. Auf die nicht ausgehandelten Bestandteile des Vertrages sind die §§ 305 ff. BGB

---

200 Eine solche Mustervereinbarung findet sich etwa bei *Weitnauer*, Handbuch Venture Capital (6. Aufl. 2019), Anhang X.

201 BGH, Urt. vom 19.05.2005 – III ZR 437/04, NJW 2005, 2543 (2544); Urt. vom 22.11.2012 – VII ZR 222/12, NJW 2013, 856 Rn. 10; Urt. vom 26.03.2015 – VII ZR 92/14, NJW 2015, 1952 Rn. 33.

weiterhin anwendbar.[202] Die ausgehandelten Klauseln unterliegen dann nur noch einer Wirksamkeitskontrolle nach §§ 138, 242 BGB.

Denkbar ist auch, dass der Verwender dem Arbeitnehmer einzelne Klauseln zur Auswahl stellt. Das wäre etwa der Fall, wenn der zu beteiligende Mitarbeiter die Wahl hat zwischen einer *Exit*- und einer Ergebnis-Vergütung. Die Rechtsprechung sieht darin kein „Aushandeln" i.S.d. § 305 Abs. 1 S. 3 BGB, weil der Verwender nicht den Inhalt der Klauseln zur Disposition stellt, sondern nur die Klauseln für sich.[203] Die ausgewählten Klauseln sind auf ihre AGB-rechtliche Zulässigkeit überprüfbar.

Letztendlich handelt es sich bei der Prüfung, ob eine Individualvereinbarung vorliegt, immer um eine Einzelfallentscheidung. Bei der Einführung virtueller Beteiligungsprogramme wird es allerdings nur in Ausnahmefällen zu echten Verhandlungen über die Vertragskonditionen kommen. Daher ist für den Fortgang der Untersuchung davon auszugehen, dass keine Individualvereinbarung gem. § 305 Abs. 1 S. 3 BGB vorliegt.

4. *Einbeziehen der AGB in den Vertrag*

Grundsätzlich müssen AGB nach § 305 Abs. 2 und 3 BGB in einen Vertrag einbezogen sein. Der Verwender muss seinen Vertragspartner ausdrücklich auf die AGB hinweisen, der Vertragspartner von den AGB zumutbar Kenntnis nehmen können und mit der Einbeziehung einverstanden sein. Diese Vorschriften gelten allerdings gem. § 310 Abs. 4 S. 2 a.E. BGB nicht für Arbeitsverträge.[204] Nach ständiger Rechtsprechung des BAG bleibt mangels planwidriger Regelungslücke kein Raum für eine analoge Anwendung der Abs. 2 und 3.[205]

Die AGB sind daher nach den allgemeinen zivilrechtlichen Vorschriften (§§ 145 ff. BGB) einzubeziehen. Dafür genügt es, wenn sich die Parteien über die Einbeziehung einigen. Das kann auch konkludent geschehen; ein ausdrücklicher Hinweis oder die Möglichkeit zur Kenntnisnahme ist dann nicht mehr notwendig. Das Rahmenvertragswerk über die virtuelle Beteiligung müsste bei

---

202 BGH, Urt. vom 23.01.2003 – VII ZR 210/01, NJW 2003, 1805 (1807); Urt. vom 20.03.2014 – VII ZR 248/13, NJW 2014, 1725 Rn. 27.

203 BGH, Urt. vom 15.02.2017 – IV ZR 91/16, r+s 2017, 259 Rn. 10 ff.

204 Zur Berücksichtigung arbeitsrechtlicher Besonderheiten im Einzelnen sogleich unter § 5 B. IV. 2.

205 BAG, Urt. vom 14.04.2007 – 5 AZR 630/06, NZA 2008, 45 (47); Urt. vom 14.11.2012 – 5 AZR 107/11, BeckRS 2013, 67225 Rn. 17; Urt. vom 19.03.2014 – 5 AZR 252/12, NZA 2014, 1076 Rn. 56.

Vertragsschluss nicht einmal physisch vorliegen. Vor überraschenden Klauseln wird der Vertragspartner dennoch über § 305c Abs. 1 BGB geschützt. Zudem wären gem. § 310 Abs. 3 Nr. 3 BGB[206] bei der Beurteilung der unangemessenen Benachteiligung nach § 307 Abs. 1 und 2 BGB auch die den Vertragsschluss begleitenden Umstände zu berücksichtigen, also beispielsweise die fehlende Möglichkeit einer Einsichtnahme bei Vertragsschluss.

Sollen mehrere Mitarbeiter vom Erhalt virtueller Anteile profitieren, bietet es sich aus Arbeitgebersicht an, die Bedingungen allen Begünstigten gemeinsam vorzustellen und zu erläutern. Es ist dann ausreichend, bei Vertragsschluss auf diese Konditionen Bezug zu nehmen. Die Einbeziehung nach den allgemeinen Regeln ist weniger „fehleranfällig" im Vergleich zur Einbeziehung nach § 305 Abs. 2 und 3 BGB.

II. Inhaltskontrolle

Die Klauseln in den virtuellen Beteiligungsverträgen unterliegen der Inhaltskontrolle gem. §§ 307 ff. BGB. Sie sind gem. § 307 Abs. 1 S. 1 BGB unwirksam, wenn sie den Vertragspartner des Verwenders entgegen dem Gebot von Treu und Glauben unangemessen benachteiligen. Dabei kann sich die Unangemessenheit auch aus der Unklarheit oder Unverständlichkeit der Bestimmung ergeben (§ 307 Abs. 1 S. 2 BGB). Eine unangemessene Benachteiligung ist im Zweifel anzunehmen, wenn eine Bestimmung mit wesentlichen Grundgedanken der gesetzlichen Regelung, von der abgewichen wird, nicht vereinbar ist (§ 307 Abs. 2 Nr. 1 BGB) oder wesentliche Rechte oder Pflichten, die sich aus der Natur des Vertrags ergeben, so einschränkt, dass die Erreichung des Vertragszwecks gefährdet ist (§ 307 Abs. 2 Nr. 2 BGB).

III. Kontrollfähigkeit

Diese Vorschriften gelten allerdings mit Ausnahme von § 307 Abs. 1 S. 2 BGB ausschließlich für Regelungen in AGB, die von Rechtsvorschriften abweichen oder diese Regelungen ergänzen (§ 307 Abs. 3 BGB). Damit sind vor allem Klauseln, die rein deklaratorischen Charakter besitzen oder die wechselseitigen Hauptleistungspflichten bestimmen, von einer Inhaltskontrolle ausgeschlossen.[207] Nach dem Grundsatz der Privatautonomie sollen die Parteien, Leistung

---

206 Zur Verbrauchereigenschaft von Arbeitnehmern sogleich unter § 5 B. IV. 1. a).

207 Ständige Rechtsprechung, statt vieler BGH, Urt. vom 23.08.2018 – III ZR 192/17, NJW 2019, 47 Rn. 14 mit weiteren Nachweisen.

und Gegenleistung frei vereinbaren können. Davon erfasst sind auch Klauseln, die zwar nicht unmittelbar den Preis festlegen, aber den Preis indirekt bestimmen oder zumindest bestimmbar machen.[208]

Regelungen, die die Leistungspflicht des Verwenders einschränken, verändern, ausgestalten oder modifizieren, sind hingegen kontrollfähig, weil sie nicht unmittelbar den Leistungsgegenstand betreffen.[209] Solche Klauseln sind Preisnebenabreden.[210] Sie regeln nicht das Ob oder den Umfang der Leistung, sondern lediglich Art und Weise der Leistungserbringung.[211]

Die Anzahl der ausgegebenen virtuellen Anteile ist daher nicht an den §§ 307 ff. BGB zu messen, weil das der Umfang der Hauptleistungspflicht ist. So verhält es sich auch mit der Berechnung der Anspruchshöhe von Zahlungen aus virtuellen Beteiligungen. Die vereinbarten Formeln legen zwar nicht direkt die Hauptleistung fest, bestimmen aber alle wesentlichen Faktoren, anhand derer die Zahlungen berechnet werden.

Alle übrigen Klauseln im Rahmen virtueller Beteiligungsprogramme modifizieren lediglich die Art und Weise der Leistungserbringung. Sie bestehen neben der Hauptleistungsabrede (Erhalt virtueller Anteile) und ergänzen diese. Würden diese Abreden im Vertrag fehlen, träte dispositives Gesetzesrecht an ihre Stelle. Diese Klauseln sind daher kontrollfähige Preisnebenabreden.

IV. Prüfungsmaßstab

Der Prüfungsmaßstab einer AGB-Kontrolle kann sich im Einzelfall verschieben. In Betracht kommt hierfür § 310 Abs. 3 und 4 BGB, wenn es sich um einen Verbraucher- bzw. einen Arbeitsvertrag handelt.

1. Verbraucherverträge

Bei Verträgen zwischen einem Unternehmer und einem Verbraucher sind die AGB-rechtlichen Vorschriften modifiziert anzuwenden. Die AGB gelten als vom Unternehmer gestellt, es sei denn der Verbraucher hat sie in den Vertrag eingeführt (§ 310 Abs. 3 Nr. 1 BGB). Außerdem gelten die AGB-Vorschriften gem. § 310 Abs. 3 Nr. 2 BGB selbst dann, wenn die Klauseln zur einmaligen

---

208 Vgl. etwa BGH, Urt. vom 14.05.2014 – VIII ZR 114/13, NJW 2014, 2708.

209 BGH, Urt. vom 15.11.2007 – III ZR 247/06, NJW 2008, 360 (362); Urt. vom 05.10.2017 – III ZR 56/17, NJW 2018, 534 Rn. 15.

210 BGH, Urt. vom 05.10.2017 – III ZR 56/17, NJW 2018, 534 Rn. 15; Urt. vom 23.08.2018 – III ZR 192/17, NJW 2019, 47 Rn. 14 f. jeweils mit weiteren Nachweisen.

211 BGH, Urt. vom 05.10.2017 – III ZR 56/17, NJW 2018, 534 Rn. 15.

Verwendung bestimmt sind und der Verbraucher auf Grund der Vorformulierung auf ihren Inhalt keinen Einfluss nehmen konnte. Bei der Beurteilung der unangemessenen Benachteiligung nach § 307 Abs. 1 und 2 BGB sind außerdem die den Vertragsschluss begleitenden Umstände zu berücksichtigen (§ 310 Abs. 3 Nr. 3 BGB).

a) Arbeitnehmer als Verbraucher

Lange war umstritten, ob Arbeitnehmer Verbraucher gem. § 13 BGB sind. Verbraucher sind nach der Legaldefinition alle natürlichen Personen, die ein Rechtsgeschäft zu Zwecken abschließen, die überwiegend weder ihrer gewerblichen noch ihrer selbstständigen beruflichen Tätigkeit zuzurechnen sind.

Das BAG hat im Jahre 2005 die Verbrauchereigenschaft der Arbeitnehmer bejaht.[212] Einen konsumtiven Zweck im Sinne des Verbrauchs von Waren oder Dienstleistungen verlange das Gesetz nicht. Die Definition des Verbrauchers in § 13 BGB ginge weiter als der allgemeine Sprachgebrauch und sei in einer Gesamtschau mit dem Verbraucherschutzrecht zu betrachten.[213]

Außerdem sei die Verbrauchereigenschaft gem. § 13 BGB laut BAG immer im Zusammenspiel mit der jeweiligen Verbraucherschutzvorschrift zu bestimmen und nicht abstrakt zu sehen.[214] Entscheidend sei, ob die Anwendung der konkreten Norm auf Arbeitnehmer sachgerecht ist. So sei etwa der Zinssatz in Höhe von 9 %-Punkten über dem Basiszinssatz gem. § 288 Abs. 2 BGB offensichtlich nicht auf Arbeitsverhältnisse anzuwenden.

Auf Grundlage dieses Verständnisses ist davon auszugehen, dass Arbeitnehmer Verbraucher i.S.d. § 310 Abs. 3 BGB sind und somit auch dessen Modifikationen bei der Bewertung der einzelnen Klauseln gelten.

Der Arbeitgeber ist Unternehmer i.S.v. § 14 BGB, weil er bei Abschluss des Arbeitsvertrages in Ausübung seiner gewerblichen oder selbstständigen beruflichen Tätigkeit handelt.

---

212 BAG, Urt. vom 25.05.2005 – 5 AZR 572/04, NZA 2005, 1111; So auch Boecken/Düwell/Diller/Hanau/*Peterhänsel*, Gesamtes Arbeitsrecht (2016), § 310 BGB Rn. 6; HK-ArbR/*Boemke*/*Ulrici* (4. Aufl. 2017), § 310 BGB Rn. 5 f.

213 BAG, Urt. vom 25.05.2005 – 5 AZR 572/04, NZA 2005, 1111 (1115).

214 BAG, Urt. vom 25.05.2005 – 5 AZR 572/04, NZA 2005, 1111 (1115).

b) Geschäftsführer als Verbraucher

Vereinzelt setzen Gründer für ihr Start-up bereits im frühen Stadium Fremdgeschäftsführer ein, die virtuelle Beteiligungen erhalten. Strittig ist, ob solche Geschäftsführer trotz ihrer Organstellung Verbraucher nach § 13 BGB sind.

Der BGH sieht in ständiger Rechtsprechung den Geschäftsführer als Verbraucher, wenn er Sicherungsgeber für ein Darlehen der Gesellschaft ist, weil die Geschäftsführung einer GmbH keine gewerbliche oder selbstständige Tätigkeit nach § 13 BGB sei.[215] Das betrifft jedoch lediglich das Außenverhältnis. Bei Abschluss einer Beteiligungsvereinbarung ist das Innenverhältnis zwischen der GmbH und dem Geschäftsführer entscheidend.

Bezüglich des Anstellungsverhältnisses nimmt das BAG zumindest bei Fremdgeschäftsführern die Verbrauchereigenschaft an.[216] Da schon die Geschäftsführung keine selbstständige Tätigkeit sei, müsse dies erst recht für das Anstellungsverhältnis gelten.[217] Der Fremdgeschäftsführer handele weder gewerblich noch selbstständig, weil er von den Gesellschaftern weisungsabhängig sei.[218] Eine andere Bewertung sei nur vorzunehmen, wenn ein Geschäftsführer beherrschender Gesellschafter ist oder zumindest eine Sperrminorität hat.

Danach kann ein Geschäftsführer eine Beteiligungsvereinbarung erst recht nur als Verbraucher i.S.d. § 13 BGB abschließen. Wenn schon die Geschäftsführung und das zugrundeliegende Anstellungsverhältnis nicht der beruflich selbstständigen Tätigkeit zuzurechnen sind, kann nichts anderes für den Erwerb virtueller Anteile gelten, da hierdurch keine Organstellung als Gesellschafter begründet, sondern lediglich die Vergütung für die Tätigkeit als Geschäftsführer modifiziert wird. Selbst der Erwerb klassischer GmbH-Anteile durch Privatpersonen wird vom BGH als reine Vermögenverwaltungstätigkeit und nicht als gewerbliche Tätigkeit eingeordnet[219] – selbst wenn der Erwerber später Geschäftsführer der Gesellschaft wird[220].

---

215 BGH, Urt. vom 08.11.2005 – XI ZR 34/05, NJW 2006, 431 (432); Urt. vom 24.07.2007 – XI ZR 208/06, NJW-RR 2008, 1673 (1675); Urt. vom 25.10.2011 – XI ZR 331/10, NJW-RR 2012, 166 (167).

216 BAG, Urt. vom 19.05.2010 – 5 AZR 253/09, NZA 2010, 939 (940 f.); vgl. auch: *Hümmerich*, NZA 2006, 709 (710 ff.); a.A. *Schniepp/Giesecke*, NZG 2017, 128 (130).

217 BAG, Urt. vom 19.05.2010 – 5 AZR 253/09, NZA 2010, 939 (940 f.)

218 BAG, Urt. vom 19.05.2010 – 5 AZR 253/09, NZA 2010, 939 (940).

219 Ständige Rechtsprechung, BGH, Urt. vom 27.06.2000 – XI ZR 322/98, NJW 2000, 3496 (3497) mit weiteren Nachweisen.

220 OLG Celle, Urt. vom 22.09.2010 – 3 U 75/10, BeckRS 2010, 23499.

Folglich sind auch bei der Ausgabe virtueller Anteile an Fremdgeschäftsführer die Besonderheiten des § 310 Abs. 3 BGB zu berücksichtigen.[221]

2. Berücksichtigung der im Arbeitsrecht geltenden Besonderheiten

Bei der Anwendung der §§ 305 ff. BGB auf Arbeitsverträge sind gem. § 310 Abs. 4 S. 2 BGB die im Arbeitsrecht geltenden Besonderheiten angemessen zu berücksichtigen.

„Arbeitsverträge" im Sinne der Vorschrift sind alle arbeitsrechtlichen Verträge.[222] Vereinbarungen über virtuelle Beteiligungen sind arbeitsrechtliche Verträge, weil sie die Vergütung des Arbeitnehmers betreffen.

Arbeitsrechtliche Besonderheiten können tatsächliche und rechtliche Besonderheiten des Arbeitsverhältnisses sein.[223] Rechtliche Besonderheiten können sich aus dem Gesetz, Richterrecht, Gewohnheitsrecht und aus Rechtsgrundsätzen ergeben.[224] Eine rechtliche Besonderheit ist beispielsweise die fehlende Möglichkeit, die Pflicht zur Arbeitsleistung gem. § 888 Abs. 3 ZPO zu vollstrecken. Zu prüfen ist jeweils im Einzelfall, ob eine Besonderheit gegenüber dem allgemeinen Zivilrecht oder innerhalb des Arbeitsrechts vorliegt.[225]

Konkret kann das bedeuten, dass einzelne Vorschriften der §§ 305 ff. BGB nicht bzw. vom allgemeinen Zivilrecht abweichend anzuwenden sind. Insbesondere sind Klauseln ohne Wertungsmöglichkeit gem. § 309 BGB aufgrund der arbeitsrechtlichen Besonderheiten einer Wertung zugänglich.[226] Nach dem klaren Wortlaut des § 310 Abs. 4 S. 2 BGB sind AGB-rechtliche Vorschriften jedoch im Grundsatz nicht verschärft anzuwenden, sondern die jeweiligen arbeitsrechtlichen Besonderheiten sind lediglich angemessen zu berücksichtigen.

---

221 *Schniepp/Giesecke*, NZG 2017, 128 (130) ist wohl anderer Ansicht, räumt jedoch ein, dass aus anwaltlicher Perspektive sicherheitshalber davon auszugehen ist, dass Geschäftsführer Verbraucher sind.

222 Boecken/Düwell/Diller/Hanau/*Peterhänsel*, Gesamtes Arbeitsrecht (2016), § 310 BGB Rn. 29; HK-ArbR/*Boemke/Ulrici* (4. Aufl. 2017), § 310 BGB Rn. 31.

223 BAG, Urt. vom 25.05.2005 – 5 AZR 572/04, NZA 2005, 1111 (1113); Urt. vom 29.09.2010 – 3 AZR 557/08, NZA 2011, 206 Rn. 28; a.A. *Thüsing*, NZA 2002, 591 (592).

224 HK-ArbR/*Boemke/Ulrici* (4. Aufl. 2017), § 310 BGB Rn. 32.

225 BAG, Urt. vom 04.03.2004 – 8 AZR 196/03, NZA 2004, 727 (731).

226 BAG, Urt. vom 04.03.2004 – 8 AZR 196/03, NZA 2004, 727 (731); Urt. vom 23.09.2010 – 8 AZR 897/08, NZA 2011, 89 Rn. 19.

Teile der Literatur sind der Auffassung, § 310 Abs. 4 S. 2 BGB müsse in analoger Anwendung auch für Anstellungsverträge von GmbH-Geschäftsführern gelten.[227] Die Beteiligungsprogramme sind zwar in der Regel unabhängig von dem zugrundeliegenden Anstellungsverhältnis zu beurteilen, eine analoge Anwendung kann jedoch schon im Grundsatz nur in Betracht kommen, wenn eine Analogie für den Anstellungsvertrag in Frage kommt. Die Vereinbarungen sind schließlich rechtlich und tatsächlich eng miteinander verknüpft.

Begründet wird die analoge Anwendung mit Hinweis auf die Vergleichbarkeit eines Arbeitsverhältnisses mit einem dienstvertraglichen Anstellungsvertrag des Geschäftsführers.[228] Außerdem gelte auch für Dienstverträge § 888 Abs. 3 ZPO, weil die Dienstleistung nicht durchgesetzt werden könne. Aufgrund dessen dürfe es bei der Inhaltskontrolle keine anderen Maßstäbe als im Arbeitsrecht geben.[229]

Dem ist jedoch entgegenzuhalten, dass der klare Wortlaut der Norm einer analogen Anwendung widerspricht. Dieser bezieht sich ausdrücklich nur auf das Arbeitsrecht. Aufgrund der Organstellung des Geschäftsführers ist seine Stellung auch nicht mit der eines Arbeitnehmers vergleichbar. § 310 Abs. 4 S. 2 BGB sollte zudem die Bereichsausnahme für Arbeitsverträge in § 23 Abs. 1 AGBG kompensieren.[230] Eine solche Ausnahme war im neuen AGB-Recht nicht vorgesehen, so dass der Gesetzgeber zumindest eine gewisse Flexibilität hinsichtlich der arbeitsrechtlichen Besonderheiten in das neue Regelwerk übernehmen wollte. Auch § 23 Abs. 1 AGBG galt jedoch ausdrücklich nur für Arbeits-, und nicht für Dienstverträge. Die analoge Anwendung des § 310 Abs. 4 S. 2 BGB auf Anstellungsverträge von GmbH-Geschäftsführern ist daher abzulehnen.[231] Bei der Ausgabe virtueller Anteile an Geschäftsführer sind die im Arbeitsrecht geltenden Besonderheiten nicht zu berücksichtigen.

---

227 *Khanian*, GmbHR 2011, 116 (118); *Stagat*, NZA-RR 2011, 617 (621 f.); Scholz/*Hohenstatt*, GmbHG (12. Aufl. 2018), § 35 Rn. 342.

228 *Khanian*, GmbHR 2011, 116 (121); *Stagat*, NZA-RR 2011, 617 (621 f.); Scholz/*Hohenstatt*, GmbHG (12. Aufl. 2018), § 35 Rn. 342.

229 *Khanian*, GmbHR 2011, 116 (117).

230 BT-Drs. 14/6857, 53 f.; ErfK/*Preis* (22. Aufl. 2022), § 310 BGB Rn. 2.

231 So auch *Hümmerich*, NZA 2006, 709 (712); *Schniepp/Giesecke*, NZG 2017, 128 (130 f.); *Boemke*, RdA 2018, 1 (15 f.).

V. Zwischenergebnis

Virtuelle Beteiligungsverträge sind in aller Regel AGB; daher ist ihre AGB-rechtliche Zulässigkeit – insbesondere ihre Angemessenheit – zu überprüfen. Dabei sind die für Verbraucher geltenden Modifikationen des § 310 Abs. 3 BGB und die im Arbeitsrecht geltenden Besonderheiten zu berücksichtigen, sofern es sich nicht um Dienstverträge handelt.

C. *Exit-Vergütung*

Die meisten virtuellen Beteiligungsprogramme junger Unternehmen sind aus den dargelegten Gründen auf einen *Exit* ausgerichtet. Die diesbezüglichen Klauseln regeln im Wesentlichen zwei Punkte. Sie definieren, wann ein *Exit*[232] vorliegt und nach welchen Kriterien die Höhe der Zahlungsansprüche zu berechnen ist. Der *Exit-Fall* ist in der Regel die letzte aufschiebende Bedingung (§ 158 Abs. 1 BGB), nach deren Eintritt die Ansprüche aus dem Beteiligungsprogramm fällig sind.

I. Der *Exit* als Fälligkeitszeitpunkt

Die Bestimmung des *Exits* als Fälligkeitszeitpunkt kann nur dann wirksam vereinbart werden, wenn die entsprechenden Klauseln einer AGB-rechtlichen Überprüfung standhalten.

Die Aufschiebung der Fälligkeit wäre unwirksam, wenn sie die beteiligten Arbeitnehmer entgegen den Geboten von Treu und Glauben unangemessen benachteiligen (§ 307 Abs. 1 S. 1 BGB). Unwirksam sind insbesondere Bestimmungen, durch die sich der Verwender unangemessen lange oder nicht hinreichend bestimmte Fristen für die Erbringung einer Leistung vorbehält (§ 308 Nr. 1 BGB).[233]

Für die Arbeitnehmer ist bei Abschluss der virtuellen Beteiligungsvereinbarung nicht absehbar, wann und ob es überhaupt zu einer Veräußerung des Start-ups kommen wird. Ein *Exit* wird in der Regel erst einige Jahre nach Gründung des Unternehmens durchgeführt. Die Fälligkeit der Ansprüche kann

---

232 Teilweise wird der *Exit-Fall* auch als „Ausübungsereignis" bezeichnet, weil der Mitarbeiter bei Eintritt des Ereignisses seine Ansprüche „ausüben" kann (vgl. etwa *Schönhaar*, GWR 2017, 293 (295)).

233 § 308 Nr. 1a BGB ist nicht einschlägig, weil Nr. 1a nur zeitlich bestimmte Fristen erfasst (MüKo/*Wurmnest*, BGB (8. Aufl. 2019), § 308 Rn. 4) Der *Exit* ist keine konkrete Zeitangabe.

infolgedessen weit in der Zukunft liegen. Die Arbeitnehmer können selbst nur schwer einschätzen, wann es zu einem *Exit* kommen wird, weil die Eigentümer den Verkauf organisieren.

§ 308 BGB enthält allerdings Klauselverbote mit Wertungsmöglichkeit. Bei der Prüfung der Unangemessenheit ist eine Abwägung aller Umstände im Einzelfall vorzunehmen.[234] Außerdem sind die im Arbeitsrecht geltenden Besonderheiten angemessen zu berücksichtigen (§ 310 Abs. 4 S. 2 BGB).[235]

Es liegt gerade in der Natur der Beteiligungsprogramme, die Auszahlung der virtuellen Anteile mit dem erfolgreichen *Exit* zu verknüpfen. Nur dadurch kann der Arbeitnehmer an einer erfolgreichen Veräußerung teilhaben. Ohne *Exit* könnte den virtuellen Anteilen kein Wert zugeschrieben und die Ansprüche höchstens aufgrund von Schätzungen befriedigt werden. Die Fälligkeit im Veräußerungszeitpunkt ist für die Arbeitnehmer besonders reizvoll, weil sie so gegebenenfalls Zahlungen erhalten, die sie auf Grundlage eines marktüblichen Lohns nicht erhalten hätten. Diese Erwerbschancen sind geeignet die Nachteile, die durch den ungewissen Fälligkeitszeitpunkt entstehen, hinreichend auszugleichen. Diese Spekulation gehen die beteiligten Arbeitnehmer im Übrigen bewusst ein, sodass eine solche Klausel auch keinen überraschenden Charakter hat.

Insofern stellt der Aufschub der Fälligkeit keine unangemessene Benachteiligung i.S.d. § 307 Abs. 1 S. 1 BGB dar.

II. Definition eines *Exits*

Bei der Bestimmung eines *Exits* in der Beteiligungsvereinbarung ist aufgrund der Vielzahl von rechtlichen und tatsächlichen Möglichkeiten, ein Unternehmen zu veräußern, wohl überlegt vorzugehen. Aus Arbeitnehmersicht besteht insbesondere die Gefahr, dass die Gründer den Betrieb atypisch liquidieren und infolgedessen nach dem Beteiligungsvertrag gar kein *Exit* vorliegt.

Davor schützt den Arbeitnehmer aber auch das AGB-Recht. Da die Klauseln die beteiligten Arbeitnehmer nicht unangemessen benachteiligen dürfen, müssen sie so formuliert sein, dass alle Sachverhalte erfasst sind, von denen die Arbeitnehmer im Zeitpunkt des Vertragsschlusses nach Treu und Glauben erwarten konnten, dass sie die Zahlungsansprüche aus dem Programm auslösen. Bei einer AGB-rechtlichen Beurteilung der *Exit-Klausel* würde im Rahmen einer Gesamtabwägung berücksichtigt, dass der Arbeitnehmer schon das

---

234 BeckOK/*Jacobs*, ArbR (Stand: 01.09.2021), § 308 BGB Rn. 1.
235 Siehe oben § 5 B. IV. 2.

Risiko der Wertlosigkeit seiner virtuellen Anteile trägt. Er kann nicht auch noch ein erhöhtes Risiko tragen, dass die Verwertung des Unternehmens nicht von der Beteiligungsvereinbarung erfasst ist. Im Übrigen darf die *Exit-Definition* für den Arbeitnehmer nicht überraschend sein (§ 305c Abs. 1 BGB).

1. Share Deal *und* Asset Deal

Zivilrechtlich kann ein Unternehmen entweder im Wege eines *Share Deals* oder eines *Asset Deals* auf den Erwerber übergehen.[236] Als *Share Deal* bezeichnet man den Kauf von Rechten gem. § 453 Abs. 1 BGB und als *Asset Deal* den Sachkauf gem. § 433 Abs. 1 S. 1 BGB.

Beim *Asset Deal* schuldet der Verkäufer die Beschaffung der zum Unternehmen gehörenden Vermögensgegenstände einschließlich aller Sachen und Rechte frei von Sach- und Rechtsmängeln (§§ 434, 435 BGB). Der Erwerber übernimmt die Verbindlichkeiten durch Einzelrechtsnachfolge.

Vertragsgegenstand beim Verkauf durch *Share Deal* ist die Übertragung der gesellschaftsrechtlichen Beteiligung der Gesellschaft, zum Beispiel die Geschäftsanteile an einer GmbH.[237] Der Erwerber wird Eigentümer der Anteile und tritt in die mit der Inhaberschaft verbundenen Rechte und Pflichten ein. Im Gegensatz zum Sachkauf übernimmt er keine Verbindlichkeiten der Gesellschaft, diese bleibt selbst Schuldner.

Nach dem Zweck der Mitarbeiterbeteiligungsprogramme sollen die Angestellten an jeder wirtschaftlichen Verwertung des Unternehmens teilhaben, unabhängig von ihrer rechtlichen Einordnung. Es liegt daher im Interesse der Arbeitgeber und Arbeitnehmer vertraglich festzuhalten, dass ein *Asset Deal* und ein *Share Deal* die Zahlungsansprüche auslöst – selbst wenn die Aufnahme einer solchen Regelung rein deklaratorisch ist.[238]

---

236 Vgl. MAH GmbH-Recht/*Picot* (4. Aufl. 2018), § 21 Rn. 80 ff.

237 Nach wohl herrschender Meinung findet beim *Share Deal* grundsätzlich nur die Gewährleistung für Rechtsmängel Anwendung. Eine (Sach)mängelhaftung für die Unternehmensgegenstände gem. §§ 434 ff. BGB kommt jedoch in Betracht, wenn der Käufer sämtliche oder fast sämtliche Anteile erwirbt, so dass im Grunde das gesamte Unternehmen veräußert wird (BGH, Urt. vom 26.09.2018 – VIII ZR 187/17, NZG 2018, 1305 (1307) mit weiteren Nachweisen; a.A. BeckOGK/*Wilhelmi*, BGB (Stand: 01.01.2022), § 453 Rn. 593 ff. mit weiteren Nachweisen).

238 So etwa auch *Weitnauer*, Handbuch Venture Capital (6. Aufl. 2019), Anhang X. 4.1 (i, iii).

2. *Teil-Veräußerung*

Häufig wird das Unternehmen nicht in seiner Gesamtheit verkauft, sondern es werden weniger als 100 % der Anteile bzw. 100 % der Vermögenswerte an den Käufer übertragen. Eine teilweise Veräußerung kann verschiedene Gründe haben. So können etwa einzelne Geschäftsbereiche nicht erfolgversprechend sein und werden daher abgestoßen oder umgekehrt nur für gewisse Bereiche findet sich ein Kaufinteressent. Auch wenn Gründer Anteile zur Kapitalgewinnung verkaufen, werden diese üblicherweise nur in begrenzter Menge an Investoren übertragen.

Bei einem teilweisen Verkauf des Unternehmens haben sich für die virtuelle Beteiligung zwei gängige Lösungen herausgebildet. Zum einen kann vertraglich festgelegt werden, ab welchem Volumen ein Verkauf als *Exit-Fall* im Sinne des Beteiligungsprogramms anzusehen ist. So bietet es sich etwa an, schon einen *Exit* anzunehmen, wenn über 50 % der Geschäftsanteile oder der Vermögenswerte in einem einheitlichen Vorgang übertragen werden.[239] Für die Gesellschaft als Schuldnerin hat diese Variante den Nachteil, dass die Zahlungen an die beteiligten Arbeitnehmer in voller Höhe fällig werden, obwohl das Start-up nicht vollständig liquidiert wurde.

Eine durchaus gängige Alternative besteht daher darin, die Ansprüche im gleichen Verhältnis wie der Verkaufsteil zum Gesamtbestand des Unternehmens fällig werden zu lassen.[240] Werden beispielsweise 60 % der Anteile veräußert, stehen dem Mitarbeiter Ansprüche aus 60 % seiner virtuellen Anteile zu. So werden virtuelle Anteilsinhaber wirtschaftlich wie „echte“ Anteilsinhaber behandelt. Die ausstehenden Ansprüche werden dann erst mit der Veräußerung des restlichen Unternehmens fällig. Beide Klauseln können auch miteinander kombiniert werden.

3. *Formwechsel in eine Aktiengesellschaft*

Verzeichnet ein Start-up wirtschaftliche Fortschritte, die Inhaber und Gründer wollen es aber nicht sofort veräußern, kann ein Formwechsel der GmbH in eine AG (§§ 191, 226 UmwG) zweckmäßig sein. Gründe für die Umwandlung können – neben dem höheren Ansehen der AG – der leichtere Zugang zum

---

239 Vgl. beispielsweise *Hahn*, Virtuelle Mitarbeiterbeteiligung (2. Aufl. 2019), S. 22; *Weitnauer*, Handbuch Venture Capital (6. Aufl. 2019), Anhang X. 4.1 (i, iii).

240 Vgl. etwa *Schönhaar*, GWR 2017, 293 (294).

Kapitalmarkt und die einfachere Übertragbarkeit von Aktien sein. Mittelfristig kann außerdem ein Börsengang angestrebt sein (sog. *IPO-Exit*[241]).

Den Mitarbeitern können nach vollzogener Umwandlung dingliche Anteile in Form von Aktien an der AG eingeräumt werden, weil durch den Formwechsel die Beweggründe (schlechte Verkehrsfähigkeit der GmbH-Anteile, weitgehende Rechte durch Gesellschafterstellung) für die schuldrechtliche Abbildung der Mitarbeiterbeteiligung entfallen. Hier besteht allerdings Regelungsbedarf, weil selbst bei einem sehr weiten Verständnis eines *Exits* im Rahmen der Beteiligungsvereinbarung ein Formwechsel nicht ohne Weiteres erfasst sein dürfte. Die beteiligten Mitarbeiter sollten sich daher schon bei Erhalt der virtuellen Anteile mit einer schuldumschaffenden Überführung in Aktien bzw. Aktienoptionen einverstanden erklären.[242] Möchten die Mitarbeiter ihre Ansprüche aus der virtuellen Beteiligung liquidieren, können sie dies dann über den „Umweg" der Veräußerung ihrer Aktien erreichen.

4. *Tausch*

Ein Start-up kann auch durch Tausch verwertet werden (§ 480 BGB). Der Tausch ist ein gegenseitiger Vertrag, bei dem sich beide Partner verpflichten, dem anderen Sachen oder Rechte als Gegenleistung für Sachen oder Rechte zu verschaffen. Entscheidend für die Einordnung als Tausch in Abgrenzung zum Kauf ist, dass kein Zahlungsvorgang stattfindet. Im Hinblick auf Primär- und Sekundäransprüche sind beim Tausch die kaufrechtlichen Vorschriften (§§ 433 ff. BGB) entsprechend anwendbar.

Die Veräußerung einer Gesellschaft durch Tausch geschieht üblicherweise gegen die Übertragung von Anteilen oder Rechten.[243] Für einen solchen Fall ist es sinnvoll zu vereinbaren, dass die Betroffenen im Verhältnis zur ihren virtuellen Anteilen Teile des Tauschgegenstandes erhalten. Den Schuldnern fehlt nämlich aufgrund des Tauschs häufig die Liquidität, um die Inhaber virtueller Anteile zu befriedigen. Werden etwa im Rahmen der Veräußerung Vermögensgegenstände oder Geschäftsanteile gegen Anteile an einer anderen Gesellschaft

241 „IPO" = „Initial Public Offering".

242 Vgl. *Weitnauer*, Handbuch Venture Capital (6. Aufl. 2019), Anhang X. 5.1 und 5.2.

243 Teilweise wird vertreten, dass auch die Zahlung durch Bitcoins, Ether und andere digitale Zahlungsmittel ein Tauschgeschäft i.S.d. § 480 BGB ist (*Beck/König*, JZ 2015, 130 (133); Schimansky/Bunte/Lwowski/*Terlau*, BankR-HdB (4. Aufl. 2017), § 55a Rn. 151 ff.; MüKo/*Westermann*, BGB (8. Aufl. 2019), § 480 Rn. 1; a.A. *Heckelmann*, NJW 2018, 504 (508)).

getauscht, sind dem Betroffenen diese dinglichen Anteile entsprechend der Höhe seiner virtuellen Anteile zu übertragen.

5. *Ratenzahlung*

Wird mit dem Erwerber des Unternehmens vereinbart, den Kaufpreis nicht in einer Summe, sondern in Teilleistungen (Raten) zu erbringen, findet das sog. Teilzahlungsgeschäft nach den gängigen Beteiligungsverträgen auch auf die Befriedigung der Ansprüche der beteiligten Arbeitnehmer Anwendung.[244] Die Ansprüche aus der virtuellen Beteiligung werden dann erst fällig, wenn die einzelnen Raten durch den Käufer gezahlt sind.

6. *Das LAG Baden-Württemberg zum „Veräußerungserlös"*

Inwieweit *Exit-Vergütungen* bei einer atypischen wirtschaftlichen Verwertung des Start-ups Komplikationen bereiten können, zeigt eine Entscheidung des LAG Baden-Württemberg.[245] Im streitgegenständlichen Fall verlangte der Kläger im Wege einer Stufenklage von der Beklagten eine Beteiligung am Veräußerungserlös.

a) *Darstellung der Entscheidung*

Der Kläger war Arbeitnehmer der A-GmbH und hatte von dieser virtuelle Anteile erhalten, die ihn an einem späteren „Veräußerungserlös" beteiligen sollten. Der Verkaufsfall lag gemäß der Beteiligungsvereinbarung vor, wenn „(1) alle Geschäftsanteile der Gesellschaft durch die Gesellschafter veräußert werden (2) und ein tatsächlicher Zahlungseingang des vereinbarten Kaufpreises bei den Gesellschaftern […] für die Veräußerung ihrer Geschäftsanteile vorliegt.". Nach Abschluss des Beteiligungsvertrags wurde die A-GmbH in die B-AG umgewandelt. Einige Jahre später gliederte die B-AG fast das gesamte zu ihrem Betrieb gehörende Vermögen zum Zwecke der Neugründung auf die C-GmbH und spätere Beklagte aus. Das Arbeitsverhältnis des Klägers ging auf die Beklagte über.

Die B-AG war mit etwas über einem Drittel am Stammkapital der C-GmbH beteiligt, bevor sie auch diese Anteile an eine weitere Gesellschaft veräußerte und somit keine Anteile an der Beklagten mehr hielt.

---

244 Eine solche Klausel findet sich beispielsweise bei *Weitnauer*, Handbuch Venture Capital (6. Aufl. 2019), Anhang X. 4.2.

245 LAG Baden-Württemberg, Urt. vom 07.10.2015 – 19 Sa 20/15, BeckRS 2016, 71540.

Der Kläger argumentierte, die Beklagte hafte als Betriebserwerber der B-AG nach § 613a Abs. 1 S. 1 BGB für seine Ansprüche aus der Beteiligungsvereinbarung. Die Übertragung der Vermögenswerte auf die C-GmbH sei ein Betriebsübergang und durch den Verkauf der Anteile durch die B-AG liege ein „Verkaufsfall" im Sinne des Beteiligungsprogramms vor, weil hiervon jede wirtschaftliche Verwertung des Unternehmens erfasst sei.

Dem Arbeitsgericht Mannheim[246] folgend entschied das LAG, dem Kläger stünden keine Zahlungsansprüche aus seinen virtuellen Anteilen zu, weil die Veräußerung der Anteile an der C-GmbH durch die B-AG kein „Verkaufsfall" sei. Zur Begründung verwies das Gericht in erster Linie auf den Wortlaut des Beteiligungsvertrags, der eine Veräußerung durch die Gesellschafter und nicht durch die Gesellschaft selbst voraussetze.[247] Außerdem regele die streitgegenständliche Vereinbarung nicht den Verkauf von bloßen Vermögenswerten, sondern bezöge sich unmissverständlich nur auf die Veräußerung von Geschäftsanteilen (*Share Deals*). Dem Kläger hätte aufgrund der Definition des „Verkaufsfalls" in der Vereinbarung klar sein müssen, dass seine Teilhabe an einer wirtschaftlichen Verwertung des Unternehmens nur in wenigen Fällen greift.[248] Der Kläger stünde außerdem nicht schlechter als die Aktionäre der B-AG, weil auch sie noch keinen Erlös erhalten hätten.

b) Einordnung

Aufgrund des eindeutigen Wortlauts der streitgegenständlichen Beteiligungsvereinbarung musste das Gericht die Ansprüche des Klägers verneinen. Der Fall verdeutlicht jedoch in bemerkenswerter Weise die Risiken einer virtuellen Beteiligung im Vergleich zu einer dinglichen Beteiligung.

So wurde im vorliegenden Fall das Unternehmen zwar nicht im herkömmlichen Sinne „veräußert", jedoch aus einer rein wirtschaftlichen Perspektive der Erfolg der A-GmbH bzw. B-AG finanziell verwertet. Die beteiligten Arbeitnehmer erwarteten aber als Kompensation für einen geringeren regulären Lohn, genau an diesem Erfolg durch ihre virtuellen Beteiligungen zu partizipieren. Den Mitarbeitern war im Zeitpunkt des Vertragsschlusses mit Sicherheit

---

246 ArbG Mannheim, Urt. vom 17.03.2015 – 8 Ca 233/14, BeckRS 2015, 72023.

247 LAG Baden-Württemberg, Urt. vom 07.10.2015 – 19 Sa 20/15, BeckRS 2016, 71540 Rn. 57 ff.; die Vereinbarung über die Zuteilung virtueller Anteile enthielt überdies noch zahlreiche weitere Klauseln, die von einer Veräußerung „durch die Gesellschafter" sprachen.

248 LAG Baden-Württemberg, Urt. vom 07.10.2015 – 19 Sa 20/15, BeckRS 2016, 71540 Rn. 62.

nicht bewusst, dass eine Teilhabe gemäß der Beteiligungsvereinbarung nur auf wenige konkrete Fälle einer Veräußerung beschränkt war und unzählige andersartige rechtliche Möglichkeiten einer Verwertung bestanden. Andernfalls hätten sie sich wohl nicht bereit erklärt, ihre Arbeitsleistung für den vereinbarten Lohn zu erbringen.

Die Empfänger virtueller Anteile müssen sich bewusst sein, dass die virtuellen Anteile selbst bei Erfolg des Unternehmens ein erhebliches Ausfallrisiko aufgrund vertraglicher Beschränkungen bergen. Der Verkaufsfall kann durch den Beteiligungsvertrag auf wenige Sachverhalte begrenzt sein. Hätten die Mitarbeiter dingliche Anteile an der A-GmbH erhalten, wären sie Aktionäre der B-AG geworden und hätten ihre Anteile mühelos verkaufen können.

Das LAG Baden-Württemberg formulierte dazu treffend, dass bloße „Erwerbschancen" eben „nicht den gleichen arbeitsrechtlichen Schutz wie gesicherte Vergütungsbestandteile genießen".[249]

Der Fall zeigt, wie schwierig es bei der Festlegung einer *Exit-Definition* ist, alle Konstellationen zu erfassen, die bei einer dinglichen Beteiligung unproblematisch wären. Schließlich besitzen dingliche Anteile umfassenden gesetzlichen Schutz, der ihre Inhaber vor einer wirtschaftlichen Verwertung ohne deren Beteiligung bewahrt. Dingliche Anteilsinhaber können außerdem selbst über die Veräußerung ihrer Anteile und den jeweiligen Preis bestimmen, weil sie Eigentümer sind.

Auch vor Umwandlungsmaßnahmen wie im vorliegenden Fall sind die Inhaber geschützt. Für einen Formwechsel ist ein Beschluss aller Anteilsinhaber des formwechselnden Rechtsträgers erforderlich (§ 193 Abs. 1 UmwG). Im Umwandlungsbeschluss sind die Beteiligungen der bisherigen Anteilsinhaber an dem Rechtsträger nach den für die neue Rechtsform geltenden Vorschriften festzuhalten (§ 194 Abs. 1 Nr. 3 UmwG). Hätten die Arbeitnehmer also dingliche anstatt virtueller Anteile erhalten, hätte eine Umwandlung gar nicht gegen ihren Willen stattfinden können.

Die Gründer möchten diesen gesetzlichen Schutz zwar gar nicht umfassend schuldrechtlich abbilden, weil beispielsweise die Mitbestimmung bei einem Formwechsel von den Gründern nicht gewollt ist, aber zumindest einen wirtschaftlichen Gleichlauf schaffen. Gerade diese wirtschaftliche Nachbildung ohne gesellschaftsrechtliche Mitwirkungsrechte ist allerdings schwer

---

249 LAG Baden-Württemberg, Urt. vom 07.10.2015 – 19 Sa 20/15, BeckRS 2016, 71540 Rn. 65 mit Verweis auf BAG, Urt. vom 28.05.2008 – 10 AZR 351/10, NZA 2008, 1066 (1071) zu Aktienoptionen.

umsetzbar. Die Mitwirkungsrechte sollen genau die Position – Anteilsinhaber – schützen, die die virtuellen Anteile abbilden soll. Ohne diese Rechte ist eine Schwächung der Stellung als virtueller Anteilsinhaber unvermeidbar.

III. Berechnung der Anspruchshöhe

Liegen die Voraussetzungen eines *Exits* vor, ist in einem zweiten Schritt die Höhe des Zahlungsanspruchs zu berechnen. Dabei sind die Parameter der Berechnungsmethode nach Möglichkeit so zu wählen, dass die Inhaber virtueller Anteile bezüglich der auszuzahlenden Summe pro Anteil wirtschaftlich nicht schlechter stehen als die GmbH-Gesellschafter.

1. Transparenzgebot

Bei der Berechnung der Hauptleistungspflicht ist die AGB-rechtliche Angemessenheit gem. § 307 Abs. 1 S. 1 BGB nicht von Belang, weil die Berechnung nicht kontrollfähig ist (§ 307 Abs. 3 S. 1 BGB).[250] Eine unangemessene Benachteiligung kann sich jedoch gem. § 307 Abs. 1 S. 2 BGB auch daraus ergeben, dass die Bestimmung nicht klar und verständlich ist.

Im Hinblick auf die Komplexität der infrage stehenden Klauseln ist dem Bestimmtheitsgebot besondere Bedeutung zuzumessen. Der Arbeitgeber muss die Klauseln hinreichend klar und durchschaubar formulieren. Der Tatbestand und die Rechtsfolgen müssen so genau verfasst sein, dass für den Verwender keine ungerechtfertigten Beurteilungsspielräume entstehen.[251] Eine Regelung verletzt das Transparenzgebot, wenn sie vermeidbare Unklarheiten und Spielräume enthält.[252] Sie muss auch ohne Einholung professionellen Rates verständlich sein. Den Verwender trifft allerdings keine allgemeine Rechtsbelehrungspflicht.[253] Ist eine Klausel auslegungsbedürftig, muss sie deswegen aber nicht unbestimmt sein.[254] Erst wenn der auslegungsbedürftigen und auslegungsfähigen Klausel nach der Auslegung kein klarer Inhalt beigemessen werden kann, ist sie unbestimmt.

---

250 Siehe oben § 5 B. III.

251 BAG, Urt. vom 31.08.2005 – 5 AZR 545/04, NZA 2006, 324 (328).

252 BGH, Urt. vom 05.11.2003 – VIII ZR 10/03, NJW 2004, 1598 (1600); dem folgend BAG, Urt. vom 31.08.2005 – 5 AZR 545/04, NZA 2006, 324 (328).

253 BGH, Urt. vom 05.11.1998 – III ZR 226/97, NJW 1999, 276 (277); BeckOK/*Jacobs*, ArbR (Stand: 01.03.2021), § 307 BGB Rn. 59.

254 BAG, Urt. vom 17.08.2011 – 5 AZR 506/10, NJW 2012, 552 (553); ErfK/*Preis* (22. Aufl. 2022), §§ 305–310 BGB Rn. 44.

Prüfungsmaßstab für die Voraussetzungen nach § 307 Abs. 1 S. 2 BGB ist der aufmerksame und sorgfältige Vertragspartner, also der verständige durchschnittliche Arbeitnehmer.[255]

Die Voraussetzungen für den *Exit* und die Berechnung der Zahlungsansprüche sind mithin so zu gestalten, dass für den Arbeitnehmer als juristischen Laien erkennbar ist, wann seine Ansprüche fällig sind. Die Parameter zur Berechnung der Höhe der Ansprüche müssen im Zeitpunkt des Vertragsschlusses zwar nicht bestimmt, aber aufgrund objektiver Kriterien bestimmbar sein. Intransparent sind Klauseln vor allem dann, wenn die Festlegung der wertbestimmenden Faktoren allein in den Machtbereich des Arbeitgebers fällt. Das AGB-rechtliche Bestimmtheitsgebot ist daher bei der Formulierung und der Überprüfung der *Exit-Vergütungs-Klauseln* stets zu berücksichtigen.[256]

2. *Berechnungsformel*

Für die Berechnung der Zahlungsansprüche ist folgende Formel entwickelt worden, die sich im Allgemeinen als tauglich erwiesen hat.[257] Es werden zunächst die Höhe des veräußerten Stammkapitals der Gesellschaft und die Anzahl aller ausgegebenen virtuellen Anteile addiert (sog. *fully-diluted-Berechnung*). Der durch den Verkauf erzielte Netto-Erlös wird anschließend durch den sich aus der Summierung ergebenden Wert geteilt, so dass sich der Bezugswert pro virtuellen und pro „echten“ Geschäftsanteil ergibt. Das Ergebnis dieser Division ist wiederum mit der Anzahl virtueller Anteile des konkret Berechtigten zu multiplizieren. Das Resultat dieser Formel ist dann die Höhe des Zahlungsanspruchs.

Als mathematischer Satz sähe das so aus:

$$\mathbf{Z} = \left(\frac{\mathbf{NE}}{\mathbf{vST} + \mathbf{VA}} \right) \times \mathbf{VAM}$$

255 BAG, Urt. vom 25.05.2005 – 5 AZR 572/04, NZA 2005, 1111 (1113).

256 Vgl. auch *Schniep/Giesecke*, NZG 2017, 128 (131); *Schiemzik*, NWB 2011, 798 (805) warnt vor Intransparenz insbesondere im Hinblick auf mögliche Abzugsposten bei der Veräußerungserlösberechnung.

257 Die nachfolgende Berechnung und Formel wird beispielsweise beschrieben bei *Schönhaar*, GWR 2017, 293 (295); *Hahn*, Virtuelle Mitarbeiterbeteiligung (2. Aufl. 2019), S. 22 f.

Dabei gilt:

Z	Zahlungsanspruch des Begünstigten aus dem virtuellen Beteiligungsprogramm
vST	Höhe des veräußerten Stammkapitals der Gesellschaft im Zeitpunkt des *Exits*
NE	Netto-Erlös
VA	Anzahl aller ausgegebenen und angesparten virtuellen Anteile
VAM	Anzahl der dem einzelnen Mitarbeiter zustehenden virtuellen Anteile

Bei Bestimmung des Netto-Erlöses ist der Kaufpreis zugrunde zu legen, abzüglich sämtlicher unmittelbar veranlasster Veräußerungs- und Transaktionskosten bzw. Kosten für einen Formwechsel/Börsengang und abzüglich vorrangiger Zahlungsansprüche einzelner oder mehrerer Gesellschafter (sog. *Liquidation Preferences*).[258] Liquiditätspräferenzen sind eine gängige Maßnahme, mit der Venture Capital Investoren ihre Minderheitsbeteiligung an einem Start-up absichern. Sie dient der finanziellen Bevorzugung der Investoren im Falle einer Veräußerung der Gesellschaft.[259]

D. Ergebnis-Vergütung

Selbst wenn ein virtuelles Beteiligungsprogramm auf einen *Exit* ausgelegt ist, kann das Start-up seine Mitarbeiter über virtuelle Anteile zusätzlich an laufenden Gewinnen beteiligen. Das kann vor allem dann sinnvoll sein, wenn zwischen der Aufnahme der Tätigkeit des Arbeitnehmers und dem *Exit* ein längerer Zeitraum liegt, um die Motivation und Leistungsbereitschaft der Begünstigten hochzuhalten.

258 Vgl. *Schönhaar*, GWR 2017, 293 (295); *Weitnauer*, Handbuch Venture Capital (6. Aufl. 2019), Anhang X. 4.2 (ii, iii).

259 Ausführlich zu Liquidations- und Erlöspräferenzen im Rahmen von Venture Capital Investments *Zirngibl/Kupsch*, BB 2011, 579.

I. Beteiligung an Gewinnausschüttungen

Inhaber virtueller Anteile sollten auch im Hinblick auf eine Teilhabe an etwaigen Gewinnausschüttungen nach Möglichkeit wie die Eigentümer dinglicher Geschäftsanteile gestellt werden. Gesellschafter haben gem. § 29 Abs. 1 GmbHG ein Gewinnbezugsrecht, aus dem durch Gesellschafterbeschluss nach § 46 Nr. 1 GmbHG ein vermögensrechtlicher Individualanspruch der Gesellschafter auf Auszahlung gegenüber der Gesellschaft entstehen kann.[260]

Es bietet sich daher an, den Begünstigten des Beteiligungsprogramms einen Zahlungsanspruch einzuräumen, der fällig wird, sobald der Auszahlungsanspruch der Gesellschafter gem. § 29 Abs. 1 GmbHG entsteht.[261] Die Höhe des Zahlungsanspruchs sollte sich nach der Anzahl der dem Betroffenen zustehenden virtuellen Anteile richten. Falls die Gesellschafter beschließen, den Gewinn in Gewinnrücklagen einzustellen oder als Gewinn vorzutragen (§ 29 Abs. 2 GmbHG), entsteht kein Anspruch der Mitarbeiter auf Beteiligung. Im Übrigen haben die Mitarbeiter keine Ansprüche auf Teilhabe am Jahresüberschuss gem. § 266 Abs. 3 Buchst. A. V. HGB.

II. Verdeckte Gewinnausschüttung

Wenn ein Gesellschafter neben seinen mitgliedschaftlichen Ansprüchen Ansprüche aus einem virtuellen Beteiligungsprogramm auf Gewinnbeteiligung hat, ist sicherzustellen, dass keine verdeckte Gewinnausschüttung (vgl. § 8 Abs. 3 KStG) vorliegt. Dieses Szenario hat allerdings nur geringe Bedeutung, weil die virtuellen Anteile in erster Linie ausgegeben werden, wenn eine Gesellschafterstellung gerade nicht angestrebt wird.

Die Voraussetzungen einer verdeckten Gewinnausschüttung werden aber ohnehin nur äußerst selten vorliegen. Dafür müsste dem Gesellschafter nämlich Vermögen außerhalb der Gewinnverwendung nach § 29 GmbHG zugewendet werden, ohne dass er eine betriebswirtschaftlich angemessene Gegenleistung erbringt.[262] Der Betroffene erbringt jedoch üblicherweise seine Arbeitsleistung als Gegenleistung für die Gewinnbeteiligung. Die Beteiligungsvereinbarung wird die Adäquanz des Austauschverhältnisses hinreichend belegen können. Für die

---

260 BeckOK/*Deussen*, GmbHG (Stand: 01.08.2021), § 29 Rn. 2; Roth/*Altmeppen*, GmbHG (10. Aufl. 2021), § 29 Rn. 1.

261 So beispielsweise bei *Weitnauer*, Handbuch Venture Capital (6. Aufl. 2019), Anhang X. 3.1.

262 Herrschende Definition, BeckOK/*Deussen*, GmbHG (Stand: 01.08.2021), § 29 Rn. 39; Noack/Servatius/Haas/*Kersting*, GmbHG (23. Aufl. 2022), § 29 Rn. 68.

Angemessenheit spricht im Übrigen in der Regel, dass auch Mitarbeiter virtuell an der Gesellschaft beteiligt sind, die keine dinglichen Geschäftsanteile halten. Die Gesellschafterstellung alleine kann daher kein Grund für die Auszahlung sein.

Solange der Inhaber von dinglichen und virtuellen Anteilen also eine angemessene Gegenleistung für seine ergebnisbezogene Vergütung erbringt, liegt in aller Regel keine verdeckte Gewinnausschüttung vor.

III. Berechnung der Anspruchshöhe

Die Berechnung der Höhe der Zahlungsansprüche aus einer Gewinnbeteiligung ähnelt der Berechnung der Erlösverteilung. Zunächst sind von dem Gesamtbetrag, der nach § 29 GmbHG ausgeschüttet wird, etwaige vorrangige Ansprüche abzuziehen; anschließend ist dieser Wert durch die Summe des eingetragenen Stammkapitals der Gesellschaft und aller ausgegebenen virtuellen Anteile zu teilen.[263] Das Ergebnis der Division ist mit der Anzahl der virtuellen Anteile des einzelnen Arbeitnehmers zu multiplizieren. Das Resultat aus dieser Gleichung bestimmt dann die Höhe des Zahlungsanspruchs.

Die Formel könnte dann so aussehen:

$$\mathbf{Z} = \left(\frac{\mathbf{GA} - \mathbf{P}}{\mathbf{ST} + \mathbf{VA}} \right) \times \mathbf{VAM}$$

Dabei gilt:

Z	Zahlungsanspruch des Begünstigten aus dem virtuellen Beteiligungsprogramm
GA	Betrag der beschlossenen Gewinnausschüttung
P	Präferenzen; vorrangig zu befriedigende Ansprüche
ST	Höhe des Stammkapitals der Gesellschaft
VA	Anzahl aller ausgegebenen und angesparten virtuellen Anteile
VAM	Anzahl der dem einzelnen Mitarbeiter zustehenden virtuellen Anteile

263 Die Berechnung und nachfolgende Formel orientieren sich an *Weitnauer*, Handbuch Venture Capital (6. Aufl. 2019), Anhang X. 3.

E. *Vesting-Periode*

I. Einführung

Virtuelle Beteiligungsprogramme sehen in der Regel eine sog. *Vesting-Periode* vor. Die *Vesting-Periode* wird als eigenständige Klausel (*Vesting-Klausel*) in Beteiligungsverträge aufgenommen. Sie beschreibt einen Zeitraum, in dem die virtuellen Anteile dem Mitarbeiter sukzessive anwachsen.[264] Ursprünglich stammen solche Klauseln aus Aktienoptionsplänen.[265]

Dabei erhalten die Arbeitnehmer in bestimmten Zeitabständen (monatlich, halbjährlich oder jährlich) jeweils eine vorher festgelegte Summe an virtuellen Anteilen. Ergänzt wird diese Bestimmung unter anderem mit Tatbestandsvoraussetzungen, deren Vorliegen die Erdienung virtueller Anteile unterbrechen (Hemmung). In der Praxis haben sich *Vesting-Perioden* mit einem Zeitraum von etwa drei bis vier Jahren durchgesetzt.[266]

In rechtlicher Hinsicht bedeutet das „Anwachsen" der Anteile, dass die Begünstigten zwar schon mit Abschluss der Beteiligungsvereinbarung einen Zahlungsanspruch haben, dieser allerdings unter einer aufschiebenden Bedingung (§ 158 Abs. 1 BGB) steht. Die Bedingung besteht darin, dass das Arbeitsverhältnis jeweils zu bestimmten Stichtagen noch besteht. Ist dies der Fall, tritt die Bedingung an den jeweiligen Tagen für einen bestimmten Anteil der Summe an virtuellen Anteilen ein, bis alle Anteile angewachsen sind. Erhält ein Mitarbeiter beispielsweise insgesamt 1.000 virtuelle Anteile, die über eine *Vesting-Periode* von vier Jahren halbjährig anwachsen sollen, hat der beteiligte Arbeitnehmer nach einem halben Jahr Zahlungsansprüche aus 125 Anteilen, nach einem Jahr aus 250 Anteilen, nach eineinhalb Jahren aus 375 Anteilen, usw. Endgültig fällig werden die Ansprüche allerdings erst dann, wenn auch alle weiteren Bedingungen eingetreten sind – insbesondere muss üblicherweise ein *Exit* eingetreten sein.

Sollen Arbeitnehmer bereits bei ihrer Einstellung an virtuellen Beteiligungsprogrammen teilnehmen, wird häufig eine sog. *Cliff-Periode*[267] festgelegt. Diese Regelung beschreibt einen Mindestzeitraum, den der Mitarbeiter für das Unternehmen tätig sein muss, bis die Anteile beginnen, sukzessive anzuwachsen. Die

---

264 „vested right" (engl.) = „sicher begründetes Recht".

265 Vgl. etwa *Häferer/Burger*, NZA 2020, 143 (144); auch schon *Jäger*, DStR 1999, 28 (29).

266 Vgl. etwa *Schönhaar*, GWR 2017, 293 (294); *Hahn*, Virtuelle Mitarbeiterbeteiligung (2. Aufl. 2019), S. 23: zwei bis fünf Jahre.

267 „cliff" (engl.) = „Klippe".

Dauer dieses Zeitraums orientiert sich oftmals an der gesetzlichen Höchstdauer für die Probezeit gem. § 622 Abs. 3 BGB.[268]

Der Arbeitgeber erreicht seine mit dem Beteiligungsprogramm beabsichtigten Ziele (Motivation, langfristige Bindung, Teilhabe) leichter, wenn der Erhalt der Anteile proportional zur Dauer der Betriebszugehörigkeit steigt. Würde der Mitarbeiter bereits zu Beginn des Arbeitsverhältnisses alle Anteile erhalten, läuft die angestrebte Incentivierung durch das Programm leer.

II. Angemessenheit

Bezüglich der AGB-rechtlichen Wirksamkeit ergeben sich zunächst keine Schwierigkeiten. Der Arbeitgeber hat ein berechtigtes Interesse daran, virtuelle Anteile erst nach Erhalt der Arbeitsleistung zu gewähren. Einer genaueren Betrachtung bedarf es allerdings, wenn sich durch die Klauseln Kündigungserschwernisse ergeben.[269]

III. Mittelbare Altersdiskriminierung

Die Regelungen müssen sich ferner am „Allgemeinen Gleichbehandlungsgesetz“ (AGG) messen lassen. Das am 8. August 2006 in Kraft getretene Gesetz dient der Umsetzung der Richtlinien RL 2000/43/RG, RL 2000/78/EG, RL 2002/73/EG und RL 2004/113/EG und soll umfassenden Schutz vor Diskriminierung im Arbeitsrecht gewährleisten.

1. Anwendungsbereich

Der sachliche Anwendungsbereich des AGG ist gem. § 2 Abs. 1 Nr. 2 AGG eröffnet, wenn die Beschäftigungs- und Arbeitsbedingungen einschließlich des Arbeitsentgelts betroffen sind. Arbeitsbedingungen i.S.d. § 2 Abs. 1 Nr. 2 AGG meint alle Bedingungen und Leistungen, die mit der Beschäftigung als Arbeitnehmer verknüpft sind unabhängig von ihrer vertraglichen Grundlage.[270] Die Nennung des Arbeitsentgelts ist nur beispielhaft und nicht abschließend. Die Zuteilung virtueller Anteile ist unmittelbar mit der Beschäftigung als Arbeitnehmer verbunden. Es handelt sich demnach um Arbeitsbedingungen. Auch das BAG hat zumindest den Bezug von Aktienoptionen in Hinblick auf den allgemeinen arbeitsrechtlichen Gleichbehandlungsgrundsatz als Arbeitsentgelt

---

268 *Hahn*, Virtuelle Mitarbeiterbeteiligung (2. Aufl. 2019), S. 24.

269 Zu dieser Thematik ausführlich unter § 5 F. II.

270 ErfK/*Schlachter* (22. Aufl. 2022), § 2 AGG Rn. 8.

qualifiziert.[271] Der sachliche Anwendungsbereich ist daher eröffnet. Die Voraussetzungen des persönlichen Anwendungsbereichs nach § 6 AGG sind ebenfalls erfüllt.

2. *Benachteiligung i.S.d. AGG*

Vereinbarungen, die den Arbeitnehmer aus Gründen der Rasse oder wegen der ethnischen Herkunft, des Geschlechts, der Religion oder Weltanschauung, einer Behinderung, des Alters oder der sexuellen Identität benachteiligen, sind unwirksam (§ 7 Abs. 1, 2 i.V.m. § 1 AGG).

Eine unmittelbare Benachteiligung gem. § 3 Abs. 1 AGG scheidet aus, weil *Vesting-Klauseln* sich nicht direkt auf das Alter der Begünstigten beziehen.

Zur Vermeidung von Umgehungen des Verbots unmittelbarer Benachteiligungen erfasst das AGG jedoch auch mittelbare Benachteiligungen. Eine mittelbare Benachteiligung liegt gem. § 3 Abs. 2 AGG vor, wenn dem Anschein nach neutrale Vorschriften, Kriterien oder Verfahren Personen wegen eines in § 1 AGG genannten Grundes gegenüber anderen Personen in besonderer Weise benachteiligen können. Solche Regelungen unterscheiden dann zwar nicht unmittelbar nach Differenzierungsmerkmalen, haben aber zur Folge, dass überwiegend eine Personengruppe benachteiligt wird, bei der ein Merkmal aus § 1 AGG vorliegt.[272] Es wird vermutet, dass gerade die Gruppenzugehörigkeit Ursache der Benachteiligung ist, wenn die Benachteiligung überwiegend gruppenangehörige Personen trifft.[273]

Wie bei der unmittelbaren Benachteiligung verlangt § 3 Abs. 2 AGG die Bildung zweier Vergleichsgruppen. Eine Person muss gegenüber einer anderen Person mittelbar benachteiligt sein, die sich in einer vergleichbaren Situation befindet. Vorliegend sind Mitarbeiter zu vergleichen, die unterschiedlich lange beschäftigt sind und aufgrund des selben Beteiligungsprogramms virtuelle Anteile erhalten haben.

Vesting-Klauseln differenzieren nicht unmittelbar nach dem Alter, sondern nach Dauer der Betriebszugehörigkeit. Das Kriterium der Betriebszugehörigkeit ist zwar dem Anschein nach neutral, hat aber zu Folge, dass überwiegend jüngere Arbeitnehmer benachteiligt werden, weil eine längere Beschäftigungsdauer erfahrungsgemäß häufiger bei älteren Mitarbeitern vorliegt. Aufgrund der *Vesting-Klauseln* haben schon länger für das Unternehmen tätige

271 BAG, Urt. vom 21.10.2009 – 10 AZR 664/08, NZA-RR 2010, 289.
272 BAG, Vorlagebeschl. vom 30.01.2019 – 10 AZR 299/18, NZA 2019, 693 Rn. 45 ff.
273 ErfK/*Schlachter* (22. Aufl. 2022), § 3 AGG Rn. 9.

Arbeitnehmer mehr virtuelle Anteile „verdient“ als kürzer Beschäftigte. Letztere werden daher gegenüber länger angestellten Mitarbeitern grundsätzlich benachteiligt. Das Anknüpfen an die Betriebszugehörigkeit ist daher eine mittelbare Benachteiligung i.S.d. § 3 Abs. 2 AGG gegenüber Jüngeren.[274]

3. *Rechtmäßiges Ziel*

Eine mittelbare Benachteiligung liegt jedoch gem. § 3 Abs. 2 AGG nicht vor, wenn die betreffenden Vorschriften, Kriterien oder Verfahren durch ein rechtmäßiges Ziel sachlich gerechtfertigt und die Mittel zur Erreichung dieses Ziels angemessen und erforderlich sind. Im Gegensatz zur unmittelbaren Benachteiligung ist die Rechtfertigung schon auf Tatbestandsebene zu prüfen. Die Voraussetzungen an das Ziel sind niedriger als an die Rechtfertigung im Rahmen von § 10 Abs. 1 S. 1 AGG, wonach ein „legitimes“ Ziel erforderlich ist.

Daher muss ein „rechtmäßiges“ Ziel nicht zwingend ein sozialpolitisches Interesse aus den Bereichen Beschäftigungspolitik, Arbeitsmarkt und politische Bildung verfolgen, sondern kann auch auf anderen von der Rechtsordnung anerkannten Gründen beruhen.[275] Die Ziele dürfen nicht ihrerseits diskriminierend und müssen legal sein.[276] Handelt es sich um einen wirtschaftlichen Grund, kommt nur ein objektiv gerechtfertigter wirtschaftlicher Grund in Frage.[277] Der für die mittelbare Benachteiligung angeführte Grund muss einem wirklichen Bedürfnis des Unternehmens entsprechen.[278]

Durch die *Vesting-Klausel* möchte das Unternehmen seine Mitarbeiter langfristig binden und sicherstellen, dass die finanzielle Teilhabe am wirtschaftlichen Erfolg des Arbeitgebers im Verhältnis zur erbrachten Arbeitsleistung steht. Das Interesse an der Mitarbeiterbindung ist insbesondere bei jungen Unternehmen hoch, weil qualifizierte Angestellte nur schwer zu rekrutieren sind. Insofern liegt ein wirtschaftlicher Beweggrund vor. Dieser ist von der Rechtsordnung anerkannt, was sich nicht zuletzt aus § 193 Abs. 2 Nr. 4 AktG ergibt[279]: Für Bezugsrechte von Aktien ist danach eine Wartezeit für die

---

274 So auch MüKo/*Thüsing*, BGB (8. Aufl. 2018), § 10 AGG Rn. 16; *Däubler*/Beck, AGG (5. Aufl. 2022), § 1 Rn. 97.

275 BAG, Urt. vom 15.12.2016 – 8 AZR 454/15, NZA 2017, 715; dem folgend BeckOK/*Roloff*, ArbR (Stand: 01.12.2021), § 3 AGG Rn. 19.

276 BAG, Urt. vom 09.12.2015 – 4 AZR 684/12, NZA 2016, 897 Rn. 19.

277 BAG, Urt. vom 15.12.2016 – 8 AZR 454/15, NZA 2017, 715.

278 BAG, Urt. vom 15.12.2016 – 8 AZR 454/15, NZA 2017, 715.

279 So auch *Hornung*, DB 2019, 1566 (1570).

erstmalige Ausübung von mindestens vier Jahren festzusetzen. Die Vorschrift verdeutlicht, dass der Gesetzgeber Mitarbeiterbindung als rechtmäßiges Ziel anerkennt und die mittelbare Altersdiskriminierung in einem solchen Fall für zulässig hält.

Die durch die *Vesting-Klausel* verfolgten Ziele sind demnach „rechtmäßige Ziele" i.S.d. § 3 Abs. 2 AGG.

4. *Erforderlichkeit und Angemessenheit des Mittels*

Die Mittel zur Erreichung dieses Ziels sind erforderlich und angemessen, wenn kein milderes, aber gleich wirksames Mittel zu dessen Erreichung zur Verfügung steht und die Benachteiligten die Maßnahme nach einer Abwägung der Vor- und Nachteile hinzunehmen haben.[280]

Ein milderes Mittel ist nicht ersichtlich. Den beteiligten Arbeitnehmern sind die Klauseln auch zuzumuten. Würden die virtuellen Anteile nicht sukzessive anwachsen, könnte das im Einzelfall zu untragbaren Ergebnissen führen: Einem Mitarbeiter stünden dann nämlich die vollen Ansprüche auf Erlösbeteiligung zu, obwohl er unter Umständen nur sehr kurz für das Start-up tätig war. Der Arbeitgeber hat ein berechtigtes Interesse daran, ein solches Szenario vermeiden zu wollen. Er muss Möglichkeiten haben, dass Verhältnis von Leistung und Gegenleistung abzusichern. Die *Vesting-Klauseln* sind daher angemessen. Sie enthalten keine mittelbare Benachteiligung gem. § 3 Abs. 2 AGG.

IV. *Vesting-Hemmung*

Zu untersuchen ist außerdem, wie sich das Ruhen der Hauptleistungspflichten auf die *Vesting-Periode* auswirkt.

1. *Ausgangslage*

Die vertragliche Pflicht des Arbeitnehmers zur Arbeitsleistung kann aus verschiedenen Gründen vorübergehend nicht bestehen; zu denken ist in erster Linie an Urlaub, Mutterschutz, Elternzeit, Krankheit und Kurzarbeit.

Bei Arbeitnehmern, die sich in Mutterschutz, Elternzeit oder Kurzarbeit befinden oder krankheitsbedingt länger ausfallen hat der Arbeitgeber aufgrund der längeren Zeiträume, in denen der Arbeitnehmer keine Leistung erbringt, im Allgemeinen ein Interesse daran, das Anwachsen der Anteile für diesen Zeitraum auszusetzen. Daher findet sich in den Beteiligungsprogrammen in

---

280 BAG, Urt. vom 15.12.2016 – 8 AZR 454/15, NZA 2017, 715 Rn. 39.

der Regel eine Klausel, die die *Vesting-Periode* für diese Fälle in entsprechender Anwendung des § 209 BGB hemmt.[281] Der Zeitraum, in dem die Pflicht zur Arbeitsleistung nicht besteht, wird dann im Rahmen der *Vesting-Periode* nicht berücksichtigt.

Für Urlaubszeiten wird nur selten eine *Vesting-Hemmung* vereinbart, weil regulärer Urlaub ein überschaubarer Zeitraum (etwa 20–30 Tage im Jahr) ist. Diese Unterbrechung in der Erbringung der Arbeitsleistung bleibt daher im Folgenden außer Betracht.[282]

2. *AGB-rechtliche Zulässigkeit*

Die *Vesting-Hemmungs-Klauseln* benachteiligen die Arbeitnehmer nicht unangemessen i.S.d. § 307 Abs. 1 S. 1 BGB. Der Arbeitgeber hat ein berechtigtes Interesse daran, den Gleichlauf virtueller Anteile mit der erbrachten Arbeitsleistung sicherzustellen. Während ihrer Abwesenheit können die Arbeitnehmer keinen Beitrag zur Wertsteigerung des Start-ups leisten, so dass der Entzug der Teilhabe hieran für diesen Zeitraum sachgerecht ist.

Das entspricht auch der gesetzgeberischen Wertung, wonach der Arbeitgeber im Grundsatz keinen Lohn zahlen muss, wenn der Arbeitnehmer nicht leistet. Ausnahmen hiervon bestehen nur, wenn der Ausfall der Arbeitsleistung zeitlich begrenzt ist und vom Gesetzgeber als gewichtig betrachtete Gründe dies rechtfertigen. Bei Mutterschutz, Elternzeit, Krankheit und Kurzarbeit erhalten die Arbeitnehmer jedoch im Wesentlichen staatliche Entgeltersatzleistungen und keinen Lohn von ihrem Arbeitgeber. Es ist angemessen, wenn der Arbeitgeber für diesen Zeitraum auch das Anwachsen virtueller Anteile aussetzen möchte.

Die Klauseln können daher AGB-rechtlich wirksam vereinbart werden. Die weitere arbeitsrechtliche Zulässigkeit ist im Rahmen von § 134 BGB zu berücksichtigen.[283]

---

281 Vgl. zum Beispiel den Vertragsentwurf in *Weitnauer*, Handbuch Venture Capital (6. Aufl. 2019), Anhang X. 2.2.

282 Im Übrigen dürfte eine solche Regelung unwirksam sein, weil der Vergütungsanspruch gem. § 1 BUrlG während des Urlaubs bestehen bleibt. Die Vorschrift ist gem. § 13 Abs. 1 S. 1 BUrlG unabdingbar.

283 BeckOK/*Jacobs*, ArbR (Stand: 01.12.2021), § 307 BGB Rn. 46.

3. *Arbeitsrechtliche Zulässigkeit*

a) *Kurzarbeit und Krankheitsfall*

Führt der Arbeitgeber Kurzarbeit gem. §§ 95 ff. SGB III ein, reduziert sich die vom Arbeitnehmer geschuldete Arbeitsleistung, aber auch der geschuldete Arbeitslohn. Liegen die sozialversicherungsrechtlichen Voraussetzungen vor, erhalten die Arbeitnehmer als Ausgleich für den Lohnausfall Kurzarbeitergeld. Nach Beendigung der Kurzarbeit wird das Arbeitsverhältnis zu den ursprünglich vereinbarten Konditionen fortgesetzt. Ziel der Kurzarbeit ist es, Personalkosten vorübergehend einzusparen und so Arbeitsplätze zu erhalten.[284] In jüngster Zeit sahen sich viele Unternehmen durch die Corona-Pandemie veranlasst, vermehrt Kurzarbeit einzuführen. Der Gesetzgeber sah sich schließlich sogar gezwungen, die rechtlichen Rahmenbedingungen zu erweitern, um einen erleichterten Zugang und eine längere Bezugsdauer zu ermöglichen.

Kurzarbeit führt nicht zwangsläufig dazu, dass die Arbeitspflicht gänzlich ruht; sie kann auch zu einer reduzierten Arbeitspflicht führen.[285] Um spätere Zweifel auszuschließen, ist es daher sinnvoll, im virtuellen Beteiligungsvertrag zu vereinbaren, zu welchem Prozentsatz die Arbeitsleistung reduziert sein muss, um das *Vesting* zu hemmen. Der Prozentsatz sollte mindestens 50 % betragen, damit keine unangemessene Benachteiligung nach § 307 Abs. 1 S. 1 BGB vorliegt.

Der Hemmung der *Vesting-Periode* aufgrund von Kurzarbeit steht keine gesetzliche Bestimmung entgegen. Sie ist zulässig.[286]

Für den Krankheitsfall wird die Hemmung oftmals auf den Zeitraum begrenzt, in dem ein Lohnfortzahlungsanspruch des Arbeitnehmers nicht mehr besteht. Auch diese Hemmungs-Klausel ist zulässig. Das folgt aus § 4a EFZG, nach dem eine Vereinbarung über die Kürzung von Sondervergütungen auch für Zeiten der Arbeitsunfähigkeit infolge Krankheit zulässig ist. Da die

---

284 *Geulen/Vogt*, ArbRAktuell 2020, 181 (181 f.).

285 Wird im Rahmen der Kurzarbeit vereinbart, dass der Arbeitnehmer in vollem Umfang von seiner Arbeitspflicht befreit ist, spricht man von „Kurzarbeit-Null“. Das LAG Düsseldorf entschied zuletzt, dass der Urlaubsanspruch des Arbeitnehmers für jeden vollen Monat der „Kurzarbeit-Null“ um ein Zwölftel gekürzt werden kann, ohne dass es dafür einer Vereinbarung bedarf (LAG Düsseldorf, Urt. vom 12.03.2021 – 6 Sa 824/20, BeckRS 2021, 4281).

286 Vgl. zum tariflichen Ausschluss von Sonderzahlungen bei Kurzarbeit BAG, Urt. vom 19.04.1995 – 10 AZR 259/94, NZA 1995, 997 (998); Urt. vom 10.05.1995 – 10 AZR 650/94, NZA 1995, 1106 (1107).

Vorschrift schon anwendbar ist, solange der Arbeitnehmer noch Lohnfortzahlung erhält, muss dies erst recht gelten, wenn der Lohnfortzahlungsanspruch wegfällt.

b) Mutterschutz

Soll das *Vesting* aufgrund von Mutterschutzzeiten ausgesetzt werden, könnten der Zulässigkeit solcher Klauseln insbesondere geltende Antidiskriminierungsgesetze entgegenstehen.

aa) Diskriminierung nach dem MuSchG

Für den Mutterschutz ist das Mutterschutzgesetz (MuSchG) maßgebliche Rechtsquelle. Ziel des Gesetzes ist der Schutz der Gesundheit der Frau und ihres Kindes am Arbeitsplatz (§ 1 Abs. 1 S. 1 MuSchG) und der Schutz vor Benachteiligungen durch die Schwangerschaft (§ 1 Abs. 1 S. 2 MuSchG). Ein Beschäftigungsverbot beginnt gem. § 3 Abs. 1 S. 1 MuSchG sechs Wochen vor dem Geburtstermin bzw. dem errechneten Geburtstermin und endet gem. § 3 Abs. 2 S. 1 MuSchG acht Wochen nach der Entbindung.

Ob eine Diskriminierung durch *Vesting-Hemmungs-Klauseln* nach dem MuSchG in Betracht kommt, hängt unmittelbar mit der Frage zusammen, in welchem Umfang das Gesetz Schwangere vor Gehaltseinbußen schützen soll. Während des Beschäftigungsverbots erhält die (werdende) Mutter Entgeltersatzleistungen, die sich aus dem Mutterschaftsgeld (§ 19 MuSchG) und dem Zuschuss zum Mutterschaftsgeld durch den Arbeitgeber (§ 20 MuSchG) zusammensetzen. Berechnungsgrundlage für das Mutterschaftsgeld (§ 19 Abs. 1 MuSchG i.V.m. § 24i Abs. 2 SGB V) und den Zuschuss (§ 20 Abs. 1 S. 2 MuSchG) ist jeweils das durchschnittliche Arbeitsentgelt drei Monate vor Beginn der Schutzfristen vor der Entbindung. Die genaue Ermittlung des durchschnittlichen Entgelts regelt § 21 MuSchG.

Gem. § 21 Abs. 2 Nr. 1 MuSchG soll allerdings einmalig gezahltes Entgelt i.S.v. § 23a Abs. 1 SGB IV bei der Ermittlung des durchschnittlichen Arbeitsentgelts unberücksichtigt bleiben. Wie bereits dargelegt sind Zahlungen aus virtuellen Beteiligungen einmalig gezahltes Entgelt nach § 23a Abs. 1 SGB IV.[287] Sie bleiben daher bei der Berechnung des Mutterschaftsgeldes und des Zuschusses außer Betracht. Daraus folgt, dass der Gesetzgeber keine relevante Benachteiligung darin sieht, wenn Vergütungsbestandteile außerhalb des monatlich gezahlten Lohns nicht als Arbeitsentgelt i.S.d. §§ 20, 21 MuSchG eingeordnet

287 Siehe oben § 4 E.

werden. Das MuSchG soll also nur vor unmittelbaren Gehaltseinbußen schützen. Sonderzahlungen sind nicht geschützt.[288]

Dieser Systematik folgend schützt das MuSchG nicht vor Benachteiligungen bezüglich des Anwachsens virtueller Anteile. Das Gesetz berührt die Wirksamkeit von Bestimmungen, die das *Vesting* im Mutterschutz aussetzen, deshalb nicht.[289]

bb) Diskriminierung nach dem AGG

Die *Vesting-Hemmung* in Mutterschutzzeiten ist jedoch auch auf ihre Wirksamkeit im Hinblick auf das AGG zu untersuchen. Eine unmittelbare Benachteiligung liegt gem. § 3 Abs. 1 S. 1 AGG vor, wenn eine Person aus den in § 1 AGG genannten Gründen eine weniger günstige Behandlung erfährt, als eine andere Person in einer vergleichbaren Situation erfährt, erfahren hat oder erfahren würde. Nach § 1 AGG ist unter anderem eine Benachteiligung aufgrund des Geschlechts unzulässig.

Eine Benachteiligung aufgrund des Geschlechts liegt vor, wenn die Person benachteiligt wird, weil sie männlichen oder weiblichen Geschlechts ist. Das beinhaltet eine Benachteiligung aufgrund von Eigenschaften, die zwar nicht bei jeder Frau oder jedem Mann vorliegen, allerdings nur bei einem der beiden vorliegen können (sog. geschlechterspezifische Eigenschaften).[290] Eine Benachteiligung Schwangerer oder Mütter ist demnach unzulässig, weil aus biologischen Gründen nur Frauen Kinder bekommen können. Das wird gestützt durch § 3 Abs. 1 S. 2 AGG, wonach eine unmittelbare Benachteiligung auch im Falle einer ungünstigeren Behandlung einer Frau wegen Schwangerschaft oder Mutterschaft vorliegt.

Die infrage stehenden *Vesting-Hemmungen* benachteiligen Schwangere und Mütter unmittelbar, weil sie nur Frauen betreffen. Männer können rechtlich und tatsächlich nicht in Mutterschutz gehen.

Die geschlechterbezogene Ungleichbehandlung ist nicht gem. § 8 Abs. 1 AGG gerechtfertigt, weil sie keine wegen der Art der auszuübenden Tätigkeit oder der Bedingung ihrer Ausübung wesentliche und entscheidende berufliche Anforderung darstellt. Es liegt folglich eine unzulässige Benachteiligung gem. § 7 Abs. 1 i.V.m. § 1 AGG vor.

---

288 BeckOK/*Dahm*, ArbR (Stand: 01.12.2021), § 21 MuSchG Rn. 16.

289 So auch *Stiegler*, NZA 2019, 1116 (1117).

290 EuGH, Urt. vom 08.11.1990 – C-177/88 [Dekker], NZA 1991, 171; Urt. vom 03.02.2000 – C-207/98 [Mahlburg], NZA 2000, 255.

cc) Rechtsfolgen

Bestimmungen, die gegen das Benachteiligungsverbot verstoßen, sind gem. § 7 Abs. 2 AGG unwirksam. Die Vorschrift ist ein Verbotsgesetz i.S.d. § 134 BGB;[291] es umfasst alle kollektivrechtlichen Vereinbarungen, falls das Beteiligungsprogramm nicht auf individualvertraglicher Ebene implementiert wurde.[292]

Von der Nichtigkeit ist nur die einzelne Klausel erfasst und nicht der gesamte zugrundeliegende Vertrag (§ 139 Hs. 2 BGB). Innerhalb der Bestimmung, die die *Vesting-Hemmung* regelt, werden allerdings regelmäßig verschiedene Fälle für das Aussetzen des *Vestings* aufgezählt. Fraglich ist daher, ob die Klausel insgesamt nichtig ist – und damit beispielsweise auch die Hemmung wegen Arbeitsunfähigkeit infolge von Krankheit, Elternzeit, etc. – oder ob der Mutterschutz isoliert als Grund aus der Klausel gestrichen werden kann und so der verbleibende Regelungsgehalt fortbestehen könnte.

Hierzu hat das BAG zuletzt darauf hingewiesen, dass das Unionsrecht (RL 2000/78/EG) eine Klausel nicht ausdrücklich als insgesamt unwirksam ansieht, wenn sie abgrenzbare Teile enthält.[293] Der Gesetzgeber könne daher die Rechtsfolgen eigenständig auf nationaler Ebene normieren. Da § 7 Abs. 2 AGG dem Wortlaut nach keine vollständige Unwirksamkeit vorschreibe, reiche die Beseitigung der einzelnen Benachteiligung aus. Ein Verbot der geltungserhaltenden Reduktion sei schon nach dem Sinn und Zweck des AGG nicht erforderlich, weil der Grundsatz der Gleichbehandlung gewahrt werden könne, wenn der diskriminierende Teil der Bestimmung entfernt wird. Die Erweiterung der Nichtigkeit zugunsten nicht Diskriminierter schieße über das Regelungsziel hinaus.[294]

Wie bereits dargelegt ist allein der Mutterschutz als Grund für die *Vesting-Hemmung* eine Benachteiligung nach dem AGG. Die anderen enumerativ genannten Gründe für die Hemmung sind nicht diskriminierend. Um die Ungleichbehandlung zu beseitigen, ist es daher ausreichend, wenn aus der Klausel der Mutterschutz isoliert als Grund gestrichen wird bzw. für sich genommen nichtig ist. Dadurch wird verhindert, dass rechtmäßig vereinbarte Hemmungs-Gründe von der Unwirksamkeit mit erfasst sind. Möglich ist das jedoch nur, wenn die Klausel nach Streichen des Grundes für sich genommen weiterhin verständlich ist und im Sinne der Parteien fortbestehen kann. Dies

---

291 ErfK/*Schlachter* (22. Aufl. 2022), § 7 AGG Rn. 6.

292 BAG, Urt. vom 13.10.2009 – 9 AZR 722/08, NZA 2010, 327 Rn. 46.

293 BAG, Urt. vom 03.06.2020 – 3 AZR 226/19, NZA 2020, 1397 Rn. 55 ff.

294 BAG, Urt. vom 03.06.2020 – 3 AZR 226/19, NZA 2020, 1397 Rn. 58 f.

wird regelmäßig der Fall sein, wenn die Gründe im Rahmen einer Aufzählung genannt werden.

Je nach exaktem Wortlaut der Klausel ist daher nicht die gesamte Bestimmung nichtig, sondern nur das Aussetzen des *Vesting* während der Mutterschutzzeiten. Bezüglich AGB im Arbeitsrecht wird das auch als sog. *Blue-pencil-Test* bezeichnet, weil der unwirksame Teil der Klausel mit einem „blauen Stift" herausgestrichen wird.[295]

Weiterhin steht der betroffenen Arbeitnehmerin ein Schadensersatz- und Entschädigungsanspruch gem. § 15 Abs. 1 und 2 AGG zu.[296] Der Arbeitnehmerin wird häufig kein unmittelbarer Schaden entstanden sein, weil die virtuellen Anteile aufgrund der Unwirksamkeit der Hemmungs-Klauseln einfach weiter anwachsen. Denkbar ist aber beispielsweise, dass der Betroffenen im Vorfeld Rechtsverfolgungskosten entstanden sind, die sie über § 15 Abs. 1 AGG ersetzt bekommen könnte oder ein Schadensersatzanspruch wegen Unmöglichkeit, wenn das Anwachsen der Anteile rückwirkend nicht mehr umsetzbar ist.

dd) Verstoß gegen Unionsrecht

Auf europarechtlicher Ebene ist der Grundsatz der Entgeltgleichheit in Art. 157 AEUV als Primärrecht festgeschrieben.[297] Die Vorschrift verpflichtet ausnahmsweise nicht nur die Mitgliedstaaten, sondern entfaltet auch unmittelbare Wirkung zwischen Privaten.[298] Neben Art. 157 AEUV steht Art. 23 Abs. 1 GRCh, wonach die Gleichheit von Männern und Frauen in allen Bereichen, einschließlich der Beschäftigung, der Arbeit und des Arbeitsentgelts, durch die Europäische Union sicherzustellen ist.

Der Begriff „Entgelt" wird in Art. 157 Abs. 2 AEUV definiert. Danach sind unter Entgelt die üblichen Grund- oder Mindestlöhne und -gehälter sowie alle sonstigen Vergütungen zu verstehen, die der Arbeitgeber aufgrund des Dienstverhältnisses dem Arbeitnehmer unmittelbar oder mittelbar in bar oder in

---

295 BAG, Urt. vom 12.03.2008 – 10 AZR 152/07, NZA 2008, 699 (700); Urt. vom 25.09.2013 – 5 AZR 778/12, NZA 2014, 94 Rn. 22; Hümmerich/*Reufels*, Gestaltung von Arbeitsverträgen (4. Aufl. 2019), Rn. 308.

296 Zu den erheblichen unionsrechtlichen Bedenken hinsichtlich des Vertretenmüssens BeckOK/*Roloff*, ArbR (Stand: 01.12.2021), § 15 AGG Rn. 2 mit weiteren Nachweisen.

297 Die Vorschrift wird durch RL 2006/54/EG konkretisiert.

298 Boecken/Düwell/Diller/Hanau/*Heck*, Gesamtes Arbeitsrecht (2016), Art. 157 AEUV Rn. 11; Frankfurter Kommentar/*Kocher*, EUV/GRC/AEUV (2017), Art. 157 AEUV Rn. 13.

Sachleistungen zuwendet. Hiervon sind Ansprüche aus virtuellen Beteiligungsprogrammen erfasst, weil die Norm einen sehr weiten Anwendungsbereich hinsichtlich des Entgelts eröffnet. Bezüglich der Ungleichbehandlung zwischen Männern und Frauen gelten die gleichen Ausführungen wie zum nationalen Recht. Mithin verstoßen die infrage stehenden Regelungen auch gegen europäisches Primärrecht.

Rechtsfolge eines Verstoßes gegen Art. 157 AEUV ist lediglich die Unwirksamkeit der Ungleichbehandlung.[299] Die Klausel kann daher auch nach europäischem Recht bis auf den diskriminierenden Teil bestehen bleiben.

c) Elternzeit

Neben dem Ruhen des *Vestings* im Mutterschutz wird in der Regel auch eine Hemmung während Elternzeiten nach dem „Bundeselterngeld- und Elternzeitgesetz“ (BEEG) vereinbart.

Ziel der Elternzeit ist es, erwerbstätigen Eltern zu erleichtern, in den ersten Lebensjahren ihrer Kinder deren Betreuung und Erziehung persönlich gestalten zu können. Nimmt ein Arbeitnehmer Elternzeit nach § 15 Abs. 1 S. 1 BEEG in Anspruch, ist er vom Arbeitgeber unbezahlt freizustellen. Die Hauptleistungspflichten aus § 611a BGB ruhen entsprechend. Der Betroffene kann allerdings Elterngeld beziehen (§§ 1–4 BEEG). Der Anspruch auf Elternzeit besteht gem. § 15 Abs. 2 S. 1 BEEG bis zur Vollendung des dritten Lebensjahres des Kindes.

aa) Diskriminierung nach dem AGG

Die Hemmung während Elternzeiten ist im Gegensatz zur Hemmung während Mutterschutzzeiten geschlechterneutral, weil Männer und Frauen in gleicher Weise berechtigt sind, Elternzeit in Anspruch zu nehmen. Eine unmittelbare Diskriminierung nach § 3 Abs. 1 AGG scheidet somit aus.

In Betracht kommt allerdings eine mittelbare Benachteiligung. Ein solche liegt vor, wenn dem Anschein nach neutrale Vorschriften, Kriterien oder Verfahren Personen wegen eines in § 1 AGG genannten Grundes gegenüber anderen Personen in besonderer Weise benachteiligen können (§ 3 Abs. 2 AGG).[300] Nach wie vor gehen überwiegend Frauen in Elternzeit. Laut dem Statistischen Bundesamt waren im Jahre 2019 ein Viertel der Mütter, deren jüngstes Kind

---

299 Boecken/Düwell/Diller/Hanau/*Heck*, Gesamtes Arbeitsrecht (2016), Art. 157 AEUV Rn. 51; ErfK/*Schlachter* (17. Aufl. 2017), Art. 157 AEUV Rn. 24.

300 Vgl. zu den Kriterien einer mittelbaren Benachteiligung bereits unter § 5 E. III. 2.

unter sechs Jahren ist, in Elternzeit.[301] Bei den Vätern waren es hingegen lediglich 1,6 %. Die Hemmung während Elternzeiten kann daher eine mittelbare Benachteiligung gegenüber Frauen nach § 3 Abs. 2 AGG sein.[302]

Eine mittelbare Benachteiligung liegt allerdings nicht vor, wenn die betreffenden Vorschriften, Kriterien oder Verfahren durch ein rechtmäßiges Ziel sachlich gerechtfertigt und die Mittel zur Erreichung dieses Ziels angemessen und erforderlich sind (§ 3 Abs. 2 AGG).[303] Der Arbeitgeber möchte durch die Hemmung sicherstellen, dass seine Arbeitnehmer virtuelle Anteile nur dann erhalten, wenn sie durch entsprechende Arbeitsleistung „verdient" wurden. Die Klausel soll das Austauschverhältnis von Leistung und Gegenleistung aufrechterhalten. Ein solcher wirtschaftlicher Grund ist für die Rechtfertigung einer mittelbaren Benachteiligung ausreichend.

Der Grund ist „rechtmäßig" im Sinne der Vorschrift. Auch der Gesetzgeber geht davon aus, dass der Arbeitnehmer während der Elternzeit keine Leistungen von seinem Arbeitgeber erhält, sondern als Ausgleich Elterngeld in Anspruch nimmt.

Die Klausel ist im Übrigen erforderlich und angemessen. Sie ist folglich keine mittelbare Benachteiligung gem. § 3 Abs. 2 AGG.

bb) Diskriminierung nach dem BEEG

Das BEEG enthält kein ausdrückliches Benachteiligungsverbot erwerbstätiger Eltern gegenüber kinderlosen Arbeitnehmern. Gem. § 15 Abs. 2 S. 6 BEEG kann der Anspruch auf Elternzeit jedoch nicht durch Vertrag ausgeschlossen oder beschränkt werden. Regelungen, die hiervon abweichen, sind gem. § 134 BGB nichtig.

Die *Vesting-Hemmung* schließt die Inanspruchnahme von Elternzeit jedoch nicht unmittelbar aus oder beschränkt diese, weil die Begünstigten ihren Anspruch nach wie vor frei ausüben können und dieser auch nicht in seinem Umfang beschränkt ist. § 15 Abs. 2 S. 6 BEEG umfasst indessen auch

---

301 *Statistisches Bundesamt*, Qualität der Arbeit – Personen in Elternzeit, abrufbar unter www.destatis.de/DE/Themen/Arbeit/Arbeitsmarkt/Qualitaet-Arbeit/Dimension-3/elternzeit.html [zuletzt abgerufen am 26.01.2022].

302 Für die Annahme einer mittelbaren Benachteiligung bezüglich Elternzeit im Allgemeinen LAG Baden-Württemberg, Urt. vom 17.06.2009 – 12 Sa 8/09, BeckRS 2011, 65754; LAG Thüringen, Urt. vom 12.01.2016 – 1 Sa 252/15, BeckRS 2016, 73095 Rn. 22.

303 Siehe zu den Anforderungen an die Rechtmäßigkeit einer mittelbaren Benachteiligung bereits unter § 5 E. III. 3.

mittelbare Benachteiligungen des Arbeitnehmers.[304] Das ergibt sich aus dem hohen Stellenwert des Schutzes der Familie nach Art. 6 Abs. 1 GG. Deshalb ist der Wortlaut – „beschränken" – weit zu verstehen. Auch durch den in § 18 BEEG eingeräumten Sonderkündigungsschutz bringt der Gesetzgeber zum Ausdruck, dass er Elternzeitnehmende vor arbeitsrechtlichen Nachteilen aufgrund der Elternzeit bewahren möchte.

Der Anspruch auf Elternzeit ist durch die Hemmungs-Klausel zumindest mittelbar beschränkt, weil dem Arbeitnehmer in der Zeit, in der das Arbeitsverhältnis wegen Elternzeit ruht, keine weiteren Anteile zustehen. Die Betroffenen haben daher höhere finanzielle Einbußen hinzunehmen, weil sie für das Aussetzen der *Vesting-Periode* keinen Ausgleich erhalten. Bemessungsgrundlage für das Elterngeld ist nur das lohnsteuerpflichtige Einkommen aus Erwerbstätigkeit vor Geburt des Kindes (§ 2 Abs. 1 S. 1, 3 BEEG). Das Anwachsen der Anteile allein führt jedoch noch zu keiner einkommensteuerpflichtigen Zahlung. Das Elterngeld kompensiert das Aussetzen des *Vestings* daher nicht. Der finanzielle Nachteil während der Elternzeit und somit die Hürde für die tatsächliche Inanspruchnahme für die Betroffenen ist höher. Das ist im Grundsatz eine mittelbare Benachteiligung.

Das BAG lehnt jedoch die Annahme einer Benachteiligung dann ab, wenn Leistungen seitens des Arbeitgebers nicht erbracht werden, weil sie an die Arbeitsleistung des Arbeitnehmers knüpfen.[305] Daher ist auf den Zweck der Leistung abzustellen, die wegen des ruhenden Arbeitsverhältnisses wegfällt. Entfällt die Vergütung nur, weil dadurch unmittelbar erbrachte Arbeitsleistung entlohnt werden sollte, liegt hierin keine Benachteiligung i.S.d. § 15 Abs. 2 S. 6 BEEG.

So verhält es sich auch bei den *Vesting-Hemmungs-Klauseln*. Die mit der Zeit anwachsenden Anteile sind unmittelbare Vergütung für die erbrachte Arbeitsleistung. Zweck der sukzessiven Zuteilung virtueller Anteile über einen längeren Zeitraum ist in erster Linie, dass die Höhe des Anspruchs aus dem Beteiligungsprogramm im Fälligkeitszeitpunkt im Verhältnis zur Summe der erbrachten Arbeitsleistung steht. Die Entlohnung erfolgt lediglich zeitlich versetzt zur Arbeitsleistung. Umgekehrt ist das Aussetzen des Anwachsens

---

304 BAG, Urt. vom 12.04.2016 – 6 AZR 731/13, NZA 2016, 833; LAG Berlin-Brandenburg, Urt. vom 15.11.2018 –14 Sa 654/18, NZA-RR 2019, 127 Rn. 33; Brose/Weth/Volk/*Schneider*, BEEG (9. Aufl. 2020), § 15 Rn. 31.

305 BAG, Urt. vom 26.11.2003 – 4 AZR 693/02, AP TVG § 1 Tarifverträge: Lufthansa Nr. 30; Urt. vom 12.04.2016 – 6 AZR 731/13, NZA 2016, 833 Rn. 18.

aufgrund von Elternzeit auf das Ruhen der Hauptleistungspflichten zurückzuführen. Das wird in aller Regel auch die Auslegung der einzelnen Klausel bestätigen, weil alle Fälle, in denen das *Vesting* aussetzt, ihren Ursprung in den suspendierten Hauptleistungspflichten haben.

Eine mittelbare Benachteiligung i.S.d. § 15 Abs. 2 S. 6 BEEG liegt mithin – der Rechtsprechung des BAG folgend – nicht vor, sofern das Arbeitsverhältnis gänzlich ruht.[306] Die Klausel ist nach nationalem Recht nicht zu beanstanden.

cc) Verstoß gegen Art. 157 AEUV

Ähnliche Grundsätze haben das BAG und der EuGH bezüglich der Benachteiligung von Eltern im Rahmen von Art. 157 AUEV aufgestellt. Soweit die Gewährung einer Zuwendung Gegenleistung für in der Vergangenheit erbrachte Arbeitsleistung ist, liegt keine Diskriminierung vor, wenn diese Zuwendung während der Elternzeit ausfällt.[307] Die Ausführungen bezüglich einer Benachteiligung nach nationalem Recht lassen sich somit auf das europäische Recht übertragen. Es liegt keine – auch keine mittelbare – Benachteiligung vor, weil die *Vesting-Hemmung* unmittelbar auf dem Ruhen der Hauptleistungspflichten basiert. Die Regelung verstößt nicht gegen Art. 157 AEUV.

dd) Sonderfall: Elternteilzeit

Zur Förderung der Vereinbarkeit von Familie und Beruf sieht das BEEG verschiedene Teilzeitmodelle vor (§ 15 Abs. 4 bis 7 BEEG). Danach können erwerbstätige Eltern bis zu 30 Stunden pro Woche in Teilzeit arbeiten. Unter bestimmten Voraussetzungen kann der Arbeitnehmer sogar einen Anspruch auf Teilzeitarbeit haben (§ 15 Abs. 7 BEEG).

Befindet sich ein Arbeitnehmer in Elternteilzeit, ist zu untersuchen, wie sich diese zur *Vesting-Hemmung* verhält. Sieht die Klausel das Aussetzen des *Vestings* während einer Elternzeit vor, stellt sich zunächst die Frage, ob die Elternteilzeit hiervon überhaupt erfasst ist, wenn nach der Beteiligungsvereinbarung die Hemmung pauschal für die Dauer der Elternzeit gilt.[308] Die Annahme, dass

---

306 So auch *Stiegler*, NZA 2019, 1116 (1119).

307 EuGH, Urt. vom 21.10.1999 – C-333/97 [Lewen], NZA 1999, 1325; BAG, Urt. vom 12.01.2000 – 10 AZR 840/98, AP BGB § 611 Gratifikation Nr. 223; BeckOK/*Schrader*, ArbR (Stand: 01.12.2021), § 15 BEEG Rn. 26.

308 *Weitnauer*, Handbuch Venture Capital (6. Aufl. 2019), Anhang X. 2.2 (i, ii) verwendet folgende Formulierung in einem Muster-Vertrag: „Der Lauf der Vesting Periode ist entsprechend § 209 BGB gehemmt für die Dauer eines Mutterschaftsurlaubes oder im Krankheitsfalle […]. Gleiches gilt für Zeiträume, in denen der

auch in diesem Falle das *Vesting* suspendiert ist, würde zur Unwirksamkeit der Klausel nach § 15 Abs. 2 S. 6 BEEG bzw. Art. 157 AEUV führen. Die mittelbare Benachteiligung wäre nicht mehr auf das Ruhen der Hauptleistungspflichten zurückzuführen, weil in Elternteilzeit die Hauptleistungspflichten zumindest teilweise erbracht werden.

Im Wege einer ergänzenden Vertragsauslegung (§§ 133, 157 BGB) könnte die Vereinbarung so zu verstehen sein, dass die anwachsenden Anteile im gleichen Verhältnis wie die Arbeitszeit reduziert werden. Ein Arbeitnehmer, der seine Arbeitszeit von 40 auf 20 Stunden pro Woche verringert, erhielte dann beispielsweise die Hälfte der ihm sonst in diesem Zeitraum anwachsenden virtuellen Anteile.

Das entspräche allerdings weder dem Parteiwillen noch dem Sinn und Zweck der *Vesting-Periode* bzw. der gesamten Beteiligungsvereinbarung. Schließlich haben sich die Parteien bei Vertragsschluss auf eine Gesamtsumme virtueller Anteile (oder einen bestimmten Prozentsatz) geeinigt. Die *Vesting-Periode* soll auf diese Summe keine Auswirkungen haben, sondern regelt nur die Verteilung über einen festgelegten Zeitraum. Die Anzahl der Anteile soll sich weder durch die *Vesting-Periode* noch durch deren Hemmung verändern. Würden dem Arbeitnehmer während der Elternteilzeit seine Anteile aber nur anteilig anwachsen, wäre am Ende der *Vesting-Periode* das vereinbarte Gesamtvolumen nicht erreicht. Das entspricht nicht dem Willen der Parteien. Wäre diese Möglichkeit bezweckt gewesen, hätten die Parteien eine Regelung treffen müssen, wie mit den „übriggebliebenen" Anteilen zu verfahren ist.

Bei der Entscheidung, ob die jeweilige Klausel im Einzelfall auch Elternteilzeit umfasst, ist der exakte Wortlaut der Klausel und die Höhe der Arbeitszeitverringerung zu berücksichtigen. Eine Auslegung wird jedoch in der Regel dazu führen, dass die Hemmung während der Elternzeit auf Mitarbeiter in Elternteilzeit keine Anwendung findet, sofern die Beteiligungsvereinbarung die Elternteilzeit nicht explizit regelt, weil bei der Auslegung von AGB Zweifel zu Lasten des Verwenders gehen (§ 305c Abs. 2 BGB). Das entspricht dem Willen der Parteien und der gesetzgeberischen Wertung, Benachteiligungen durch Elternzeit möglichst zu vermeiden.

In der Praxis empfiehlt es sich aufgrund der unklaren Rechtslage, die Elternteilzeit im Rahmen der *Vesting-Hemmung* ausdrücklich zu regeln. So könnte etwa festgelegt werden, bis zu welchem Umfang die Arbeitszeit reduziert werden

Mitarbeiter von der Erfüllung seiner Dienstpflichten zeitlich befristet (unbezahlter Urlaub, Elternzeit, Freistellung zur Fortbildung etc.) freigestellt war.".

kann, ohne dass das *Vesting* aussetzt. Wird diese Grenze überschritten, würde dann nur ein Teil der virtuellen Anteile im Gleichlauf zur Arbeitszeitreduktion während der Elternteilzeit anwachsen. Die Anteile, die aufgrund dessen nicht anwachsen, könnten dann am Ende der *Vesting-Periode* in einem zusätzlichen Zeitintervall aufgestockt werden.

V. Zwischenergebnis

Vesting-Klauseln in virtuellen Beteiligungsverträgen sind AGB- und AGG-rechtlich zulässig. Auch Bestimmungen, die das *Vesting* während Kurzarbeitszeiten, im Krankheitsfall oder Elternzeiten hemmen, können wirksam vereinbart werden. Die Hemmung in Mutterschutzzeiten stellt jedoch eine Diskriminierung nach dem AGG dar und ist somit unwirksam.

F. *Leaver-Klauseln*

Die Beendigung des Arbeitsverhältnisses eines beteiligten Arbeitnehmers kann besondere Auswirkung auf die *Vesting-Periode* und gegebenenfalls auf die Ansprüche aus einem virtuellen Beteiligungsprogramm im Allgemeinen haben. In der arbeitsrechtlichen Praxis sind dafür verschiedene Klauseln entwickelt worden, deren rechtliche und tatsächliche Wirkung und Wirksamkeit nachfolgend beleuchtet werden.

I. Grundlagen

Die Idee der sog. *Leaver-Klauseln* stammt ursprünglich aus Managementbeteiligungsprogrammen.[309] Bei diesem häufig durch Privat-Equity-Fonds eingeführten Vertragsmodell sollen die Führungskräfte eines Unternehmens durch Eigenkapitalbeteiligungen an die Gesellschaft gebunden werden. Die Programme versuchen damit in erster Linie die wirtschaftliche Teilhabe des Managements am Unternehmenserfolg zu ermöglichen. Damit der Teilhabe eine entsprechende Gegenleistung in Form einer Dienstleistung gegenübersteht, wird mit den *Leaver-Klauseln* die Wirkung einer Beendigung des Arbeits- bzw. Dienstvertrages geregelt, weil ohne Abmachung die Anteile bei den Betroffenen verblieben. Die Bestimmungen in virtuellen Beteiligungsprogrammen ähneln denen von Managementbeteiligungsprogrammen indessen nur auf

---

309 Hierzu ausführlicher *Kästle/Heuterkes*, NZG 2005, 289; *Weitnauer*, Handbuch Venture Capital (6. Aufl. 2019), F. Rn. 220.

Tatbestandsseite, weil die Zuteilung virtueller Anteile keine gesellschaftsrechtlichen Auswirkungen hat, die gegebenenfalls rückgängig zu machen wären.

Die *Leaver-Klauseln* unterscheiden inhaltlich danach, ob der Mitarbeiter das Ausscheiden zu vertreten hat oder nicht. Der Arbeitnehmer hat die Beendigung des Arbeitsverhältnisses zu vertreten, wenn der Arbeitgeber dem Arbeitnehmer außerordentlich aus wichtigem Grund oder der Arbeitnehmer ohne Grund selbst kündigt. Man spricht dann von einer sog. *Bad Leaver-Klausel.*[310] Kein Vertretenmüssen liegt vor, wenn der Mitarbeiter selbst aus wichtigem Grund außerordentlich kündigt, berufsunfähig wird, verstirbt oder altersbedingt in Rente geht. Eine solche Bestimmung wird allgemein als *Good Leaver-Klausel* bezeichnet.[311]

Im Falle eines *Bad Leavers* verfallen alle Ansprüche aus dem virtuellen Beteiligungsprogramm unabhängig davon, ob sie schon angewachsen sind. Der vom Arbeitnehmer zu vertretende Beendigungsgrund ist eine auflösende Bedingung nach § 158 Abs. 2 BGB. Wenn der Mitarbeiter hingegen als *Good Leaver* das Unternehmen verlässt, behält er alle Ansprüche, die ihm aus bereits angewachsenen Anteilen zustehen. Ist die *Vesting-Periode* allerdings noch nicht beendet, verfallen diejenigen Anteile, deren Anwachsen noch aussteht.

---

310 Vgl. *Schönhaar*, GWR 2017, 293 (294); *Lindemann/Heim*, JuS 2018, 1121 (1126); *Thelen*, RNotZ 2020, 121 (131); *Weitnauer*, Handbuch Venture Capital (6. Aufl. 2019), Anhang X. 2.3 verwendet in einem Mustervertrag folgende Formulierung: „Die gewährten Virtuellen Geschäftsanteile […] entfallen (im Sinne einer auflösenden Bedingung) auch nach Ablauf der Vesting Periode vollständig, wenn das Beschäftigungsverhältnis aus einem, von dem Mitarbeiter zu vertretenden wichtigen Grund endet, sei es durch Kündigung oder Vertragsaufhebung (‚Bad Leaver')".

311 Vgl. *Schönhaar*, GWR 2017, 293 (294); *Lindemann/Heim*, JuS 2018, 1121 (1126); *Thelen*, RNotZ 2020, 121 (131); *Weitnauer*, Handbuch Venture Capital (6. Aufl. 2019), Anhang X. 2.4 verwendet in einem Mustervertrag folgende Formulierung: „Endet das Beschäftigungsverhältnis während der Laufzeit einer Vesting Periode wegen Berufsunfähigkeit des Mitarbeiters, Kündigung durch die Gesellschaft ohne wichtigen Grund, ordentliche Kündigung durch den Mitarbeiter, Pensionierung des Mitarbeiters oder Tod (‚Good Leaver'), entfallen die zugewendeten Virtuellen Geschäftsanteile […] anteilig […].". Nach dem Mustervertrag von *Weitnauer* ist auch die ordentliche Eigenkündigung ein Fall des *Good Leavers* und die nachfolgende Problematik stellt sich nicht.

II. AGB-rechtliche Zulässigkeit

Im Hinblick auf potenzielle Kündigungserschwerungen durch die *Leaver-Klauseln* ist zu prüfen, inwiefern eine unangemessene Benachteiligung i.S.d. § 307 Abs. 1 BGB vorliegen könnte.

Eine Benachteiligung liegt vor, wenn der Arbeitnehmer rechtlich und tatsächlich mit der vertraglichen Klausel objektiv schlechter steht als er nach geltender Gesetzeslage stehen würde.[312] Unangemessen ist jede Beeinträchtigung eines rechtlich anerkannten Interesses des Arbeitnehmers, die nicht durch begründete und billigenswerte Interessen des Arbeitgebers gerechtfertigt ist oder durch gleichwertige Vorteile ausgeglichen wird.[313] Dabei sind die rechtlich anerkannten Interessen der Parteien wechselseitig zu berücksichtigen und zu bewerten.[314] Auch Grundrechte sind bei der Abwägung einzubeziehen. Die Angemessenheit ist abstrakt typisierend und unabhängig vom Einzelfall zu beurteilen.[315]

1. Unmittelbare Benachteiligung

Jedem Arbeitnehmer steht es grundsätzlich frei, seinen Arbeitsvertrag ohne Grund ordentlich (§ 622 Abs. 1 BGB) oder mit wichtigem Grund außerordentlich (§ 626 BGB) zu kündigen. Das Recht zur Kündigung des Arbeitnehmers ohne wichtigen Grund ist Ausdruck des Prinzips der freien Arbeitsplatzwahl aus Art. 12 GG. Der Arbeitnehmer soll jederzeit die Freiheit haben, seine Beschäftigung zu beenden.

Durch eine *Bad Leaver-Klausel* drohen dem Arbeitnehmer allerdings erhebliche finanzielle Nachteile, weil im Falle einer Eigenkündigung ohne wichtigen Grund alle Ansprüche aus dem Beteiligungsprogramm verfallen. Der betroffene Mitarbeiter wird dadurch in seiner Entscheidungsfreiheit beeinflusst und eine Eigenkündigung ohne wichtigen Grund „durch die Hintertür“ erschwert. Die Einschränkung der grundgesetzlich verankerten Wahlfreiheit ist eine Abweichung von der geltenden Gesetzeslage, so dass eine Benachteiligung i.S.d. § 307 Abs. 1 BGB vorliegt.

Bei einer *Good Leaver-Klausel* ist keine Benachteiligung erkennbar, weil der Mitarbeiter nach Beendigung des Anstellungsverhältnisses bloß keine weiteren

---

312 BeckOK/*Jacobs*, ArbR (Stand: 01.12.2021), § 307 BGB Rn. 30.

313 BAG, Urt. vom 04.03.2004 – 8 AZR 196/03, NZA 2004, 727 (732); Urt. vom 15.12.2011 – 7 AZR 394/10, NZA 2012, 674 Rn. 21.

314 BAG, Urt. vom 15.12.2011 – 7 AZR 394/10, NZA 2012, 674 Rn. 21.

315 Statt vieler BAG, Urt. vom 15.12.2011 – 7 AZR 394/10, NZA 2012, 674 Rn. 21.

Anteile erhält. Das greift nicht in das Verhältnis von Leistung und Gegenleistung und eine Kündigung wird nicht erschwert.

Die freie Berufswahl ist auch Hintergrund des § 622 Abs. 6 BGB, wonach für die Kündigung des Arbeitsverhältnisses durch den Arbeitnehmer keine längere Frist als für die Kündigung durch den Arbeitgeber (§ 622 Abs. 2 BGB) vereinbart werden darf. Ein Verstoß gegen § 622 Abs. 6 BGB führt zur Nichtigkeit der Vereinbarung (§§ 134, 139 BGB).[316] Über den Wortlaut hinaus beinhaltet die Vorschrift nach Rechtsprechung des BAG den allgemeinen Grundsatz, demzufolge einseitige Kündigungserschwerungen zu Lasten des Arbeitnehmers verboten sind.[317] Das schließt insbesondere Beschränkungen ein, die zwar die Möglichkeit zur Kündigung im Grundsatz unberührt lassen, eine Kündigung aber faktisch unverhältnismäßig erschweren. Entschieden hat das BAG dies etwa bei Vertragsstrafen[318], die der Arbeitnehmer dem Arbeitgeber bei einer ordentlichen Kündigung zahlen sollte, und Verdiensteinbußen[319], wenn sie den Arbeitnehmer bewegen, erst zu einem späteren Zeitpunkt zu kündigen. Mittlerweile wird die Unzulässigkeit einer faktischen Kündigungserschwerung jedoch zunehmend im Rahmen der Angemessenheit nach § 307 Abs. 1 BGB geprüft.[320]

2. *Angemessenheit*

Diese Benachteiligungen haben nur dann Rechtsfolgen, wenn sie unangemessen sind.

a) *Rechtsprechung*

Bisher waren die hier infrage stehenden *Leaver-Klauseln* in virtuellen Beteiligungsvereinbarungen kaum Gegenstand höchstrichterlicher Rechtsprechung. Das BAG hat im Hinblick auf Ansprüche aus Aktienoptionsplänen die Zulässigkeit einer Verknüpfung mit dem Bestand des Arbeitsverhältnisses zwar bejaht.[321] Die Wirksamkeit von Verfallsklauseln innerhalb von Aktienoptionsplänen

---

316 BeckOK/*Gotthard*, ArbR (Stand: 01.12.2021), § 622 BGB Rn. 64.

317 Zuletzt BAG, Urt. vom 03.07.2019 – 10 AZR 300/18, NZA 2019, 1440 Rn. 36 ff.; vgl. auch BGH, Urt. vom 19.09.2005 – II ZR 342/03, NJW 2005, 3644 (3645); ErfK/*Müller-Glöge* (22. Aufl. 2022), § 622 BGB Rn. 44.

318 BAG, Urt. vom 11.03.1971 – 5 AZR 349/70, AP BGB § 622 Nr. 9; Urt. vom 09.03.1972 – 5 AZR 246/71, AP BGB § 622 Nr. 12.

319 BAG, Urt. vom 20.08.1996 – 9 AZR 471/95, AP HGB § 87 Nr. 9.

320 Vgl. BAG, Urt. vom 03.07.2019 – 10 AZR 300/18, NZA 2019, 1440 Rn. 36 ff.

321 BAG, Urt. vom 28.05.2008 – 10 AZR 351/07, NZA 2008, 1066.

kann jedoch nur bedingt für die vorliegenden *Leaver-Klauseln* herangezogen werden.[322] Aktienoptionen sind im Gegensatz zu virtuellen Anteilen auf den Erwerb dinglicher Rechte ausgerichtet. Sie berechtigen lediglich zum Erwerb von Aktien während eines festgelegten Zeitraums zu einem bestimmten Ausübungspreis. Die virtuellen Anteile werden ohne finanzielle Gegenleistung ausgegeben. Aktienoptionen gewährt der Arbeitgeber üblicherweise ergänzend zum Lohn und nicht anstelle eines marktüblichen Gehalts wie bei virtuellen Anteilen. Die Beteiligungsmodelle unterscheiden sich also rechtlich und tatsächlich erheblich.

Das Gericht meinte ferner, die zu Sonderzahlungen entwickelten Rechtsgrundsätze seien nicht auf Verfallsklauseln in Aktienoptionsplänen übertragbar.[323] Die Angemessenheit von Sonderzahlungen in Verbindung mit Stichtags- und Rückzahlungsklauseln hängt im Einzelfall von der Dauer der Bindung und der Höhe der Zahlung im Verhältnis zum regelmäßigen Arbeitsentgelt ab.[324] Zu Recht lehnt das BAG die Anwendung dieser Grundsätze unter Hinweis auf den spekulativen Charakter von Aktienoptionen im Vergleich zu Sonderzahlungen ab. Nichts anderes gilt für virtuelle Geschäftsanteile, weil diese noch wagnisbehafteter sind als Aktienoptionen. Gerade bei Unternehmen in der Gründungsphase ist das Risiko hoch, dass das Unternehmen gar nicht oder nur zu einem sehr niedrigen Preis veräußert wird. Schließlich haben die Leistungen des einzelnen Mitarbeiters häufig nur geringen Einfluss auf den Wert der Geschäftsanteile, wogegen bei Sonderzahlungen das individuelle Engagement eines Beschäftigten in engerem Zusammenhang steht.

Für die Beurteilung der Angemessenheit könnte aber die Rechtsprechung des BGH zu sog. Hinauskündigungsklauseln herangezogen werden.[325] Diese Vereinbarungen zeichnen sich dadurch aus, dass innerhalb einer GmbH Gesellschaftern, einer Gruppe von Gesellschaftern oder einer Gesellschaftermehrheit einseitig das Recht eingeräumt wird, einem Gesellschafter ohne wichtigen Grund seine Anteile zu entziehen. Im Grundsatz erachtet der BGH diese Klauseln als nichtig wegen Sittenwidrigkeit (§ 138 Abs. 1 BGB).[326] Ausnahmen lässt er allerdings zu, wenn außergewöhnliche Umstände die Hinauskündigungsklausel rechtfertigen. So hat etwa der II. Zivilsenat das sog. Mitarbeiter- und

322 So auch *Schniepp/Giesecke*, NZG 2017, 128 (132).

323 BAG, Urt. vom 28.05.2008 – 10 AZR 351/07, NZA 2008, 1066 (1071).

324 Ständige Rechtsprechung, siehe statt aller BAG, Urt. vom 28.03.2007 – 10 AZR 261/06, NZA 2007, 687 mit weiteren Nachweisen.

325 Überblick bei MüKo/*Strohn*, GmbHG (3. Aufl. 2018), § 34 Rn. 140 ff.

326 A.A. Roth/*Altmeppen*, GmbHG (10. Aufl. 2021), § 60 Rn. 74, § 34 Rn. 50 ff.

das ähnliche sog. Managermodell nicht als sittenwidrig eingestuft.[327] Bei diesen Konstrukten besteht neben der Organstellung als Gesellschafter mit den Betroffenen ein Arbeits- bzw. Dienstvertrag. Wird der Vertrag beendet, ist der Mitarbeiter zur Rückübertragung seiner Gesellschafteranteile verpflichtet. In diesem Fall bestehe nicht die Möglichkeit einer willkürlichen Hinauskündigung, weil die Rückübertragung an den Bestand des Arbeits- bzw. Dienstvertrages als objektive Voraussetzung geknüpft ist. Daher läge keine Sittenwidrigkeit i.S.d. § 138 Abs. 1 BGB vor und die Klauseln seien ausnahmsweise wirksam.[328]

Die Hinauskündigungsklauseln haben die gleiche Stoßrichtung wie die *Leaver-Klauseln*. Beiden ist gemein, sicherzustellen, dass die Teilnahme am wirtschaftlichen Unternehmenserfolg Hand in Hand geht mit dem (schuldrechtlichen) Beschäftigungsverhältnis. Ein Gesellschafter ist allerdings schutzwürdiger als ein Inhaber virtueller Anteile, weil die Hinauskündigungsklausel in dingliche Mitgliedschaftsrechte eingreift.

b) Stellungnahme

In der Tendenz ist die Rechtsprechung mithin verhältnismäßig großzügig, wenn die Gründe für die Verknüpfung von Beschäftigungsverhältnissen mit gesellschaftsrechtlichen Ansprüchen nachvollziehbar sind. Insbesondere erkennen die höchstinstanzlichen Gerichte das Interesse des Arbeitgebers an, Mitarbeiter nur so lange gesellschaftsrechtlich am Unternehmenserfolg partizipieren lassen zu wollen, wie auch das zugrunde liegende Arbeitsverhältnis besteht.

Zu berücksichtigen ist dabei, dass die Rückübertragung von Gesellschafteranteilen oder der Verfall von Aktienoptionen stärker in die Rechtsposition der Angestellten eingreift als der Verfall eines schuldrechtlichen Anspruchs. An die *Leaver-Klauseln* im Rahmen eines virtuellen Beteiligungsprogramms sind daher geringere Anforderungen an die Wirksamkeit zu stellen. Wenn schon die Pflicht zur Rückgabe von GmbH-Anteilen im Einzelfall wirksam vereinbart werden kann, können auch Verfallsklauseln im Rahmen von virtuellen Beteiligungsprogrammen nicht grundsätzlich unwirksam sein.

Auch für die Angemessenheit von *Leaver-Klauseln* ist daher entscheidend, inwiefern sie durch sachliche Gründe bzw. nachvollziehbare Interessen des

---

327 BGH, Urt. vom 19.09.2005 – II ZR 342/03, NJW 2005, 3644; Urt. vom 19.09.2005 – II ZR 173/04, NJW 2005, 3641.

328 Dies entspricht auch der herrschenden Meinung im Schrifttum, *Bütter/Tonner*, BB 2005, 283 (285 f.); *Habersack/Verse*, ZGR 2005, 451 (461 ff.); *Sosnitza*, DStR 2005, 72 (74 f.); a.A. *Binz/Sorg*, GmbHR 2005, 893 (898).

Arbeitgebers gerechtfertigt sind. Die Klauseln dienen insbesondere dazu, den Zweck der Mitarbeiterbeteiligungen abzusichern. Die Arbeitnehmer sollen Beteiligungen durch ihre Arbeitsleistung „verdienen". Der Arbeitgeber hat außerdem ein berechtigtes Interesse daran, seine Angestellten möglichst langfristig an den Betrieb zu binden. Der Untergang der Ansprüche kann im Übrigen nicht willkürlich durch den Arbeitgeber herbeigeführt werden, weil die *Bad Leaver-Klausel* an das Vertretenmüssen des Arbeitnehmers gebunden ist.

Andererseits ist der Ausfall der Ansprüche aus virtuellen Anteilen ein stärkerer Eingriff in das Gesamteinkommen des beteiligten Arbeitnehmers, weil der Zuteilung von Aktienoptionen oder Gesellschaftsanteilen eher der Charakter einer Sonder- oder Bonuszahlung zukommt, die zusätzlich zum laufenden Lohn gezahlt wird. Zahlungen aus virtuellen Anteilen haben hingegen trotz ihrer spekulativen Elemente Vergütungsersatzcharakter, weil sie unter anderem als Ausgleich für den geringeren monatlichen Lohn in Start-ups dienen.

Bei der Beurteilung der Angemessenheit der Klauseln ist ein abstrakt typisierender Maßstab anzulegen. Das bedeutet, selbst der für den Verwender ungünstigste Sachverhalt müsste noch objektiv angemessen sein. Heikel ist bei den *Bad Leaver-Klauseln*, dass der restlose Verfall der Ansprüche mit zunehmender Betriebszugehörigkeit immer unsachgemäßer wird. Je länger ein Mitarbeiter für das Unternehmen tätig ist, desto höher wiegt für ihn der Verlust seiner Ansprüche, da ihm so die Vergütung für mehr Arbeitsleistung entgeht. Ab einer gewissen Beschäftigungsdauer muss das Interesse des Arbeitgebers an einer Bindung seiner Mitarbeiter gegenüber der Freiheit der Berufswahl aus Art. 12 Abs. 1 GG zurücktreten.

Eine *Bad Leaver-Klausel* kann daher nur angemessen sein, wenn der Verlust der Ansprüche zeitlich beschränkt ist.[329] Hat das Arbeitsverhältnis eine gewisse Dauer erreicht, können Ansprüche aus dem Beteiligungsprogramm nicht mehr ersatzlos verfallen, ohne den Arbeitnehmer unangemessen zu benachteiligen. In der Literatur werden in Anlehnung an § 624 BGB und § 193 Abs. 2 Nr. 4 AktG teilweise vier bis fünf Jahre als angemessene Zeitspanne vorgeschlagen.[330] Ein solcher Zeitraum kann als erste Orientierung für die Vereinbarkeit einer *Bad Leaver-Klausel* mit § 307 Abs. 1 BGB dienen, weil der Verlust der Ansprüche dann eine Eigenkündigung des Arbeitnehmers weniger erschwert. Bei der Ausgestaltung ist ferner zu berücksichtigen, in welchem Verhältnis die virtuellen

329 So auch *Schniepp/Giesecke*, NZG 2017, 128 (132 f.).

330 *Windeln/Riemer*, ArbRB 2015, 51 (53); *Schniepp/Giesecke*, NZG 2017, 128 (132 f.); *Schönhaar*, GWR 2017, 293 (294).

Anteile zum restlichen Lohn des Arbeitnehmers stehen. Je höher der reguläre Lohn ist, desto länger kann der Zeitraum, in dem die Ansprüche verfallen, sein, weil der Eingriff in die vereinbarte Vergütungsstruktur dann geringer ist.

Letztendlich kann die Wirksamkeit einer *Bad Leaver-Klausel* aber fundiert nur am jeweiligen Einzelfall anhand der aufgezeigten Kriterien beurteilt werden.

III. Diskriminierung nach dem AGG

In der Literatur wird neuerdings die Vereinbarkeit der *Leaver-Klauseln* auch mit dem AGG diskutiert.[331] Dabei ist die Einordnung von Arbeitnehmern, deren Beschäftigungsverhältnis aufgrund eines Renteneintritts endet, als *Good Leaver* im Hinblick auf eine mögliche Altersdiskriminierung in den Fokus gerückt.

1. Benachteiligung

Gem. § 7 Abs. 1 und 2 AGG sind Bestimmungen in Vereinbarungen unwirksam, wenn sie Beschäftigte wegen eines in § 1 AGG genannten Grundes benachteiligen. Das AGG verbietet unter anderem eine Benachteiligung wegen des Alters der Arbeitnehmer. Das Verbot umfasst Benachteiligungen wegen jeden biologischen Lebensalters.[332] Es schützt Arbeitnehmer vor Diskriminierung, die an das höhere oder niedrigere Lebensalter knüpfen, so dass nicht nur ältere Personen vor Benachteiligungen geschützt sind.

So sind etwa entgegen dem Wortlaut des § 622 Abs. 2 S. 2 a.F. BGB bei der Berechnung der Beschäftigungsdauer auch Zeiten vor Vollendung des 25. Lebensjahres berücksichtigt worden, weil die Vorschrift eine nicht gerechtfertigte Benachteiligung gegenüber jungen Arbeitnehmern darstellte.[333] Diese Regelung ist infolgedessen mittlerweile aus dem BGB gestrichen worden.[334]

Eine unmittelbare Benachteiligung liegt gem. § 3 Abs. 1 S. 1 BGB vor, wenn eine Person wegen ihres Alters eine weniger günstige Behandlung erfährt, als

331 Insbesondere *Hornung*, DB 2019, 1566.

332 *Däubler*/Beck, AGG (5. Aufl. 2022), § 1 Rn. 95 f.; Erfk/*Schlachter* (22. Aufl. 2022), § 1 AGG Rn. 12.

333 EuGH, Urt. vom 19.01.2010 – C-555/07 [Kücükdeveci], NZA 2010, 85; BAG, Urt. vom 09.09.2010 – 2 AZR 714/08, NZA 2011, 343.

334 Art. 4d des „Gesetzes zur Stärkung der Chancen für Qualifizierung und für mehr Schutz in der Arbeitslosenversicherung (Qualifizierungschancengesetz)“ vom 18.12.2018, BGBl. I S. 2655.

eine andere Person in einer vergleichbaren Situation erfahren hat oder erfahren würde. Eine bloß unterschiedliche Behandlung der Vergleichsperson ist nicht ausreichend, die Person muss einen eindeutigen Nachteil erleiden.[335]

Die *Leaver-Klauseln* führen dazu, dass Arbeitnehmer, die das Unternehmen verlassen, unterschiedlich behandelt werden. Der kündigende Mitarbeiter verliert seine Ansprüche aus dem Beteiligungsprogramm, wohingegen der das Rentenalter erreichende Beschäftigte seine Ansprüche behält. Der Rentner wird als *Good Leaver* und der Kündigende als *Bad Leaver* eingestuft. In dieser Konstellation wird der jüngere Arbeitnehmer gegenüber dem älteren benachteiligt, weil der ältere Kollege aufgrund seines höheren Lebensalters in Rente geht, der jüngere hingegen nur durch Eigenkündigung sein Beschäftigungsverhältnis beenden kann. Darin liegt ein Nachteil für den jüngeren Arbeitnehmer, weil seine Zahlungsansprüche aus dem Beteiligungsprogramm ersatzlos verfallen.

Die Personengruppen müssten sich aber auch in einer vergleichbaren Situation befunden haben. Lediglich die Situation, nicht die Personen müssen vergleichbar sein.[336] Nach § 3 Abs. 1 S. 1 AGG ist eine hypothetische Vergleichsperson ausreichend („erfahren würde").[337] Die Beurteilung einer vergleichbaren Situation ist nach dem EuGH durch eine Gesamtschau aller maßgeblichen Faktoren wie der Art der Arbeit, der Ausbildungsanforderungen und der Arbeitsbedingungen vorzunehmen.[338] Zwischen den Vergleichspersonen darf kein wesentlicher Unterschied bestehen bis auf das Merkmal, das die Benachteiligung begründet.[339]

In der vorliegenden Konstellation haben beide Personengruppen gemein, dass ihr Arbeitsverhältnis endet. Die *Leaver-Klauseln* unterscheiden allerdings zwischen einer Beendigung des Arbeitsvertrages wegen Altersrente (*Good Leaver*) und der aufgrund ordentlicher Eigenkündigung (*Bad Leaver*).

Aus normativer Sicht besteht diese Unterscheidung nicht. Auch wenn die Betroffenen einen Anspruch auf Altersrente gem. § 36 S. 1 SGB VI haben, führt das nicht zur Beendigung des Arbeitsverhältnisses. Auch der Leistungsberechtigte einer Altersrente muss seinen Arbeitsvertrag kündigen. Er kann nur ordentlich kündigen, weil ein bevorstehender Renteneintritt nicht zur außerordentlichen Kündigung berechtigt. Die Situation beider Personengruppen ist

---

335 BAG, Urt. vom 25.10.2010 – 6 AZR 911/08, NZA 2010, 561 (563).

336 Statt vieler BAG, Urt. vom 07.06.2011 – 1 AZR 34/10, NZA 2011, 1370 Rn. 29 mit weiteren Nachweisen.

337 BAG, Urt. vom 19.12.2019 – 8 AZR 2/19, NZA 2020, 707.

338 EuGH, Urt. vom 31.05.1995 – C-400/93, AP EWG-Vertrag Art. 119 Nr. 68.

339 BAG, Urt. vom 18.03.2010 – 8 AZR 1044/08, NZA 2010, 1129.

daher vergleichbar, weil beide Arbeitsverhältnisse durch eine ordentliche Kündigung enden.

Üblicherweise wird allerdings schon individual- oder kollektivvertraglich die Beendigung des Arbeitsverhältnisses bei Erreichen einer Altersgrenze[340] im Sinne einer Höchstbefristung[341] vereinbart. Dann bedarf es keiner Kündigung mehr, weil der Vertrag ohnehin zum vereinbarten Zeitpunkt endet. Diese Situation ist nicht vergleichbar mit der einer Eigenkündigung durch einen jüngeren Arbeitnehmer, weil die Vertragsparteien sich schon zu Beginn der Beschäftigung darauf geeinigt haben, den Arbeitsvertrag mit Erreichen der Altersgrenze zu beenden. Der Arbeitgeber wird durch eine Beendigung somit auch nicht „überrascht", sondern kann sie frühzeitig einplanen. Die ordentliche Kündigung durch den Arbeitnehmer liegt hingegen außerhalb des Machtbereichs des Arbeitgebers und kann jederzeit einseitig erklärt werden. Soweit alle Arbeitnehmer im Betrieb also das Erreichen der Altersgrenze als Höchstbefristung arbeitsvertraglich verabredet haben, liegt keine vergleichbare Situation vor.

Die Personengruppen befinden sich daher nur dann in einer vergleichbaren Situation, wenn die Beendigung des Arbeitsverhältnisses durch Erreichen der Regelaltersgrenze nicht arbeitsvertraglich festgelegt ist. Somit liegt auch nur in dieser Konstellation eine unmittelbare Benachteiligung nach dem AGG vor.[342]

2. *Rechtfertigung*

Ist man der Ansicht, die *Leaver*-Klauseln seien grundsätzlich altersdiskriminierend oder ist die Beendigung des Beschäftigungsverhältnisses wegen Renteneintritt nicht arbeitsvertraglich vereinbart, könnte die Ungleichbehandlung jedoch gerechtfertigt sein.

Die Ungleichbehandlung ist nicht gem. § 8 Abs. 1 AGG gerechtfertigt, weil das Alter der Beteiligten weder wegen der Art der auszuübenden Tätigkeit noch wegen der Bedingungen ihrer Ausübung eine wesentliche und entscheidende berufliche Anforderung darstellt.

---

340 Häufig wird als Bezugsgröße das gesetzliche Renteneintrittsalter (§ 35 S. 2 SGB VI: 67 Lebensjahre) festgesetzt; so etwa MVHdB VI BürgerlR II/*Rücker* (8. Aufl. 2020), XIX. 7. § 10.

341 Das Erreichen einer Altersgrenze ist keine auflösende Bedingung gem. § 158 Abs. 2 BGB, weil das Erreichen der Altersgrenze als gewiss einzustufen ist (Erfk/*Müller-Gloge* (22. Aufl. 2022), § 14 TzBfG Rn. 56).

342 *Hornung*, DB 2019, 1566 (1567 f.) nimmt eine unmittelbare Benachteiligung grundsätzlich an.

a) Legitime Ziele

Eine unterschiedliche Behandlung wegen des Alters kann gem. § 10 S. 1 AGG zulässig sein, wenn sie objektiv und angemessen und durch ein legitimes Ziel gerechtfertigt ist. Die Mittel zur Erreichung dieses Ziels müssen gem. § 10 S. 2 AGG angemessen und erforderlich sein.

Über die Frage, was „legitime Ziele" i.S.d. § 10 S. 1 AGG sind, herrschte lange Streit in Literatur und Rechtsprechung.[343] Fraglich war dabei insbesondere, ob nur Interessen der Allgemeinheit oder auch des Arbeitgebers erfasst sind.

In der Gesetzesbegründung heißt es, im Hinblick auf die ungünstige Situation älterer Beschäftigter am Arbeitsmarkt und die sich abzeichnende demografische Entwicklung komme dem Schutz älterer Arbeitnehmer besondere Bedeutung zu.[344] So sollen etwa jüngere Beschäftigte bei gleicher Qualifikation nicht vor älteren Bewerbern bevorzugt werden. Die Legitimität eines Ziels sei aber auch unter Berücksichtigung der fachlich-beruflichen Zusammenhänge aus Sicht des Arbeitgebers oder der Tarifvertragsparteien zu beurteilen. Der Gesetzgeber räumt letztlich ein, dass „so komplexe Zusammenhänge" bestünden, dass eine allgemeine gültige Lösung nicht möglich sei.[345] Durch die reine Umsetzung der europäischen Richtlinie bleibe die Vorschrift daher „flexibel handhabbar".[346] Aus der Gesetzesbegründung lässt sich folglich kaum auf die Anforderungen an ein „legitimes Ziel" rückschließen.

Für den EuGH und das Schrifttum sind in Anlehnung an die Richtlinie RL 2000/78/EG vor allem sozialpolitische Ziele legitime Ziele im Sinne der Vorschrift.[347] Nach der Richtlinie sind Ziele der Beschäftigungspolitik, des Arbeitsmarktes und der beruflichen Bildung legitime Interessen. Rein unternehmerische Interessen des Arbeitgebers wie Kostenreduzierung oder Verbesserung der Wettbewerbsfähigkeit können laut EuGH aufgrund der fundamentalen Bedeutung des Verbots der Altersdiskriminierung keine rechtmäßigen Ziele sein.[348] Als legitimes Ziel anerkannt wurde etwa die Erhaltung

---

343 Vgl. ausführlich *Mohr*, RdA 2017, 35 mit weiteren Nachweisen.

344 BT-Drs. 16/1780, 36.

345 BT-Drs. 16/1780, 36.

346 BT-Drs. 16/1780, 36.

347 EuGH, Urt. vom 05.03.2009 – C-388/07 [Age Concern England], NZA 2009, 305; *Wiedemann/Thüsing*, NZA 2002, 1234 (1237).

348 EuGH, Urt. vom 05.03.2009 – C-388/07 [Age Concern England], NZA 2009, 305 (308).

einer ausgewogenen Altersstruktur[349] und die Förderung des Zugangs jüngerer Bewerber zu Stellen im öffentlichen Dienst[350].

Das BAG hat zunächst auch Arbeitgeberinteressen bei der Rechtfertigung einer Ungleichbehandlung berücksichtigt, zum Beispiel die Honorierung der Betriebstreue und das Interesse an der langfristigen Bindung der Mitarbeiter.[351] Zur Begründung führte es § 10 S. 3 Nr. 1–6 AGG an und verwies darauf, dass es sich auch bei diesen Zielen nicht ausschließlich um Allgemeinwohlinteressen handele.[352] Zudem lasse der Wortlaut eine solche Auslegung zu.

Mittlerweile hat sich das Gericht der Rechtsprechung des EuGH und der Literatur angeschlossen und erkennt ausschließlich unternehmensbezogene Interessen nicht mehr an, weist aber gleichzeitig darauf hin, dass nationale Regelungen bei der Verfolgung sozialpolitischer Ziele den Arbeitgebern einen gewissen Grad an Flexibilität einräumen können.[353]

Die Differenzierung zwischen *Good Leaver* und *Bad Leaver* bezweckt, Betriebstreue zu belohnen und die Mitarbeiter langfristig zu binden. Außerdem stellt sie sicher, dass nur Mitarbeiter am wirtschaftlichen Unternehmenserfolg partizipieren, die entsprechende Arbeitsleistung erbracht haben. Diese Bestrebungen dienen allein den Interessen des Arbeitgebers und nicht dem Allgemeinwohl. Sie haben nicht zuletzt keine normative Verankerung, so dass ein Allgemeinwohlinteresse nicht begründbar ist.

Die Benachteiligung verfolgt kein legitimes Ziel und ist deshalb nicht gem. § 10 S. 1 AGG gerechtfertigt.[354]

b) Angemessenheit und Erforderlichkeit der Mittel

Wollte man sich dieser Auffassung nicht anschließen, müsste die Ungleichbehandlung wegen des Alters darüber hinaus objektiv und angemessen sein (§ 10 S. 1 AGG). Insbesondere müssen die Mittel zur Erreichung des legitimen Ziels angemessen und erforderlich sein (§ 10 S. 2 AGG).

Objektiv gerechtfertigt ist die Ungleichbehandlung, wenn das angestrebte Ziel auf überprüfbaren Abwägungen und nicht auf bloßen Vermutungen oder

---

349 EuGH, Urt. vom 21.07.2011 – C-159/10 und C-160/10 [Fuchs/Köhler], NVwZ 2011, 1249.

350 EuGH, Urt. vom 02.04.2020 – C-670/18 [CO], NZA 2020, 575 (576 f.).

351 BAG, Urt. vom 22.01.2009 – 8 AZR 906/07, NZA 2009, 945 (949).

352 BAG, Urt. vom 22.01.2009 – 8 AZR 906/07, NZA 2009, 945 (949).

353 BAG, Urt. vom 19.12.2013 – 6 AZR 790/12, NZA-RR 2014, 185 Rn. 26; Urt. vom 23.07.2015 – 6 AZR 457/14, NZA 2015, 1380 Rn. 36 ff.

354 So auch *Hornung*, DB 2019, 1566 (1568).

subjektiven Einschätzungen beruht.[355] Die Mittel zur Erreichung des Ziels sind erforderlich, wenn kein gleich geeignetes milderes Mittel zur Erreichung des legitimen Ziels zur Verfügung steht.

Als milderes Mittel wäre denkbar, die Unterscheidung zwischen *Good Leaver* und *Bad Leaver* nicht anhand des Renteneintritts vorzunehmen, sondern auf die Beschäftigungsdauer abzustellen.[356] Das Mittel ist milder, weil es nicht gerechtfertigte Ungleichbehandlungen verhindern könnte, indem es nicht unmittelbar auf das Alter der Arbeitnehmer Bezug nimmt. Das gilt vor allem in Hinblick auf Sachverhalte, in denen ein aufgrund des Renteneintritts als *Good Leaver* einzuordnender Beschäftigter kürzer für das Unternehmen tätig war als ein *Bad Leaver*, der das Start-up durch ordentliche Eigenkündigung verlässt. Der kürzer Beschäftigte würde dann nämlich seine Ansprüche im Gegensatz zum längeren Beschäftigten behalten.[357] Diese Benachteiligung ließe sich durch Anknüpfen an die Beschäftigungsdauer vermeiden. Insofern liegt ein milderes Mittel vor.

Gleichzeitig könnte die Beschäftigungsdauer als Kriterium die Interessen des Arbeitgebers wahren und wäre daher gleich wirksam. Das Mittel zur Erreichung des Ziels ist daher nach hier vertretener Ansicht schon nicht erforderlich.

Nimmt man indessen die Erforderlichkeit an, wäre im Rahmen der Angemessenheit eine umfassende Gesamtabwägung aller Vor- und Nachteile der Betroffenen vorzunehmen. Auch diese dürfte zu dem Ergebnis kommen, dass die Klauseln nicht angemessen sind, weil sie wie dargelegt im Einzelfall jüngere Arbeitnehmer erheblich benachteiligen. Die Benachteiligung ist daher nicht gerechtfertigt.

---

355 BAG, Urt. vom 13.10.2009 – 9 AZR 722/08, NZA 2010, 327.

356 Zu beachten ist aber, dass die Beschäftigungsdauer Anknüpfungspunkt für eine mittelbare Benachteiligung sein kann (vgl. § 5 E. III. 2.). Diese wäre dann aber gerechtfertigt.

357 Beispiel: Der 65-jährige A schließt einen Arbeitsvertrag mit Unternehmen U ab und tritt einem virtuellen Beteiligungsprogramm inklusive *Leaver-Klauseln* bei. Mit Erreichen des 67. Lebensjahres endet das Beschäftigungsverhältnis, weil A in Rente geht. Er behält als *Good-Leaver* alle seine Ansprüche aus dem Beteiligungsprogramm. Der 30-jährige B schließt ebenfalls einen Arbeitsvertrag mit U ab und tritt dem virtuellen Beteiligungsprogramm inklusive *Leaver-Klauseln* bei. Nach fünf Jahren verlässt er das Unternehmen aufgrund einer ordentlichen Eigenkündigung. Als *Bad-Leaver* verliert er alle seine Ansprüche.

3. *Rechtsfolge*

Bestimmungen, die gegen das Benachteiligungsverbot verstoßen, sind grundsätzlich gem. § 7 Abs. 2 AGG unwirksam. Wie bereits dargelegt[358] kann sich die Nichtigkeit aber auch auf einzelne Teile einer Klausel beziehen, wenn die Gesamtunwirksamkeit nicht Diskriminierte betreffen würde und die Regelung auch nach Streichung der Benachteiligung selbstständig fortbestehen kann.

Die *Good Leaver-Klauseln* zählen in der Regel mehrere Varianten auf, die eine Einstufung als *Good Leaver* begründen können, jedoch ist nur der Tatbestand des Renteneintritts diskriminierend nach dem AGG. Die restliche Klausel enthält keine Benachteiligung und kann daher ohne den benachteiligenden Teil fortbestehen. Die Bestimmung ist auch ohne den nichtigen Teil verständlich und im Sinne der Vertragsparteien, weil die Gründe üblicherweise enumerativ aufgeführt sind. Nur der Renteneintritt als Grund für einen *Good Leaver* ist daher unwirksam.

IV. Zwischenergebnis

Bad Leaver-Klauseln sind eine unmittelbare Benachteiligung i.S.d. § 307 Abs. 1 BGB. Die Klausel ist AGB-rechtlich nur zulässig, wenn der Verfall der Ansprüche zeitlich beschränkt ist.

Die Einstufung eines Arbeitnehmers als *Good Leaver*, der aufgrund des Renteneintritts sein Arbeitsverhältnis beendet, kann eine unmittelbare Altersdiskriminierung gegenüber dem ordentlich kündigenden Beschäftigten sein, der als *Bad Leaver* den Betrieb verlässt. Das ist dann der Fall, wenn die Beendigung des Arbeitsverhältnisses durch Erreichen der Regelaltersgrenze nicht vertraglich festgelegt ist. Liegt eine Ungleichbehandlung vor, ist sie nicht gerechtfertigt und daher nichtig.

G. Betriebsübergang

Die Beteiligungsvereinbarungen enthalten häufig Klauseln, die festlegen, wer im Falle eines *Exits* Schuldner der Zahlungsansprüche der beteiligten Arbeitnehmer ist. Ist dieser Fall nicht geregelt, greift die gesetzliche Vorschrift über den Betriebsübergang: § 613a BGB.

Geht ein Betrieb oder Betriebsteil durch Rechtsgeschäft auf einen anderen Inhaber über, so tritt nach § 613a Abs. 1 S. 1 BGB der neue Betriebsinhaber

358 Siehe oben § 5 E. IV. 3. b) cc).

in die Rechte und Pflichten aus den im Zeitpunkt des Übergangs bestehenden Arbeitsverhältnissen ein. Ein Betrieb ist eine ihre Identität bewahrende, auf Dauer angelegte wirtschaftliche Einheit im Sinne einer organisierten Zusammenfassung von Ressourcen zwecks wirtschaftlicher Haupt- oder Nebentätigkeit. Ein Übergang liegt vor, wenn die für den Betrieb der wirtschaftlichen Einheit verantwortliche natürliche oder juristische Person, die die Arbeitgeberverpflichtungen gegenüber den Beschäftigten eingeht, wechselt.[359] Diese Tatbestandsmerkmale bereiten bei einer Veräußerung des Unternehmens regelmäßig keine Schwierigkeiten.

I. Virtuelle Anteile als Rechte aus dem Arbeitsverhältnis

Ansprüche aus einem virtuellen Beteiligungsprogramm gehen gem. § 613a Abs. 1 S. 1 BGB auf den Betriebserwerber über, wenn die Vereinbarung über die virtuellen Anteile kein gesonderter Rechtsakt ist, sondern schon innerhalb des Arbeitsvertrages erfolgt oder dieser sich auf eine Rahmenvereinbarung bezieht.[360] Die Verbindlichkeiten sind dann zweifellos Pflichten aus dem bestehenden Arbeitsverhältnis. Schwierig wird die Einordnung, wenn die virtuellen Anteile in einem separaten Vertrag zugeteilt wurden.

1. Übertragung der für Aktienoptionen entwickelten Auffassungen

Das BAG hat einen Übergang von Ansprüchen aus einem Aktienoptionsplan verneint.[361] Als Begründung führte das Gericht unter anderem an, dass sich in diesem Fall die Konzernmutter selbstständig gegenüber dem Arbeitnehmer im Rahmen des Aktienoptionsplans verpflichtete, der Arbeitsvertrag aber bei einer Konzerntochter bestand. Es handele sich daher nur um Ansprüche neben dem Arbeitsverhältnis. Der Betriebserwerber könne nur in die Verpflichtungen der übergehenden Konzerntochter eintreten.

Auch Teile der Literatur befürworten eine ähnliche Unterscheidung.[362] Die Ansprüche aus Aktienoptionsplänen würden nur dann übergehen, wenn sie

---

359 Ständige Rechtsprechung des BAG in Anlehnung an die Rechtsprechung des EuGH zu Art. 1 Abs. 1 RL 2001/23/EG; statt vieler BAG, Urt. vom 23.03.2017 – 8 AZR 91/15, NZA 2017, 981.

360 So wohl auch *Annuß/Lembke*, BB 2003, 2230 (2232 f.) bezüglich Aktienoptionen.

361 BAG, Urt. vom 12.02.2003 – 10 AZR 299/02, NZA 2003, 487.

362 *Bauer/Göpfert/von Steinau-Steinrück*, ZIP 2001, 1129 (1130 f.); *Annuß/Lembke*, BB 2003, 2230 (2234); *Willemsen/Müller-Bonanni*, ZIP 2003, 117 (1180); *Urban-Crell/Manger*, NJW 2004, 125 (127); a.A. *Tappert*, NZA 2002, 1188 (1189).

„aus" dem Arbeitsverhältnis und nicht lediglich „im Zusammenhang" mit dem Arbeitsverhältnis entstehen.[363] Ersteres sei der Fall, wenn die Ansprüche zum Arbeitsentgelt im weiteren Sinne zählen. Würden die Aktienoptionen jedoch in einer gesonderten Vereinbarung neben dem Arbeitsvertrag zugesichert, könnten diese nicht nach § 613a Abs. 1 S. 1 BGB übergehen. Der Aktienoptionsvertrag sei dann ein „gesonderter Rechtsakt", der gesellschafts- und kaufrechtlich geprägt und daher vom Arbeitsvertrag zu trennen sei.[364]

Diese Grundsätze lassen sich indessen kaum auf die Situation übertragen, in der virtuelle Geschäftsanteile an einer GmbH ausgegeben werden. Die Entscheidung des BAG gründet auf einem Sachverhalt, der in entscheidenden Punkten abweicht. Wenn Unternehmen in ihrer Gründungsphase virtuelle Anteile an Mitarbeiter ausgeben, ist eine übergeordnete Konzernstruktur aufgrund der geringen Größe des Start-ups kaum vorstellbar. Der erworbene Betrieb stimmt daher in aller Regel mit dem die Anteile ausgebenden Betrieb überein.

Ansprüche aus virtuellen Beteiligungsprogrammen stehen außerdem mehr als nur „im Zusammenhang" mit dem Arbeitsverhältnis. Der Zahlungsanspruch soll unmittelbar Teil der Vergütung sein und regelmäßig sogar eine geringere Vergütung ausgleichen. Bei Aktienoptionen erhält der Arbeitnehmer hingegen zusätzlich zu seinem Lohnanspruch die Möglichkeit, Aktien zu erwerben. Dieser Erwerb ist kaufrechtlicher Natur und hat gesellschaftsrechtliche Auswirkungen im Gegensatz zu Zahlungsansprüchen aus virtuellen Beteiligungsprogrammen, in denen gerade keine Anteile erworben und gesellschaftsrechtliche Auswirkungen vermieden werden. Die für Aktienoptionen entwickelten Grundsätze lassen sich daher nicht auf virtuelle GmbH-Anteile übertragen.

2. Entscheidung des LAG München

Als bislang einziges Instanzgericht entschied das LAG München über den Übergang von Ansprüchen aus virtuellen Beteiligungsprogrammen.[365] Im zu entscheidenden Fall stritten die Parteien über Ansprüche aus der Zuteilung von *Phantom Stocks*[366].[367]

---

363 *Willemsen/Müller-Bonanni*, ZIP 2003, 117 (1180); *Urban-Crell/Manger*, NJW 2004, 125 (127).

364 *Bauer/Göpfert/von Steinau-Steinrück*, ZIP 2001, 1129 (1131).

365 LAG München, Urt. vom 06.06.2007 – 10 Sa 1349/06, BeckRS 2009, 61629.

366 Hierbei handelt es sich lediglich um ein von den Parteien verwendetes Synonym für virtuelle Geschäftsanteile.

367 In dem Verfahren stritten die Parteien zunächst nur über das Bestehen eines Auskunftsanspruchs. Das Gericht prüfte jedoch inzident das Bestehen der Ansprüche

Der Kläger war zunächst bei der A-GmbH & Co. beschäftigt. Nach Aufspaltung dieser Gesellschaft ging sein Arbeitsverhältnis auf die B-GmbH & Co. OHG über. Später wurde ein Teil der B-GmbH & Co. OHG auf die Beklagte übertragen, womit auch das Arbeitsverhältnis des Klägers auf die Beklagte überging. Während der Kläger noch bei A angestellt war, erhielt er von dieser virtuelle Anteile. Die Fälligkeit der Ansprüche aus dem Beteiligungsprogramm war an das Erreichen einer Wertsteigerung der A geknüpft. Für die Ausübung der virtuellen Anteile war eine dreijährige Wartefrist vereinbart, die erst ablief, als das Arbeitsverhältnis des Klägers schon auf die Beklagte übergegangen war.

Der Kläger meinte, nun stünden ihm seine Ansprüche aus dem Beteiligungsprogramm gegen die Beklagte zu; sie seien gem. § 613a Abs. 1 S. 1 BGB auf die Beklagte übergegangen. Für das Erreichen der Zielvereinbarung müsse jeweils auf den Erfolg des Unternehmens abgestellt werden, in dem der Kläger beschäftigt war, weil der Erfolg mit der persönlichen Arbeitsleistung des Klägers zusammenhänge.

Die Beklagte war der Ansicht, dem Kläger stünden keine Ansprüche gegen sie aus den erhaltenen Anteilen zu, weil die tatbestandlichen Voraussetzungen des § 613a Abs. 1 S. 1 BGB nicht vorlägen. Ein Anspruch scheitere auch, weil sie keine Angaben zum Wert der A machen könne. Der Kläger meinte hingegen, die Beklagte könne Angaben machen, weil ihr ein Einblicksrecht zustünde.

Das LAG München schloss sich der ersten Instanz an und verneinte einen Übergang von Ansprüchen aus dem Beteiligungsprogramm gem. § 613a Abs. 1 S. 1 BGB auf die Beklagte. Als Begründung verwies es zunächst auf die dargestellten Grundsätze für Aktienoptionen. Die Rechte seien nicht „aus dem Arbeitsverhältnis" entstanden, weil die virtuellen Anteile auch im zu entscheidenden Fall in einer gesonderten Beteiligungsvereinbarung zugeteilt wurden.

Ausschlaggebend war für die Berufungskammer aber die Auslegung (§§ 133, 157 BGB) der Beteiligungsvereinbarung. Daraus ergäbe sich, dass der Anspruch unter dem Vorbehalt stehe, der Begünstigte bliebe auch Arbeitnehmer des Unternehmers.

Das Gericht verwies diesbezüglich auf eine Entscheidung des BAG aus dem Jahre 2004[368], in der der Arbeitgeber den Arbeitnehmern vergünstigte Ware,

aus dem Beteiligungsprogramm, weil ein Auskunftsanspruch ausgeschlossen sei, wenn schon vor Erteilung der Auskunft feststehe, dass ein Zahlungsanspruch nicht besteht.

368 BAG, Urt. vom 07.09.2004 - 9 AZR 631/03, NZA 2005, 941.

die der Arbeitgeber selbst produzierte, zugesichert hatte. Diese Ansprüche konnten laut BAG nicht gem. § 613a Abs. 1 S. 1 BGB auf den Betriebserwerber übergehen. Die Auslegung der Zusicherung ergäbe, dass der Anspruch nur besteht, solange ein Arbeitsverhältnis zum ursprünglichen Betrieb vorhanden ist, weil ja nur dieser die in Frage stehende Ware produzierte. Diese Logik übertrug das LAG München auf den vorliegenden Fall. Auch die Ansprüche aus der Beteiligungsvereinbarung seien an den Erfolg des konkreten Unternehmens geknüpft, weil sonst der Sinn und Zweck (Motivation und Identifikation der Arbeitnehmer) der Mitarbeiterbeteiligung verfehlt wäre. Es sei außerdem „lebensfremd", wenn die Auszahlung der Anteile von der Leistung eines fremden Betriebes abhinge.[369]

3. *Stellungnahme*

Das LAG München nimmt zunächst Bezug auf die Grundsätze zum Übergang von Ansprüchen aus Aktienoptionsplänen. Wie bereits dargestellt sind diese Grundsätze jedoch nicht auf virtuelle Anteile anwendbar.

Auch der Auslegung der Beteiligungsvereinbarung durch das Gericht ist nicht zuzustimmen. Die Zuteilung virtueller Geschäftsanteile ist nicht mit verbilligten Personaleinkäufen vergleichbar. Personalrabatte sind darauf gegründet, dass das Unternehmen mit dem Verkauf an die Arbeitnehmer nur einen geringeren Gewinn bzw. keinen Verlust erzielt, weil es die Ware selbst produziert. Die Ausgabe virtueller Anteile ermöglicht jedoch nicht den Abschluss eines Kaufvertrags, sondern zielt auf einen Zahlungsanspruch des Arbeitnehmers ab. Bei verbilligten Personaleinkäufen hat der Arbeitgeber einen Zahlungsanspruch gegen den Arbeitnehmer. Eine Vereinbarung über Personaleinkäufe räumt dem Arbeitnehmer eine Kaufoption auf bestimmte Ware ein, wohingegen virtuelle Anteile Teil der Vergütung sind. Es handelt sich folglich um gänzlich unterschiedliche Rechtsakte.

Aus der Beteiligungsvereinbarung ergibt sich zudem nicht, die Ansprüche stünden unter dem Vorbehalt, dass das Arbeitsverhältnis mit dem aktuellen Arbeitgeber fortbestehe. Dafür spricht schon die Systematik der Vereinbarung. Die Parteien vereinbarten zahlreiche aufschiebende Bedingungen (Wartefrist, Zielvereinbarung, Verfallsklauseln) für das Entstehen der Ansprüche, diese Bedingung – Bestehen des Beschäftigungsverhältnisses zum aktuellen Arbeitgeber – nahmen sie jedoch gerade nicht auf. Das spricht dafür, dass der

---

369 In der Originalentscheidung scheiterte der Anspruch zudem an einer Verfallsklausel, die für die vorliegende Thematik keine Bedeutung hat.

vom Gericht angenommene Vorbehalt schlichtweg nicht dem Parteiwillen entsprach. Vielmehr wird der Begünstigte in Anbetracht der vielen aufschiebenden Bedingungen gerade darauf vertraut haben, dass bei Vorliegen aller vereinbarten Voraussetzungen seine Ansprüche fällig sind.

Dafür sprechen auch Sinn und Zweck der Beteiligung. Das LAG geht davon aus, dass die Beteiligung an den Erfolg des konkreten Unternehmens geknüpft sei. Die Beteiligung soll in erster Linie aber die Arbeitsleistung des beteiligten Arbeitnehmers entlohnen. Der Unternehmenswert dient lediglich als Kriterium, um die persönliche Leistung des Arbeitnehmers bewerten zu können.

Der Betrieb, an dessen Wert sich die Fälligkeit der Ansprüche orientierte, war jedenfalls auch nicht – wie vom Gericht angenommen – „fremd". Der Übergang i.S.d. § 613a BGB zeichnet sich gerade dadurch aus, dass er unter Wahrung der wirtschaftlichen Identität erfolgt. Der übergegangene Betrieb kann daher nach seinem Übergang nicht „fremd" sein.

Ferner gehen gem. § 613a Abs. 1 S. 1 BGB alle Pflichten mit Vergütungscharakter auf den Betriebserwerber über.[370] Der neue Betriebsinhaber schuldet beispielsweise alle Sonderzahlungen, wie Gratifikationen, Tantiemen, Weihnachtsgeld oder Urlaubsansprüche.[371] Auch virtuelle Anteile sollen den Arbeitnehmer für seine Arbeitsleistung entlohnen. Sie sind typische erfolgsabhängige Vergütungselemente. Im Gegensatz zu Mitarbeiterrabatten oder Aktienoptionen besteht bei Erreichen bestimmter Ziele ein Zahlungsanspruch, der den monatlichen Lohn komplettiert – nicht ergänzt. Es handelt sich um eine Pflicht mit Vergütungscharakter.

Folglich gehen Ansprüche aus virtuellen Beteiligungsvereinbarungen gem. § 613a Abs. 1 S. 1 BGB auf den Betriebserwerber über. Ergeben sich bei der Berechnung der Höhe der Ansprüche Schwierigkeiten, weil der Betriebserwerber auf relevante Tatsachen nicht mehr zugreifen kann, fällt das in den Verantwortungsbereich des Schuldners. Der Arbeitnehmer hat gegebenenfalls Schadensersatzansprüche gegen den Betriebserwerber.

---

370 HK-ArbR/*Karthaus/Richter* (4. Aufl. 2017), § 613a BGB Rn. 141 f. mit weiteren Nachweisen.

371 HK-ArbR/*Karthaus/Richter* (4. Aufl. 2017), § 613a BGB Rn. 141; ErfK/*Preis* (22. Aufl. 2022), § 613a BGB Rn. 73.

II. *Accelerated Vesting* und *Double Trigger Vesting*

1. *Einführung*

Die Ausführungen verdeutlichen, in welchem Ausmaß virtuelle Anteile bei einem Betriebsübergang ohne diesbezügliche vertragliche Regelung zu Unsicherheiten führen können. Daher haben sich für den Fall einer Veräußerung des Unternehmens vor Ende der *Vesting-Periode* zwei Klauseln in der Praxis durchgesetzt: das sog. *Accelerated Vesting* und das sog. *Double Trigger Vesting.*

Ein *Accelerated*[372] *Vesting* sieht in der Regel vor, dass alle dem Begünstigten zustehenden virtuellen Anteile mit einer Veräußerung des Unternehmens unmittelbar als angewachsen gelten.[373] Damit erübrigen sich alle noch bestehenden aufschiebenden und auflösenden Bedingungen und der Anspruch wird vollumfänglich fällig. Es handelt sich hierbei um eine sehr arbeitnehmerfreundliche Regelung, weil der Mitarbeiter auch Anteile erwirbt, die er durch seine Arbeitsleistung noch nicht „verdient“ hat.

Alternativ kann ein sog. *Double Trigger*[374] *Vesting* in das Beteiligungsprogramm aufgenommen werden. Diese Klausel sieht vor, bei einer Unternehmens-/Betriebsveräußerung nur die bereits angewachsenen virtuellen Anteile fällig werden zu lassen. Für die verbleibenden Anteile tritt Fälligkeit erst ein, wenn der Mitarbeiter auch nach Veräußerung des Start-ups noch für eine bestimmte Dauer für den übergegangenen Betrieb tätig ist. Die Zeitspanne, die der Mitarbeiter auch nach Betriebsübergang noch für den Betriebserwerber tätig sein muss, ist in der Regel so lange, wie die *Vesting-Periode* ohne Veräußerung noch liefe. Die Regelung wird als „*Double Trigger Vesting*“ bezeichnet, weil für die Fälligkeit aller Anteile zwei Voraussetzungen erfüllt sein müssen: Die Veräußerung des Start-ups und der Fortbestand des Arbeitsverhältnisses unter dem Betriebserwerber.

---

372 „accelerated“ (engl.) = „beschleunigt“

373 Eine solche Klausel findet sich zum Beispiel bei *Weitnauer*, Handbuch Venture Capital (6. Aufl. 2019), Anhang X. 2.6.: „Endet die Vesting Periode […] gilt die Gesamtsumme der Virtuellen Geschäftsanteile im Zeitpunkt des Exits als gevestete Anteile (*acclererated vesting*).“; *Röchert*, Venture Capital Magazin 2017, 70 (72) weist auf die Problematik eines *Accelerated Vestings* bei einem Börsengang des Unternehmens hin; *Wilhelm*, NZG 2013, 1211 (1216) schlägt *Accelerated Vesting* als präventive Lösung im Hinblick auf Streitigkeiten bei Umwandlungsmaßnahmen vor.

374 „double trigger“ (engl.) = „doppelter Auslöser“.

2. Wirksamkeit der Klauseln

Beide Klauseln sind in aller Regel AGB gem. § 305 Abs. 1 BGB und unterliegen daher grundsätzlich einer Inhaltskontrolle. Sie dürfen den Vertragspartner des Verwenders nicht unangemessen benachteiligen.

Eine unangemessene Benachteiligung ist im Zweifel dann anzunehmen, wenn eine Bestimmung mit wesentlichen Grundgedanken der gesetzlichen Regelung, von der abgewichen wird, nicht zu vereinbaren ist oder wesentliche Rechte oder Pflichten, die sich aus der Natur des Vertrags ergeben, so einschränkt, dass die Erreichung des Vertragszwecks gefährdet ist (§ 307 Abs. 2 BGB).[375]

a) Benachteiligung

Accelerated Vesting-Klauseln sind keine Benachteiligung. Der Arbeitnehmer steht tendenziell sogar besser, weil er die noch ausbleibenden Anteile nicht dosiert, sondern „auf einen Schlag" erhält. Die Klausel ist daher AGB-rechtlich zulässig.

Allerdings könnte ein *Double Trigger Vesting* eine Benachteiligung sein. Gem. § 613a Abs. 6 BGB kann ein Arbeitnehmer innerhalb eines Monats nach Unterrichtung dem Übergang seines Arbeitsverhältnisses widersprechen. Das Arbeitsverhältnis besteht dann mit dem Betriebsveräußerer fort. Der Veräußerer kann dem widersprechenden Arbeitnehmer dann aber in der Regel aus dringenden betrieblichen Erfordernissen gem. § 1 Abs. 2 KSchG kündigen, weil für den Arbeitnehmer kein Arbeitsplatz mehr vorhanden ist. Die Ausübung des Widerspruchsrechts würde in der vorliegenden Konstellation zu zusätzlichen finanziellen Nachteilen beim beteiligten Mitarbeiter führen, weil er nur durch Fortbestand des Arbeitsverhältnisses beim Betriebserwerber seine noch nicht *gevesteten* virtuellen Anteile erhält. Eine *Double Trigger Vesting-Klausel* ist insofern für beteiligte Arbeitnehmer ein wirtschaftliches Hindernis bei der Ausübung des Widerspruchsrechts.

Gem. § 613a Abs. 6 BGB sollen Arbeitnehmer jedoch in der Ausübung frei sein. Als Ausfluss der Vertragsfreiheit, des allgemeinen Persönlichkeitsrechts und des Rechts auf freie Arbeitsplatzwahl aus Art. 12 GG soll der Arbeitnehmer sich nicht genötigt sehen, ein Arbeitsverhältnis mit einem neuen Arbeitgeber einzugehen; er soll ein Wahlrecht haben.[376] Eine *Double Trigger Vesting-Klausel*

---

375 Zu den Voraussetzungen einer „unangemessenen Benachteiligung" siehe bereits unter § 5 F. II.

376 Vgl. ErfK/*Preis* (22. Aufl. 2022), § 310 BGB Rn. 50.

beschränkt diese Freiheit aufgrund der drohenden finanziellen Nachteile. Sie ist daher eine Benachteiligung i.S.d. § 307 Abs. 2 BGB.

b) Angemessenheit

Die Benachteiligung ist aber AGB-rechtlich nur dann unzulässig, wenn sie auch unangemessen ist. Für die Beurteilung, ob eine Einschränkung des Widerspruchrechts angemessen ist oder nicht, sind zunächst die für den Widerspruchsverzicht entwickelten Grundsätze heranzuziehen. Nur wenn ein Verzicht zulässig ist, kann auch eine Einschränkung wirksam sein.

Ein Arbeitnehmer kann grundsätzlich auf sein Widerspruchsrecht verzichten. An einen Verzicht sind jedoch aufgrund der Bedeutung des Widerspruchs hohe Voraussetzungen zu stellen. Er ist nur anlässlich eines konkret bevorstehenden Betriebsübergangs zulässig.[377] Ein formularmäßiger Verzicht für den Fall, dass es in Zukunft zu einem unbestimmten Zeitpunkt zu einem Betriebsübergang kommt, wäre beispielsweise unwirksam.[378] Offengelassen hat das BAG, ob ein kompensationsloser Verzicht in den AGB möglich ist.[379]

Die Erschwerung ist im Vergleich zum Verzicht für den Arbeitnehmer weniger nachteilig, weil der Widerspruch trotz einer Erschwerung prinzipiell noch möglich ist. Ein Verzicht schließt den Widerspruch gänzlich aus, wohingegen bei einer *Double Trigger Vesting-Klausel* der Arbeitnehmer dem Betriebsübergang noch widersprechen kann. Im Zuge eines Erst-recht-Schlusses muss dann aber auch eine Einschränkung wirksam vereinbart werden können, weil der Eingriff in die freie Arbeitsplatzwahl bei einem Verzicht intensiver ist als bei einer bloßen Einschränkung. Die Erschwerung eines Widerspruchs durch eine *Double Trigger Vesting-Klausel* kann folglich nicht schon grundsätzlich unangemessen sein, wenn sogar ein Verzicht in einzelnen Fällen möglich ist.

Andererseits verdeutlichen die zum Verzicht entwickelten Grundsätze, dass eine den Widerspruch einschränkende Erklärung ohne Kenntnis des konkret bevorstehenden Betriebsübergangs nur begrenzt möglich ist. Auch bei Vereinbarung eines *Double Trigger Vestings* ist der Arbeitnehmer immer im Unklaren über die konkreten Umstände des Betriebsübergangs. Diese Umstände muss

---

377 Strittig ist, ob dem Verzicht eine ordnungsgemäße Unterrichtung i.S.d. § 613a Abs. 6 BGB vorausgehen muss (ErfK/*Preis* (22. Aufl. 2022), § 613a Rn. 104 mit weiteren Nachweisen).

378 HK/*Müller-Bonanni* (9. Aufl. 2020), § 613a BGB Rn. 362; BeckOK/*Gussen*, ArbR (Stand: 01.12.2021), § 613a BGB Rn. 165.

379 BAG, Urt. vom 28.09.2019 – 8 AZR 201/18, NZA 2019, 1279 (1280).

er aber kennen, um über die Ausübung seines Widerspruchsrechts entscheiden zu können. Das spricht für die Unangemessenheit der *Double Trigger Vesting-Klauseln*.

Entscheidend für die Angemessenheit ist allerdings, ob die nach Betriebsübergang fällig werdenden Ansprüche Arbeitsleistung vor oder nach Betriebsübergang vergüten sollen. Wenn die Ansprüche Vergütung für Arbeitsleistung sind, die schon vor Betriebsübergang erbracht wurde, würde ein Widerspruch den Arbeitnehmer unmittelbar um seine Gegenleistung bringen. Die Erschwerung des Widerspruchs durch eine *Double Trigger Vesting-Klausel* wäre dann erheblich und im Zweifelsfall AGB-rechtlich unangemessen.

Diese Auslegung wird gestützt durch die Rechtsprechung des BAG zu sog. Stichtagsklauseln. Bezüglich Stichtagsklauseln mit reinem Entgeltcharakter hat der 1. Senat entschieden, die Auszahlung von bereits verdientem Lohn könne nicht an weitere Voraussetzungen geknüpft werden.[380] Andernfalls würde der Arbeitnehmer um sein Recht auf Vergütung aus § 611 Abs. 1 BGB gebracht. Dieser Grundsatz gilt auch für virtuelle Beteiligungsprogramme.

Ein *Double Trigger Vesting* müsste also vorsehen, dass zum Zeitpunkt des Betriebsübergangs alle Anteile fällig werden, mit denen Arbeitsleistung bis zu diesem Zeitpunkt abgegolten werden soll. Dann läge keine unangemessene Benachteiligung für den Arbeitnehmer vor, weil der Arbeitgeber ein berechtigtes Interesse daran hat, die noch ausstehenden virtuellen Anteile nur als Gegenleistung für erbrachte Arbeitsleistung und Betriebstreue im Anschluss an den Betriebsübergang zu übertragen.

Eine Klausel, die den Zeitpunkt des Betriebsübergangs unberücksichtigt lässt, ist in der Regel unangemessen, weil ein Szenario eintreten kann, in dem der Betriebsübergang kurz vor der Fälligkeit weiterer Anteile liegt, die Fälligkeit jedoch an den Übergang des Arbeitsverhältnisses geknüpft ist. Diese hypothetische Konstellation ist für die Beurteilung der Angemessenheit von Bedeutung, weil sie abstrakt zu beurteilen ist und nicht am Einzelfall.

Wie unangemessen eine Vereinbarung sein kann, zeigt folgendes Beispiel: Ein Arbeitnehmer erhält jeweils zum 31. Dezember eines Jahres eine bestimmte Anzahl virtueller Anteile. Am 30. Dezember findet ein Betriebsübergang statt. Es ist ein *Double Trigger Vesting* vereinbart, nach dem die Anteile am 31. Dezember nur fällig werden, wenn das Arbeitsverhältnis mit dem Betriebserwerber Bestand hat. Dem Arbeitnehmer würde es in diesem Beispiel erheblich erschwert, dem Betriebsübergang zu widersprechen, weil er

380 BAG, Urt. vom 05.07.2011 – 1 AZR 94/10, BeckRS 2011, 77830 Rn. 31.

so die Gegenleistung für seine über ein ganzes Jahr erbrachte Arbeitsleistung verliert.

Die Benachteiligung wäre für den Arbeitnehmer unangemessen und eine solche Regel daher unwirksam gem. § 307 Abs. 1 S. 1 BGB. Es kommt folglich auf die konkrete Ausgestaltung der Klausel im Einzelnen an. Nur Bestimmungen, nach denen ein Widerspruch nicht erheblich in das Synallagma zwischen Arbeitsleistung und Vergütung eingreift, können wirksam sein, weil der Arbeitnehmer ansonsten unangemessen in der freien Ausübung seines Widerspruchsrechts beschränkt ist. Das dürfte beispielsweise der Fall sein, wenn das *Double Trigger Vesting* nicht für virtuelle Anteile gilt, die in den ersten drei Monaten nach Betriebsübergang fällig geworden wären.

III. Zwischenergebnis

Enthält ein virtuelles Beteiligungsprogramm keine Regelung für einen Betriebsübergang, gehen die Verpflichtungen daraus auf den Betriebserwerber über.

Die Parteien können wirksam ein *Accelerated Vesting* vereinbaren. *Double Trigger Vesting-Klauseln* können den Arbeitnehmer unangemessen benachteiligen, wenn sie den Widerspruch bezüglich eines Betriebsübergangs erheblich erschweren.

H. Verwässerungsschutz

Befindet sich ein Start-up in seiner Entwicklung jenseits der *Early Stage*, können innerhalb des Unternehmens verschiedene Geschäftsbereiche entstanden sein. Oft stufen potenzielle Investoren jedoch nur einzelne Geschäftsbereiche als erfolgversprechend ein und wollen daher auch nur in diesen Bereich investieren. Wenn die Gründer allerdings die übrigen Arbeitsgebiete weiterführen möchten oder sich hierfür andere Investoren finden, bietet sich eine Abspaltung (§ 123 Abs. 2 UmwG) bzw. Ausgliederung (§ 123 Abs. 3 UmwG) des finanzierungswürdigen Bereichs an. Nach der Spaltung kann der Investor nun in die abgespaltene bzw. ausgegliederte Gesellschaft investieren.

Bei einer Abspaltung gibt der übertragende Rechtsträger einen Teil oder mehrere Teile seines Vermögens zur Aufnahme oder zur Neugründung an einen schon bestehenden bzw. neu zu gründenden übernehmenden Rechtsträger gegen Gewährung von Anteilen oder Mitgliedschaften dieses Rechtsträgers an die Anteilsinhaber des übertragenden Rechtsträgers ab (§ 123 Abs. 2 UmwG).

Eine Abspaltung kann zur Verwässerung virtueller Anteile führen, wenn sich der Wert des übertragenden Rechtsträgers durch Abgabe von Vermögensteilen an einen anderen Rechtsträger mindert. Das verringert dann auch die Ansprüche aus dem virtuellen Beteiligungsprogramm, weil sich diese am Wert des übertragenden Rechtsträgers orientieren. Im Grundsatz schützt § 23 UmwG vor solchen Verwässerungseffekten. Damit auch die Inhaber virtueller Anteile diesen Schutz beanspruchen können, müsste diese Vorschrift aber auch virtuelle Anteile erfassen.

I. Virtuelle Anteile als Genussrechte

Gem. § 23 UmwG sind den Inhabern von Rechten in einem übertragenden Rechtsträger, die kein Stimmrecht gewähren, insbesondere den Inhabern von Anteilen ohne Stimmrecht, von Wandelschuldverschreibungen, von Gewinnschuldverschreibungen und von Genussrechten, gleichwertige Rechte in dem übernehmenden Rechtsträger zu gewähren. Die Vorschrift ist gem. § 135 Abs. 1, § 133 Abs. 2, § 125 UmwG auch auf eine Abspaltung bzw. Ausgliederung anwendbar.

In Betracht kommen in erster Linie Genussrechte, weil virtuelle Geschäftsanteile keine Wandelschuldvereinbarungen oder Gewinnschuldverschreibungen sind. Wann ein Genussrecht i.S.v. § 23 UmwG vorliegt, ist anhand von Sinn und Zweck der Vorschrift zu bestimmen, weil das Gesetz keine Definition enthält.

Dementsprechend liegt ein Genussrecht vor, wenn das Recht mit der Entwicklung des Rechtsträgers mitgliedschaftsähnlich verbunden ist und der Inhaber aufgrund dessen vermögensrechtliche Ansprüche hat, die inhaltlich typische Gesellschafterrechte wie Teilhabe am Gewinn und am Liquidationserlös darstellen.[381] Eine mitgliedschaftsähnliche Stellung scheidet aus, wenn es sich um rein schuldrechtliche Gläubigerrechte handelt, die nicht von Chancen oder Risiken abhängen, wie etwa fixe Gewinnbezugsrechte.[382] Entscheidend ist, dass der Betroffene i.S.d. § 23 UmwG schutzwürdig ist, indem er ein mit den Anteilinhabern vergleichbares wirtschaftliches Risiko trägt. Das wäre beispielsweise bei Ansprüchen mit gewinnorientierter Verzinsung der Fall.

Soweit das virtuelle Beteiligungsprogramm den Begünstigten Ansprüche auf Gewinnbeteiligung und Liquiditätserlöse einräumt, liegen typischerweise die Voraussetzungen für ein Genussrecht nach § 23 UmwG vor. Es liegt gerade in der Natur der virtuellen Anteile, den Mitarbeitern keine Stimmrechte zu

---

381 *Böttcher*/Habighorst/Schulte, UmwR (2. Aufl. 2019), § 23 UmwG Rn. 12; Semler/Stengel/*Kalss*, UmwG (5. Aufl. 2021), § 23 Rn. 6.

382 *Böttcher*/Habighorst/Schulte, UmwR (2. Aufl. 2019), § 23 UmwG Rn. 12.

gewähren, aber ansonsten eine gesellschafterähnliche Stellung zu vermitteln. Die Ansprüche aus den virtuellen Anteilen sind außerdem in der Regel denen der Gesellschafter nachgebildet, so dass die Betroffenen auch ein wirtschaftliches Risiko tragen.

Üblicherweise liegt der Reiz der Beteiligungsprogramme jedoch gerade darin, die Inhaber virtueller Anteile auch am Veräußerungserlös zu beteiligen. Das Recht auf den Veräußerungserlös ist jedoch kein aus der Gesellschafterstellung am übertragenden Rechtsträger resultierendes Recht.[383] Es entsteht nämlich durch Verkauf der Anteile an den Erwerber, gegen den und nicht gegen die Gesellschaft sich der Anspruch entsprechend richtet.

Im Hinblick auf den Sinn und Zweck und den Wortlaut des § 23 UmwG ist eine solch streng formale Auslegung indes nicht angezeigt. Inhaber von Sonderrechten ohne Stimmrechte sollen für ihre fehlende Einwirkungsmöglichkeit auf die Umwandlung einen Ausgleich erhalten.[384] Sie sollen nicht schutzlos stehen. Auch die virtuellen Anteileigner sind schutzwürdig, weil sie mangels Stimmrechte keinen Einfluss auf Unternehmensspaltungen haben. Das Recht auf Veräußerungserlös ist zwar nicht gesellschafterähnlich, die Gesellschafter können aber über die Spaltung mitbestimmen und daher auch mittelbar über den Fortbestand ihrer Anteile. Wirtschaftlich spielt es zudem keine Rolle, ob der Erlös aus der Gesellschafterstellung oder aus dem Eigentum an den Geschäftsanteilen stammt. Folglich sind auch auf einen *Exit* ausgelegte virtuelle Anteile als Genussrechte nach § 23 UmwG zu qualifizieren.[385]

Der Verwässerungsschutz beschränkt sich jedoch auf die im Rahmen der *Vesting-Periode* bereits angewachsenen Anteile. Die noch ausstehenden Rechte erfüllen nicht die Voraussetzungen eines Genussrechts nach § 23 UmwG. Sind die Ansprüche noch nicht angewachsen ist der Arbeitnehmer nicht schutzwürdig, weil er seine Arbeitskraft noch nicht eingesetzt hat. Er trägt dann kein mit dinglichen Anteilsinhabern vergleichbares wirtschaftliches Risiko.

II. Rechtsfolge

Gem. § 23 UmwG sind den Inhabern von Sonderrechten gleichwertige Rechte im übernehmenden oder dem übertragenden Rechtsträger zu gewähren. Die Rechtsträger haben gem. § 133 Abs. 2 S. 2 UmwG ein Wahlrecht, an welchem

---

383 Zutreffend *Wilhelm*, NZG 2013, 1211 (1215).

384 Vgl. *Böttcher*/Habighorst/Schulte, UmwR (2. Aufl. 2019), § 23 UmwG Rn. 1 f.

385 So auch *Wilhelm*, NZG 2013, 1211 (1215 f.); *Schönhaar*, GWR 2017, 293 (295) lehnt einen Verwässerungsschutz für virtuelle Anteile pauschal ab.

Rechtsträger sie die Rechte gewähren. Die Gleichwertigkeit ist dabei nicht rechtlich, sondern wirtschaftlich zu bestimmen.[386] Die Rechte müssen nicht inhalts- oder artgleich sein.

Für die Umsetzung der Gewährung gleichwertiger Rechte bedarf es einer vertraglichen Vereinbarung zwischen dem Sonderrechtsinhaber und dem übernehmenden oder dem übertragenden Rechtsträger. Es handelt sich um einen Spezialfall des allgemeinen zivilrechtlichen Grundsatzes notwendiger Vertragsanpassung wegen Eingriffs in ein Dauerschuldverhältnis.[387]

Obwohl das Einräumen artgleicher Rechte nicht verpflichtend ist, bietet es sich im Rahmen von virtuellen Beteiligungsprogrammen dennoch an, den betroffenen Mitarbeitern auch am abgespaltenen Rechtsträger virtuelle Anteile einzuräumen. Besonders einfach umzusetzen ist diese Form der Abwicklung, wenn die Rechtsträger in ihrer Rechtsform identisch sind. Bei Start-ups werden beide Einheiten regelmäßig als GmbH organisiert sein. Die Gewährung virtueller Anteile am übernehmenden Rechtsträger vermeidet Streit um die im Einzelfall schwierig feststellbare Wertäquivalenz.

III. Dispositivität

§ 23 UmwG kann nicht im Verschmelzungs- bzw. Spaltungsvertrag abbedungen werden, weil das ein unzulässiger Vertrag zulasten Dritter wäre.[388]

In virtuellen Beteiligungsvereinbarungen zwischen Arbeitgeber und Arbeitnehmer sind Regelungen bezüglich Umwandlungsmaßnahmen allerdings im Rahmen des allgemeinen Zivilrechts möglich. Die Vereinbarungen müssten aber einer Inhaltskontrolle nach § 307 Abs. 1 BGB standhalten. Eine Abweichung von § 23 UmwG wäre nur wirksam, wenn sie die Sonderrechtsinhaber nicht unangemessen benachteiligt.

In der Praxis wird von dieser Möglichkeit jedoch kaum Gebrauch gemacht.

---

386 BGH, Urt. vom 28.05.2013 – II ZR 67/12, NZG 2013, 987 Rn. 54; Semler/Stengel/*Kalss*, UmwG (5. Aufl. 2021), § 23 Rn. 12.

387 *Böttcher*/Habighorst/Schulte, UmwR (2. Aufl. 2019), § 23 UmwG Rn. 18 sieht § 23 UmwG als umwandlungsrechtliche *lex specialis* zur Störung der Geschäftsgrundlage nach § 313 BGB.

388 Ganz herrschende Meinung, *Böttcher*/Habighorst/Schulte, UmwR (2. Aufl. 2019), § 23 UmwG Rn. 25; Henssler/Strohn/*Ca. Müller*, GesellR (5. Aufl. 2021), § 23 UmwG Rn. 6; Höchst strittig ist im Schrifttum, ob in Anleihebedingungen von § 23 UmwG abgewichen werden kann (bejahend Schmitt/Hörtnagl/*Winter*, UmwG (9. Aufl. 2020), § 23 Rn. 15 mit weiteren Nachweisen).

IV. Durchsetzbarkeit

Zur Durchsetzung seiner Ansprüche aus § 23 UmwG kann der Sonderrechtsinhaber zivilrechtlich Klage erheben. Richtige Klagegegner sind der übernehmende und der übertragende Rechtsträger als Gesamtschuldner (§ 133 Abs. 2 S. 1 UmwG). Im Zuge einer Leistungsklage kann der Kläger die Gewährung gleichwertiger Rechte verlangen. Der Kläger muss den Text, der in die Vereinbarung über die Gewährung aufgenommen werden soll, im Antrag vorgeben, weil das Urteil gem. § 894 ZPO vollstreckt wird.[389]

Eine Geltendmachung des Anspruchs im umwandlungsrechtlichen Spruchverfahren ist nach ganz überwiegender Meinung aufgrund fehlender gesetzlicher Regelung nicht möglich.[390] Auch ein Anspruch auf angemessene Barabfindung gem. § 29 UmwG in analoger Anwendung ist abzulehnen, weil keine Regelungslücke besteht.[391] Bei Unmöglichkeit der Erfüllung hat der Sonderrechtsinhaber einen Schadensersatzanspruch wegen zu vertretender Unmöglichkeit aus § 275 Abs. 1, § 283, § 280 BGB.

V. Ausgliederung

Bei einer Ausgliederung werden die Anteile auf den übernehmenden Rechtsträger gegen Gewährung von dessen Anteilen an den übertragenden Rechtsträger übertragen (§ 123 Abs. 3 UmwG). Anders als bei einer Abspaltung erhalten nicht die Anteilsinhaber des übertragenden Rechtsträgers die Anteile des übernehmenden Rechtsträgers, sondern der übertragende Rechtsträger selbst erhält 100 % der Anteile.

Der übertragende Rechtsträger behält daher die Kontrolle über den übernehmenden Rechtsträger. Wirtschaftlich steht der übertragende Rechtsträger im Vergleich zur Abspaltung nicht schlechter, weil er als Gegenleistung für die Übertragung von Vermögensteilen die Anteile am übernehmenden Rechtsträger erhält. Es handelt sich eher um eine rechtliche als um eine wirtschaftliche Trennung.[392]

---

389 Henssler/Strohn/*Ca. Müller*, GesellR (5. Aufl. 2021), § 23 UmwG Rn. 5 mit weiteren Nachweisen.

390 *Böttcher*/Habighorst/Schulte, UmwR (2. Aufl. 2019), § 23 UmwG Rn. 21; Henssler/Strohn/*Ca. Müller*, GesellR (5. Aufl. 2021), § 23 UmwG Rn. 5; kritisch Semler/Stengel/*Kalss*, UmwG (5. Aufl. 2021), § 23 Rn. 18.

391 *Böttcher*/Habighorst/Schulte, UmwR (2. Aufl. 2019), § 23 UmwG Rn. 21 mit weiteren Nachweisen; a.A. wohl Lutter/*Grunewald*, UmwG (6. Aufl. 2019), § 23 Rn. 17.

392 Vgl. *Wilhelm*, NZG 2013, 1211 (1216); hierauf Bezug nehmend LAG BW, Urt. 07.10.2015 – 19 Sa 20/15, BeckRS 2016, 71540 Rn. 69.

Aufgrund der Anteile des übertragenden Rechtsträgers am übernehmenden Rechtsträger ist der wirtschaftliche Erfolg der Einheiten eng miteinander verknüpft: Steigt der Wert des übernehmenden Rechtsträgers, erhöht sich auch der Wert des übertragenden Rechtsträgers und umgekehrt. Eine Ausgliederung mindert daher nicht den Wert der virtuellen Anteile nach § 123 Abs. 3 UmwG, weil sie sich am wirtschaftlichen Erfolg des übertragenden Rechtsträgers orientieren.

Ein etwaiger Verwässerungsschutz ist daher im Rahmen einer Unternehmensausgliederung von geringer Bedeutung.

I. Weitere Gestaltungsmöglichkeiten

In der Praxis haben sich darüber hinaus einige Klauseln in virtuellen Beteiligungsvereinbarungen als üblich etabliert, die hier im Überblick dargestellt und rechtlich eingeordnet werden.

I. Übertragbarkeit der Ansprüche

Die Ansprüche aus einem virtuellen Beteiligungsprogramm sind schuldrechtliche Forderungen, die im Grundsatz gem. §§ 398 ff. BGB formfrei abgetreten werden können.

1. Abtretungsverbot

Eine Abtretung der Ansprüche würde jedoch dem Zweck der Beteiligungsprogramme (Motivation der Mitarbeiter, Betriebstreue, etc.) zuwiderlaufen. Wenn die Begünstigten ihre Ansprüche aus dem Programm an einen Dritten übertragen, geht die Verbindung verloren, die die virtuellen Anteile zwischen Arbeitnehmer und Arbeitgeber herstellen sollen. Aus Sicht der Gründer ist es außerdem misslich, wenn die Forderungen verkauft und die virtuellen Anteile dadurch zu einem Spekulationsobjekt würden. In aller Regel wird die Abtretung der Ansprüche im Rahmen einer Beteiligungsvereinbarung daher ausgeschlossen (§ 399 Alt. 2 BGB).[393]

Ein Abtretungsverbot ist keine unangemessene Benachteiligung gem. § 307 Abs. 1 BGB. Fraglich ist schon, ob überhaupt eine Abweichung von einer gesetzlichen Regelung (§ 307 Abs. 3 S. 1 BGB) vorliegt, weil nach § 399 Alt. 2 BGB vertragliche Abtretungsverbote ausdrücklich zulässig sind. Jedenfalls hat

---

393 Vgl. etwa bei *Hahn*, Virtuelle Mitarbeiterbeteiligung (2. Aufl. 2019), S. 27; *Weitnauer*, Handbuch Venture Capital (6. Aufl. 2019), Anhang X. 6.1.

der Arbeitgeber ein berechtigtes Interesse daran, durch das Abtretungsverbot den Sinn und das Konzept der Mitarbeiterbeteiligung als solche zu wahren und die Auszahlung – zum Beispiel bei einer Vielzahl von Gläubigern – nicht zu erschweren.

Tritt der Arbeitnehmer die Forderung trotz vereinbartem Abtretungsausschluss ab, ist die vorgenommene Abtretung absolut unwirksam, vgl. § 399 BGB.[394]

Enthält der Beteiligungsvertrag kein Abtretungsverbot, kann die Forderung gem. § 400 BGB nicht abgetreten werden, soweit sie der Pfändung unterworfen ist. Die Vorschrift kann nicht abbedungen werden.[395]

2. *Vererblichkeit*

Die Ansprüche aus einem virtuellen Beteiligungsprogramm sind im Rahmen der Universalsukzession als Teil des Vermögens vererblich (§ 1922 BGB). Ein Ausschluss der Vererblichkeit ist im Hinblick auf die Natur der Mitarbeiterbeteiligung nicht sinnvoll.[396] Es ist davon auszugehen, dass es die Motivation und Leistungsbereitschaft der Angestellten schwächt, wenn die Gefahr besteht, dass im Erbfall nicht mal ihre Erben von der Leistung des Erblassers profitieren.

Auch die Vererblichkeit realer Anteile wird üblicherweise nicht im Gesellschaftsvertrag ausgeschlossen, weil sie rechtlich zwingend ist.[397] Das spricht zusätzlich gegen einen Ausschluss der Vererblichkeit für virtuelle Anteile, weil die Vertragsparteien Inhaber virtueller und realer Anteile – sofern möglich – gleich behandeln wollen.

---

394 Mittlerweile ganz herrschende Meinung in Rechtsprechung und Literatur, BGH, Urt. vom 03.12.1987 – VII ZR 374/86, NJW 1988, 1210 (1211); Urt. vom 10.03.2010 – IV ZR 207/08, NJW-RR 2010, 904 (905); BeckOGK/*Lieder*, BGB (Stand: 01.03.2021), § 399 Rn. 100 ff.; Jauernig/*Stürner*, BGB (18. Aufl. 2021), § 399 Rn. 8.

395 BAG, Urt. vom 21.11.2000 – 9 AZR 692/99, NJW 2001, 1443; BeckOK/*Rohe*, BGB (Stand: 01.11.2020), § 400 Rn. 1.

396 Vgl. *Schönhaar*, GWR 2017, 293 (296); *Weitnauer*, Handbuch Venture Capital (6. Aufl. 2019), Anhang X. 6.3.

397 Ganz überwiegende Meinung, Henssler/Strohn/*Verse*, GesellR (5. Aufl. 2021), § 15 GmbHG Rn. 26; BeckOK/*Wilhelmi*, GmbHG (Stand: 01.05.2021), § 15 Rn. 54; Noack/*Servatius*/Haas, GmbHG (23. Aufl. 2022), § 15 Rn. 12 jeweils mit weiteren Nachweisen.

Im Übrigen dürfte ein Ausschluss gem. § 307 Abs. 1 S. 1 BGB unwirksam sein, weil er gegen den wesentlichen Grundgedanken der gesetzlichen Vererblichkeit von Ansprüchen verstößt.[398]

Die Vererblichkeit von Ansprüchen aus virtuellen Beteiligungsverträgen ist folglich nicht auszuschließen.

II. Abfindungsrecht

Virtuelle Beteiligungsprogramme sind zwar überwiegend auf einen *Exit* ausgerichtet, dennoch kann es aus verschiedenen Gründen dazu gar nicht kommen. Ohne vertragliche Regelung würden die Mitarbeiter in diesem Fall finanziell weitestgehend leer ausgehen, weil die den Anspruch aufschiebende Bedingung – der *Exit* – nicht eintritt. Zur Vermeidung dieser Folge sind Klauseln üblich und empfehlenswert, die ein sog. Abfindungs- bzw. Auslösungsrecht vorsehen.[399]

1. Hintergrund

Eine Abfindungsklausel sieht üblicherweise vor, dass beide Parteien von der jeweils anderen Partei zur Abgeltung der Ansprüche aus bereits *gevesteten* Anteilen eine Abfindung verlangen können, wenn ein *Exit* bis zu einem bestimmten Zeitpunkt nicht zustande gekommen ist. Mit der Zahlung der Abfindung sind dann alle Ansprüche aus dem virtuellen Beteiligungsprogramm abgegolten.

Im Zusammenhang mit einem solchen Abfindungsrecht ist immer auch festzulegen, wie sich die Höhe der Zahlungsansprüche berechnet, weil ohne *Exit* kein Veräußerungserlös vorhanden ist, auf dessen Grundlage die Höhe bestimmt werden könnte. Im Gegensatz zur AG ist die Wertbestimmung bei einer GmbH schwieriger, weil sie nicht wie im Regelfall bei Aktien anhand eines aktuellen Börsenkurses getroffen werden kann.

2. Auswahl der Zeitspanne

Bei der Bestimmung des Zeitpunktes, ab dem die Parteien die Abgeltung der Ansprüche verlangen können, ist betriebswirtschaftliches und psychologisches Fingerspitzengefühl erforderlich. Aus Arbeitnehmersicht sollte der Zeitraum lang genug sein, damit das Unternehmen seinen Wert steigern kann und eine

---

398 LAG Düsseldorf, Urt. vom 16.04.2008 – 12 Sa 2180/07, BeckRS 2008, 58156.

399 *Weitnauer*, Handbuch Venture Capital (6. Aufl. 2019), Anhang X. 11.

Veräußerung realistisch ist. Andererseits sollte er nicht zu weit in der Zukunft liegen, damit die Vergütung für die betroffenen Arbeitnehmer, die in dieser Zeitspanne normalerweise Gehaltseinbußen in Kauf nehmen, erreichbar bleibt.

Auch der Arbeitgeber hat im Allgemeinen kein Interesse daran, die Abgeltung der Ansprüche zu lange hinauszuzögern. Schließlich sollen die Arbeitnehmer ihre Motivation und Leistungsbereitschaft nicht verlieren und dem Unternehmen treu bleiben. Außerdem ist zu erwarten, dass das Unternehmen mit zunehmender Dauer tendenziell an Wert gewinnt, so dass ein späterer Verkauf zu einer höheren Beteiligungsquote der Inhaber virtueller Anteile führt. Das könnte die Gesellschaft durch eine frühe Abgeltung der Ansprüche unter Umständen vermeiden.

Diese Interessen sind bei der Ausgestaltung einer Abgeltungsklausel in Einklang zu bringen und unter Berücksichtigung aller Umstände des Einzelfalls einer Lösung zuzuführen. Angemessen erscheint ein Zeitraum von etwa vier bis sechs Jahren ab dem Zeitpunkt der Unterzeichnung der Beteiligungsvereinbarung.[400] So wird ein gewisser zeitlicher Gleichlauf mit den *Leaver-Klauseln* erreicht.

3. *Bewertungsmethoden*

Für Unternehmensbewertungen existieren verschiedene in der Betriebswirtschaftslehre entwickelte Methoden, auf deren Grundlage die Höhe der Zahlungsansprüche aus einem Beteiligungsprogramm ermittelt werden könnte. Bei der Entscheidung, welcher Ansatz praktikabel ist, sind auch die Kosten einer Unternehmensbewertung zu berücksichtigen. Je genauer eine Bewertung ist, desto kostenintensiver ist sie. Es empfiehlt sich zu vereinbaren, wer die Kosten für die Unternehmensbewertung trägt. So kann etwa festgelegt werden, dass sie hälftig vom Unternehmen und allen Inhabern virtueller Anteile übernommen werden und innerhalb der Inhaber virtueller Anteile der Betrag im Verhältnis zum Volumen der virtuellen Anteile des jeweiligen Mitarbeiters zu teilen ist.

Ziel einer Methode zur Unternehmensbewertung muss sein, möglichst genau den Betrag zu ermitteln, den ein hypothetischer Käufer im gewöhnlichen Geschäftsverkehr zahlen würde. Dadurch kann erreicht werden, dass die Betroffenen so stehen, wie wenn das Unternehmen tatsächlich veräußert worden wäre.

---

400 *Weitnauer*, Handbuch Venture Capital (6. Aufl. 2019), Anhang X. 11. schlägt beispielsweise fünf Jahre vor.

Bei der Auswahl der Berechnungsmethode ist immer auch das AGB-rechtliche Transparenzgebot gem. § 307 Abs. 1 S. 2 BGB im Blick zu behalten. Die Kriterien für die Ermittlung müssen für den Arbeitnehmer klar und verständlich sein.

a) Ertragswertmethode

In Rechtsprechung und Literatur ist zur Ermittlung des Unternehmenswerts überwiegend die sog. Ertragswertmethode anerkannt, beispielsweise im Rahmen von § 305 Abs. 1 AktG oder § 15 Abs. 1 UmwG.[401] Bei ihr bemisst sich der Wert durch die zukünftigen Einnahmeüberschüsse aus Ertrag und Aufwand. Die Ertragswertmethode wird auch zur Bewertung anderer Renditeobjekte verwendet, vor allem im Immobilienbereich. Ihr Nachteil liegt im reinen Prognosecharakter, weil für den zukünftigen Ertrag nur die Ergebnisse aus der Vergangenheit zur Orientierung herangezogen werden können.[402]

Die Ertragswertmethode wird dennoch sehr häufig angewendet, weil die zur Unternehmensbewertung berufenen Wirtschaftsprüfer keine Wahl hinsichtlich der Bewertungsmethode haben, sondern berufsrechtlich den IDW Standard S1 von 2008 (IDW S1)[403] anwenden müssen.[404] Der IDW S1 wird vom Institut der Wirtschaftsprüfer in Deutschland herausgegeben und enthält unter anderem die „Grundsätze zur Durchführung von Unternehmensbewertungen", nach denen in aller Regel die Ertragswertmethode anzuwenden ist.

Aufgrund der allgemeinen Akzeptanz der Ertragswertmethode ist es sinnvoll und praktikabel, diese auch bei der Ermittlung des Wertes virtueller Anteile zugrunde zu legen.[405] Streitigkeiten bezüglich der Unternehmensbewertung

---

401 Der BGH erkennt die Ertragswertmethode als geeignet an, schließt aber andere Methoden nicht grundsätzlich aus, solange sie in der Wirtschaftswissenschaft oder der Betriebswirtschaftslehre anerkannt und in der Praxis gebräuchlich sind, BGH, Beschl. vom 29.09.2015 – II ZB 23/14, NZG 2016, 231 (235); Beschl. vom 12.01.2016 – II ZB 25/14, NZG 2016, 461 (463) mit weiteren Nachweisen; umfassend zur Ertragswertmethode Hüffer/*Koch*, AktG (15. Aufl. 2021), § 305 Rn. 24 ff.

402 Diese Schwäche der Ertragswertmethode ist allerdings verfassungsrechtlich akzeptiert, BVerfG, Beschl. vom 24.05.2012 – 1 BvR 3221/10, NJW 2012, 3020 (3022).

403 *IDW Verlautbarungen* (Werkstand: IDW Life 12/2020), IDW S Rn. 1–179.

404 Siehe ausführlich zum IDW S1 *Emmerich*/Habersack, AktG (9. Aufl. 2019), § 305 Rn. 41, 52 ff.

405 Im Hinblick auf „Virtuelle Optionspläne bei der GmbH" schlägt *Windeln/Riemer*, ArbRB 2015, 51 (53) hingegen zur Vereinfachung vor, der Unternehmenswert solle dem zehnfachen des durchschnittlichen Unternehmensergebnisses (Jahresüberschuss) des Unternehmens aus den letzten drei Jahren entsprechen.

lassen sich dadurch am ehesten vermeiden. Es bietet sich an, in der Beteiligungsvereinbarung direkt auf die Grundsätze zur Unternehmensbewertung nach dem IDW S1 in dessen aktueller Fassung zu verweisen. Alle Vertragsparteien können so auf eine gründliche und transparente Berechnungsmethode vertrauen.

Ist der Unternehmenswert nach dem festgelegten Verfahren ermittelt, ist die bereits beschriebene Formel zur Berechnung einer *Exit-Vergütung*[406] entsprechend anzuwenden. Der Netto-Erlös (NE) ist lediglich durch den geschätzten Unternehmenswert zu ersetzen.

b) Bewertung im Rahmen von Finanzierungsrunden

Bei Start-ups bietet sich noch eine alternative Verfahrensweise für die Wertbestimmung an. Die Gründer versuchen erfahrungsgemäß im Rahmen von Finanzierungsrunden, Investoren zu gewinnen, die gegen Zurverfügungstellung von Kapital eine Beteiligung am Unternehmen erhalten. Bei diesen Verhandlungen wird immer auch der Unternehmenswert geschätzt, um zu berechnen, wie viele Anteile die Investoren für ein bestimmtes Investment erhalten. Diese Schätzung könnte auch als Grundlage für die Ermittlung des Wertes virtueller Anteile dienen, wenn die Finanzierungsrunde zeitnah zur Auszahlung stattfindet.[407]

Dieses Verfahren hat den Vorteil, auf eine ohnehin bestehende Bewertung zurückgreifen zu können, so dass für die Parteien kein zusätzlicher Kosten- und Zeitaufwand entsteht. Andererseits sind Bewertungen im Rahmen von Finanzierungsrunden deutlich weniger genau als Bewertungen nach Maßgabe des IDW S1. Die Investoren werden zudem bei ihrer Schätzung versuchen, einen möglichst geringen Unternehmenswert anzusetzen, um für ihr Investment mehr Anteile von den Gründern zu erhalten. Es ist daher fraglich, wie objektiv eine solche Unternehmensbewertung ausfällt. Arbeitnehmer sollten daher – falls bei Abschluss der Beteiligungsvereinbarung ein gewisser Verhandlungsspielraum besteht – auf einer Bewertung nach dem IDW S1 bestehen.

406 Siehe oben § 5 C. III. 2.

407 Das schlägt beispielsweise *Weitnauer*, Handbuch Venture Capital (6. Aufl. 2019), Anhang X. 11.2. vor, wenn die Finanzierungsrunde innerhalb von zwölf Monaten vor der Ausübung des Abfindungsrechts stattgefunden hat.

III. Ausschluss der betrieblichen Übung

Sieht ein virtuelles Beteiligungsprogramm nicht ausdrücklich den Ausschluss einer betrieblichen Übung vor, könnten aus ihr gegebenenfalls Ansprüche der beteiligten Arbeitnehmer entstehen, die der Beteiligungsvertrag so nicht vorsieht.

Das Rechtsinstitut der betrieblichen Übung ist zwar nicht gesetzlich geregelt, aber in Rechtsprechung und Schrifttum allgemein anerkannt. Höchst umstritten ist lediglich die rechtsdogmatische Einordnung, die allerdings für die Tatbestandsvoraussetzungen und Rechtsfolgen kaum Bedeutung hat.[408] Nach den Grundsätzen der betrieblichen Übung kann ein Anspruch auf eine Leistung (häufig Tantiemen, Bonuszahlungen, Ansprüche aus Pensionsplänen) auch durch gleichförmiges und wiederholtes Verhalten des Arbeitgebers entstehen, aus dem der Arbeitnehmer schließen kann, diese Leistung werde auf Dauer verpflichtend gewährt.[409] Maßgeblich ist, ob der Arbeitnehmer das Verhalten nach Treu und Glauben (§§ 133, 157 BGB) als Angebot verstehen durfte. Wann der Arbeitgeber die Grenze zum „wiederholten Verhalten" erreicht, ist im Einzelfall zu bewerten.[410] Kriterien hierfür sind in erster Linie Art, Dauer und Intensität der Leistungen.

Bei der Gewährung virtueller Anteile leistet der Arbeitgeber allerdings aufgrund seiner Verpflichtungen aus der Beteiligungsvereinbarung. Leistet der Arbeitgeber erkennbar nur, um seiner vertraglichen Pflicht nachzukommen, ist sein Verhalten nach Treu und Glauben nicht als Vertragsangebot zu verstehen,

---

408 Umfassend zum aktuellen Meinungsstand Erfk/*Preis* (22. Aufl. 2022), § 611a BGB Rn. 220 ff.

409 BAG, Urt. vom 16.01.2002 – 5 AZR 715/00, NZA 2002, 632; Urt. vom 28.06.2006 – 10 AZR 385/05, NZA 2006, 1174 (1176); Die Rechtsprechung sieht in diesem Verhalten ein konkludentes Vertragsangebot nach § 145 BGB auf Fortgewährung der Leistung, das der Arbeitnehmer schweigend nach § 151 S. 1 BGB annimmt (sog. Vertragstheorie, BAG, Urt. vom 20.01.2004 – 9 AZR 43/03, NJOZ 2005, 2305 (2308); Urt. vom 11.04.2006 – 9 AZR 500/05, NZA 2006, 1089 (1090); Urt. vom 08.12.2010 – 10 AZR 671/09, NZA 2011, 628 (629); die Literatur vertritt hingegen teilweise die sog. Vertrauenstheorie (grundlegend *Singer*, ZfA 1993, 487 (494 ff.))).

410 BAG, Urt. vom 11.04.2006 – 9 AZR 500/05, NZA 2006, 1089 (1091); BeckOGK/*Maties*, BGB (Stand: 01.01.2022), § 611a Rn. 437.

Leistungen über den Vertrag hinaus zu erbringen. Bei offensichtlichem Normvollzug ist kein weiterer Bindungswille des Arbeitgebers anzunehmen.[411]

Es ist mithin im Rahmen von virtuellen Beteiligungsprogrammen kaum damit zu rechnen, dass „ungewollte" Ansprüche aus betrieblicher Übung entstehen. Dennoch werden die Freiwilligkeit der Leistung und der Ausschluss der betrieblichen Übung in der Praxis stets in virtuelle Beteiligungsprogramme aufgenommen, um Konflikte diesbezüglich auszuschließen.[412]

---

411 Vgl. BAG, Urt. vom 20.08.2002 – 9 AZR 261/01, NZA 2003, 1046 (1049); Urt. vom 19.03.2014 – 5 AZR 954/12, NZA 2014, 787 (790); BeckOGK/*Maties*, BGB (Stand: 01.01.2022), § 611a Rn. 449 ff.

412 So etwa *Schönhaar*, GWR 2017, 293 (296); *Hahn*, Virtuelle Mitarbeiterbeteiligung (2. Aufl. 2019), S. 27 f.

§ 6 Bewertung

Virtuelle Beteiligungsprogramme haben sich in der Praxis bei Start-ups zwar überwiegend durchgesetzt, ihre Praktikabilität für alle Beteiligten bedarf dennoch einer genaueren Untersuchung. Neben zahlreichen Stärken sind ihnen einige nicht zu vernachlässigende Schwächen immanent.

A. Vorteile virtueller Beteiligungsprogramme

I. Schuldrechtliche Vertragsfreiheit

Virtuelle Beteiligungsprogramme haben den bedeutenden Vorteil des rein schuldrechtlichen Ansatzes, der im Rahmen der gesetzlichen Grenzen volle zivilrechtliche Gestaltungsfreiheit ermöglicht. Sie unterliegen – anders als Beteiligungen über dingliche GmbH-Anteile – keinen gesellschaftsrechtlichen Beschränkungen.

Das GmbH-Recht kennt zwar keine mit dem Aktienrecht vergleichbare Satzungsstrenge (§ 23 Abs. 5 AktG), es enthält allerdings etliche Regelungen, die zwingend sind oder sich nur mit erheblichem Aufwand und zulasten der Mitgesellschafter umgehen lassen. So dürfen etwa die Informationsrechte aus § 51a Abs. 1 GmbHG vertraglich nicht abbedungen werden (§ 51a Abs. 3 GmbHG).

Das Schuldrecht ermöglicht Gestaltungsspielräume, die insbesondere Start-ups helfen, ihre Flexibilität und Dynamik zu bewahren. Virtuelle Beteiligungsprogramme lassen einen passgenauen Zuschnitt auf die individuellen Bedürfnisse des Unternehmens zu. Die wesentlichen betriebswirtschaftlichen und personalpsychologischen Ziele der Gründer und die Interessen der Arbeitnehmer sind leichter als bei Beteiligungen in Form von realen Geschäftsanteilen vertraglich in Einklang zu bringen.

Insbesondere die Ausgestaltung von *Vesting-* und *Leaver-Klauseln* erlaubt es dem Arbeitgeber, seine Vorstellungen im Hinblick auf Motivation und Bindung der Mitarbeiter bestmöglich umzusetzen. Differenzierte Regelungen, die den Erhalt von Geschäftsanteilen so eng mit dem Bestehen des Arbeitsverhältnisses verknüpfen, wären unter Anwendung des GmbH-Rechts nicht möglich.

II. Einsparung von Personalkosten

Auf Seite des Arbeitgebers können virtuelle Anteile die Personalkosten gering halten und flexibilisieren, weil die Anteile einen Teil der sonst zu zahlenden höheren Löhne kompensieren. Die Liquidität des Unternehmens wird geschont und auch jungen Unternehmen ist es eher möglich, erfahrene Fachkräfte zu rekrutieren. Niedrigere Löhne bieten außerdem die Chance, mehr Arbeitnehmer einzustellen und eine Expansion zu beschleunigen. Das kommt wiederum auch den Inhabern virtueller Anteile zugute, weil sie an einem schnellen wirtschaftlichen Wachstum partizipieren.

Die Kompensation des geringeren laufenden Lohns durch Ausgabe virtueller Anteile lässt Gründer bzw. Arbeitgeber in jedem Falle wirtschaftlich besser stehen, weil die Ansprüche aus den virtuellen Programmen erst fällig werden, wenn es zu einem Verkauf des Unternehmens kommt. Ein Verkauf findet jedoch nur dann statt, wenn das Start-up erfolgreich ist. Scheitert das Unternehmen, werden die Ansprüche gar nicht fällig, weil es zu keinem *Exit* kommt. Hätten die Arbeitnehmer keine virtuellen Anteile erhalten, wäre der volle Lohn auch dann fällig, wenn das Start-up keinen Erfolg hat.

III. Ein Instrument zur Krisenbewältigung

In Zeiten der Covid-19-Pandemie können virtuelle Beteiligungen auch zur Bewältigung wirtschaftlicher Krisen beitragen. Start-ups führen selten Kurzarbeit (§§ 95 ff. SGB III) ein, weil sie befürchten müssen, dass wichtige Mitarbeiter das Unternehmen verlassen und der Entwicklungsprozess somit gebremst wird.[413] Daher können junge Unternehmen beispielsweise eine vorübergehend erforderliche Gehaltseinbuße durch virtuelle Anteile ausgleichen und damit gleichzeitig die Betriebstreue in Krisenzeiten honorieren.[414]

---

413 Nur 22,1 % der Start-ups gaben an im Zusammenhang mit der Covid-19-Pandemie Kurzarbeit eingeführt zu haben (Deutscher Startup Monitor 2020, S. 31, abrufbar unter www.deutscherstartupmonitor.de/wp-content/uploads/2020/09/dsm_2020.pdf [zuletzt abgerufen am 26.01.2022]); zum Vergleich: etwa jedes zweite Unternehmen führte im April 2020 Kurzarbeit ein (*Schäfer*, 10 Millionen Deutsche in Kurzarbeit: Wer betroffen ist, wirtschaftswoche.de vom 28.04.2020, abrufbar unter: www.wiwo.de/technologie/blick-hinter-die-zahlen/blick-hinter-die-zahlen-14-kurzarbeit-10-millionen-deutsche-in-kurzarbeit-wer-betroffen-ist/25776426.html [zuletzt abgerufen am 26.01.2022]).

414 Vgl. ausführlich zur Auswirkung der Covid-19-Pandemie auf deutsche Start-ups *Weitnauer*, GWR 2020, 127.

B. Schwächen virtueller Beteiligungsprogramme

Neben den genannten Vorteilen birgt die virtuelle Mitarbeiterbeteiligung aber auch erhebliche Nachteile und Schwächen.

I. Keine gesellschaftsrechtlichen Sicherheiten

Die rein schuldrechtliche Gestaltung virtueller Beteiligungsprogramme erfordert von den betroffenen Arbeitnehmern einen weitgehenden Verzicht auf dingliche Rechte und die Inkaufnahme erheblicher Unsicherheiten.

Den Inhabern virtueller Anteile sind alle mitgliedschaftlichen Rechte verwehrt. So können sie weder Stimm- noch Auskunftsrechte geltend machen. Im Gegensatz zu echten Gesellschaftern steht ihnen keine laufende Gewinnbeteiligung aus § 29 GmbHG zu, es sei denn sie wurde ihnen ausnahmsweise schuldrechtlich zugestanden. Die beteiligten Arbeitnehmer haben zudem keine dinglichen Sicherheiten, die die vertragliche Gegenleistung absichern.[415]

Aufgrund fehlender gesellschaftsrechtlicher Mitwirkungsmöglichkeiten haben die Mitarbeiter beispielsweise keinen Einfluss auf die Umstände einer Veräußerung. Sie können weder über Zeitpunkt noch über Käufer und Kaufpreis mitbestimmen. Die Arbeitnehmer müssen schlichtweg darauf vertrauen, dass eine Veräußerung zustande kommt, weil die Beteiligungsvereinbarung die Gesellschafter nicht verpflichtet, einen *Exit* herbeizuführen. Für sie ist nicht absehbar, wann es zu einem Verkauf kommt und für welche Dauer sie ihre Arbeitskraft für niedrigere Löhne zur Verfügung stellen müssen. Eine persönliche Lebensplanung wird durch diese Ungewissheiten erschwert.

Besäßen die Angestellten hingegen tatsächlich GmbH-Anteile könnten sie über diese frei verfügen und sie gegebenenfalls jederzeit liquidieren. Virtuelle Anteile sind praktisch nicht verkehrsfähig – zumal die Abtretung der Ansprüche in der Regel ausgeschlossen ist.

Ein vertraglich vereinbartes Abfindungsrecht kann diese Erschwernis zwar abschwächen, für den Arbeitnehmer besteht dann allerdings immer noch die Gefahr, dass der Arbeitgeber das Abfindungsrecht zu einem Zeitpunkt ausübt, zu dem sich zwar ein wirtschaftliches Wachstum abzeichnet, aber noch nicht in einem konkreten Wertzuwachs niederschlägt. An diesem späteren höheren Wert würde der Arbeitnehmer nicht teilhaben, weil sich die Abfindung nach dem Wert des Unternehmens zum Ausübungszeitpunkt richtet. Der Arbeitnehmer muss sich letztlich darauf verlassen, dass der Arbeitgeber sein

---

415 Vgl. auch *Schiemzik*, NWB 2011, 798 (804).

Abfindungsrecht nicht in einer missbräuchlichen Art und Weise ausübt; verhindern kann er es indessen nicht.

Zur Berechnung der Abfindungshöhe wäre dann außerdem der Unternehmenswert zu schätzen. Das verursacht nicht nur Kosten; das Verfahren wird für den Arbeitnehmer auch kaum nachvollziehbar bzw. transparent sein, weil er nicht die nötigen Informationen (Steuer- und Handelsbilanzen, Anlageverzeichnisse, Rückstellungsspiegel, etc.) besitzt, um die Schätzung zu überprüfen.

Bei vielen Regelungen bestehen Unsicherheiten, ob die Tatbestandsvoraussetzungen gegeben sind und ob sie überhaupt wirksam sind, weil die damit verbundenen rechtlichen Fragen höchstrichterlich noch nicht geklärt sind. So bereitet es zum Beispiel erhebliche Schwierigkeiten, vertraglich einen *Exit* so zu definieren, dass alle rechtlichen Möglichkeiten eines Unternehmensverkaufs erfasst sind.[416] Das birgt für die Arbeitnehmer die Gefahr, dass das Start-up zwar wirtschaftlich verwertet wurde, die Zahlungsansprüche aus den virtuellen Beteiligungen aber schlichtweg nicht fällig sind, weil die *Exit-Definition* die Veräußerung im Einzelfall nicht erfasst und daher die erforderliche Bedingung nicht eintritt. Es ist nahezu unmöglich, virtuelle Beteiligungsvereinbarungen frei von Regelungslücken zu entwerfen.

II. Prozessrisiko

Wird dem Inhaber virtueller Anteile bei Streitigkeiten über Bestehen und Höhe seiner Ansprüche vom Arbeitgeber die erwartete Leistung vorenthalten, muss er seine Ansprüche letztlich gerichtlich durchsetzen. Er trägt dabei stets das Prozessrisiko, weil er bloß Gläubiger schuldrechtlicher Ansprüche ist. Wäre er dinglicher Anteilsinhaber, könnte er seine Geschäftsanteile selbstständig veräußern. Ihn träfe dann kein Risiko bezüglich des Kaufpreises, weil die Parteien in der Regel einen Eigentumsvorbehalt vereinbaren. Die aufschiebenden Bedingungen im Rahmen der Beteiligungsvereinbarung sind zudem anspruchsbegründende Tatsachen, so dass den Arbeitnehmer im Prozess überwiegend die Darlegungs- und Beweislast trifft.

Auch im Hinblick auf eventuell unwirksame Klauseln in der Beteiligungsvereinbarung trägt der Mitarbeiter ein wirtschaftliches Risiko (eigene Anwaltskosten muss der Arbeitnehmer vor dem Arbeitsgericht in der ersten Instanz selbst tragen). Bei den Begünstigten eines virtuellen Beteiligungsprogramms wird jedoch die Bereitschaft, ein solches Risiko einzugehen, gering sein, weil

416 Siehe oben § 5 C. II.

sie aufgrund des reduzierten monatlichen Lohns in der Regel nur begrenzte finanzielle Reserven haben.[417]

Der Anspruchsinhaber trägt auch das Risiko einer etwaigen Zahlungsunfähigkeit des der Gesellschaft. Diese Gefahr ist allerdings gering, weil die Ansprüche ohnehin erst nach einem erfolgreichen *Exit* entstehen und das Unternehmen daher wirtschaftlich gut aufgestellt sein sollte.

III. Geringe Verständlichkeit

Eine weitere Schwierigkeit bei der Einführung virtueller Beteiligungsprogramme stellt deren hohe rechtliche Komplexität dar. Die Vertragswerke sind häufig umfangreich und für juristische Laien kaum verständlich. Für den durchschnittlichen Arbeitnehmer ist es nahezu unmöglich, der Vereinbarung zu entnehmen, welche Voraussetzungen und Rechtsfolgen an den Erhalt der virtuellen Anteile geknüpft sind und welche rechtlichen und tatsächlichen Konsequenzen sich für ihn daraus ergeben. Viele Arbeitnehmer werden einer virtuellen Beteiligungsvereinbarung eher zögerlich begegnen und auf den Erhalt dinglicher Anteile bestehen. Die schwierigere Verwertung virtueller Anteile im Vergleich zu dinglichen Anteilen wird auch dem juristischen Laien schnell klar sein.

Erschwerend kommt hinzu, dass in der Start-up-Branche viele Mitarbeiter aus dem Ausland stammen und nur unzureichende deutsche Sprachkenntnisse haben.[418] Das Erfassen und Verstehen des Vertragswerks werden dadurch zusätzlich erschwert. Das wirkt auf potenzielle Arbeitnehmer in der Regel abschreckend und behindert den Kampf um geeignete Fachkräfte.

IV. Beratungsaufwand

Virtuelle Beteiligungsprogramme ersparen dem Arbeitgeber zwar den Aufwand einer notariellen Beurkundung, sie lassen sich allerdings ohne externe

---

417 Hat der beteiligte Arbeitnehmer eine Rechtsschutzversicherung, wird diese jedoch in der Regel die Kosten übernehmen.

418 26,6 % der Mitarbeiter deutscher Start-ups stammen nicht aus Deutschland (Deutscher Startup Monitor 2020, S. 38, abrufbar unter www.deutscherstartupmonitor.de/wp-content/uploads/2020/09/dsm_2020.pdf [zuletzt abgerufen am 26.01.2022]); in 30,3 % der Start-ups dominiert die englische Sprache im Arbeitsalltag (Deutscher Startup Monitor 2020, S. 62, abrufbar unter www.deutscherstartupmonitor.de/wp-content/uploads/2020/09/dsm_2020.pdf [zuletzt abgerufen am 26.01.2022]).

Beratung kaum rechtssicher umsetzen. Komplexität und Bedeutung der Mitarbeiterbeteiligung erfordern immer umfassende anwaltliche Beratung.

Jungen Unternehmen fehlen jedoch häufig die finanziellen Ressourcen, um sich im benötigten Umfang beraten zu lassen. Die Beratungskosten stehen insbesondere dann in keinem angemessenen Verhältnis zum praktischen Nutzen, wenn zunächst nur wenige Mitarbeiter beteiligt werden sollen. Virtuelle Beteiligungsprogramme können daher oft erst eingeführt werden, wenn das Start-up erste Investoren gewonnen oder sich am Markt gut etabliert hat. Gerade in der Frühphase des Unternehmens wäre die virtuelle Beteiligung jedoch besonders geeignet, um Mitarbeiter kostengünstig einzustellen.

V. Spekulationserwartungen

Der Arbeitgeber kann durch virtuelle Beteiligungen zwar Lohnkosten optimieren, den Preis hierfür zahlen jedoch die Arbeitnehmer. Der Erhalt der virtuellen Anteile ist eine Spekulation mit der Vergütung der Mitarbeiter. Die Begünstigten aus den Beteiligungsprogrammen stellen ihre Arbeitskraft für einen geringeren Lohn zur Verfügung und müssen sich darauf verlassen, die virtuellen Anteile später realisieren zu können.

Häufig wird die Annahme dieses Angebots von der Erwartung auf den „ganz großen Wurf" getrieben. Die Mitarbeiter hoffen, dass das Start-up innerhalb kurzer Zeit exponentiell wächst und daher einen hohen Verkaufspreis bei einem *Exit* erzielt, an dem sie durch ihre virtuellen Anteile beteiligt wären. Die Betroffenen würden dann Einkünfte erzielen, die den bloßen Wert ihrer Arbeitsleistung unter Umständen deutlich übersteigen.

Wie gerechtfertigt ist jedoch diese Hoffnung? Experten zufolge scheitern etwa neun von zehn Start-ups.[419] Nur ca. 3 % der Start-ups erreichen die *Late Stage*.[420] Die virtuellen Anteile sind also in zahlreichen Fällen wertlos, weil den meisten Unternehmen kein erfolgreicher *Exit* gelingt. Der Arbeitnehmer hat dann seine volle Arbeitsleistung erbracht, wird dafür aber nur unterdurchschnittlich entlohnt. Das „Verlustgeschäft", das dem Mitarbeiter droht, ist nicht

---

419 Vgl. etwa *Grabmeier*, Arbeiten in der Start-up-Welt – Das Blendwerk der Möchtegern-Stars, manager-magazin.de vom 29.04.2019 (abrufbar unter www.manager-magazin.de/lifestyle/artikel/start-up-szene-new-work-arbeitswelt-ist-oft-eine-schoene-neue-scheinwelt-a-1264963.html [zuletzt abgerufen am 26.01.2022]).

420 Deutscher Startup Monitor 2020, S. 21, abrufbar unter www.deutscherstartupmonitor.de/wp-content/uploads/2020/09/dsm_2020.pdf [zuletzt abgerufen am 26.01.2022]).

zu unterschätzen und daher vor einer Vereinbarung über virtuelle Anteile genau zu kalkulieren. Das ist allerdings schwierig, weil sich häufig erst nach einigen Jahren abzeichnet, ob ein Unternehmen am Markt bestehen kann.

Ein weiterer Schwachpunkt liegt in der Ungleichheit der Risikoverteilung. Scheitert das Start-up, wirken sich die virtuellen Beteiligungsvereinbarungen einseitig zum Nachteil des Arbeitnehmers aus. Der Arbeitgeber trägt faktisch nahezu kein Risiko, weil er in jedem Fall die Arbeitskraft der Angestellten erhält, aber die virtuellen Anteile nur im Erfolgsfall auszahlen muss. Der Arbeitnehmer hat dementsprechend ausnahmslos zu leisten, erhält aber nicht zwingend den eigentlich von beiden Seiten „angepeilten" Lohn.

Andererseits sind diese Umstände den Betroffenen bei Abschluss einer virtuellen Beteiligungsvereinbarung bekannt – selbst wenn sie die juristischen Feinheiten der Vereinbarung nicht vollständig durchdringen. Die Arbeitnehmer entscheiden sich für eine virtuelle Beteiligung trotz der Gefahr, keine Zahlungen zu erhalten, weil sie auf einen exponentiellen Wertzuwachs ihrer Anteile spekulieren. Die Gründer tragen zwar kein Risiko im Hinblick auf die Arbeitsleistung ihrer Mitarbeiter, aber die unternehmerische Verantwortung.

C. Steuerrecht

Bei einer Beteiligung in Form von klassischen Geschäftsanteilen fällt Steuer schon im Zeitpunkt des Erwerbs an (sog. *Dry-Income-Problematik*). Das ist – unter anderem – Anlass, eine virtuelle Beteiligung zu vereinbaren, weil es erst durch die spätere Auszahlung der Ansprüche zu einem zu versteuernden Zufluss bei den Mitarbeitern kommt. Diese „Umgehung" schafft jedoch aus Arbeitnehmersicht steuerlich einen andersgearteten Nachteil.

Die Zahlungen aus dem Beteiligungsprogramm sind für die Arbeitnehmer als Einkünfte aus nichtselbstständiger Arbeit und somit progressiv zu versteuern.[421] Auf die Einkünfte aus klassischen Mitarbeiterbeteiligungsprogrammen wäre hingegen nur Kapitalertragssteuer fällig oder eine Besteuerung im Wege des Teileinkünfteverfahrens. Die Steuerlast würde somit höchstens 25 % (§ 32d Abs. 1 EStG) betragen, weil zwischen den Steuermodellen ein Wahlrecht besteht. Die betroffenen Arbeitnehmer können also bei virtuellen Beteiligungen zwar eine vorgezogene Besteuerung vermeiden, müssen aber in der Regel einen deutlich höheren Steuersatz bezahlen.

421 Siehe oben § 4 D. I.

Die höhere Besteuerung hat zudem einen ökonomischen Nebeneffekt. Viele Mitarbeiter, die Erlöse aus Beteiligungsprogrammen erhalten, nutzen die gewonnenen Mittel, um damit in andere Start-ups zu investieren oder selbst solche zu gründen.[422] Eine Besteuerung nach dem persönlichen Einkommensteuersatz verhindert Reinvestitionen in das Start-up-Ökosystem zwar nicht unmittelbar, das verbleibende Kapital ist hierfür aber geschmälert. Das geht allgemein zu Lasten von Wachstumschancen und Innovation.

D. Internationaler Vergleich

Start-ups stehen bei der Rekrutierung von Fachkräften nicht nur mit nationalen Konkurrenten im Wettbewerb, sondern müssen sich als Arbeitgeber auch international durchsetzen. Dabei können auch die rechtlichen Rahmenbedingungen der Mitarbeiterbeteiligungsprogramme für die Arbeitgeberwahl ausschlaggebend sein.

In einer groß angelegten Studie des Venture Capital Fonds Index Ventures, die die Voraussetzungen der Mitarbeiterbeteiligungen in verschiedenen Ländern untersucht und bewertet, belegt Deutschland im Vergleich mit 24 Ländern einen mit Belgien geteilten letzten Platz.[423] Der Beurteilung wurden unter anderem die Rechte der Beteiligten innerhalb des Arbeitgeberunternehmens, der administrative Aufwand, der Zeitpunkt und die Höhe der Besteuerung zugrunde gelegt. Das beste Ergebnis erzielten nach den baltischen Staaten Israel und Kanada. Auch Frankreich, Großbritannien, Portugal und die USA schnitten überdurchschnittlich gut ab.

In Frankreich und Großbritannien, die aufgrund ihrer „Start-up-Hotspots" Paris und London für deutsche Start-ups von besonderer Relevanz sind, existieren beispielsweise steuerrechtliche Sondertatbestände für Start-ups.[424] In Frankreich nennt sich dieses Modell „Bons de souscription de parts de créateurs d'entreprise" (BSPCE), in Großbritannien „Enterprise Management Incentive

---

422 38 % der Betroffenen gründeten mit den Erlösen aus Mitarbeiterbeteiligungsprogrammen selbst ein Start-up oder investierten in bestehende Start-ups (#ESOPasap, S. 20, abrufbar unter www.deutschestartups.org/wp-content/uploads/2020/07/IEF_BGC_ESOPasap_010720.pdf [zuletzt abgerufen am 26.01.2022]).

423 *Index Ventures*, Rewarding Talent. A guide to stock options for European entrepreneurs, 7. Kapitel, abrufbar unter www.indexventures.com/rewardingtalent/country-by-country-review, [zuletzt abgerufen am 26.01.2022].

424 Vgl. auch *Walter*, ZRP 2019, 227 (229).

Scheme“ (EMI).[425] Beide Konstrukte zeichnen aus, dass sie die Besteuerung von Gewinnen aus Mitarbeiterbeteiligungen vereinheitlichen und reduzieren. Die Arbeitnehmer müssen ihre Anteile dafür eine bestimmte Dauer halten und das Unternehmen darf eine gewisse Größe im Zeitpunkt der Beteiligung nicht überschreiten.

Der Vergleich zeigt, dass deutsche Start-ups im Wettbewerb um qualifizierte Mitarbeiter international nicht konkurrenzfähig sind, weil nahezu alle Länder bessere Rahmenbedingungen für die Beteiligung von Arbeitnehmern bieten. Diesen Nachteil kann auch ein virtuelles Beteiligungsprogramm nicht wettmachen, weil in erster Linie die im internationalen Vergleich hohe Besteuerung in Deutschland Beteiligungen erschwert.

Das schwächt nicht nur die Konkurrenzfähigkeit deutscher Start-ups, sondern auch Deutschland als Standort für Gründer. Laut dem Datendienst CB Insights existieren weltweit 986 *Unicorns* und davon lediglich 25 in Deutschland.[426] 39 *Unicorns* stammen beispielsweise aus Großbritannien. Die mit Abstand meisten erfolgreichen Start-ups werden in den USA und China gegründet.

---

425 *Lowitzsch*, Mitarbeiterkapitalbeteiligung in Deutschland und Europa (2020), S. 221 f., 311 f.

426 The Complete List Of Unicorn Companies (Stand: Januar 2022), abrufbar unter www.cbinsights.com/research-unicorn-companies [zuletzt abgerufen am 26.01.2022].

§ 7 Ausblick

Virtuelle Beteiligungen werden auch künftig für junge Unternehmen die bevorzugte Möglichkeit sein, ihre Mitarbeiter am Erfolg teilhaben zu lassen. Deutsche Start-ups werden weiterhin auf die Ausgabe virtueller Anteile zurückgreifen, weil sie ohne Mitarbeiterbeteiligungsprogramme bei der Rekrutierung qualifizierter Bewerber nicht konkurrenzfähig sind. Trotz der aufgezeigten Schwächen sind die virtuellen Beteiligungen in der Praxis nahezu alternativlos.

Virtuelle Beteiligungen würden erst dann an Bedeutung verlieren, wenn sich die normativen Rahmenbedingungen für dingliche Beteiligungen grundlegend ändern. Die Politik war diesbezüglich zwar bemüht, bis dato sind jedoch alle Versuche gescheitert, spürbare Verbesserungen durchzusetzen.

Auch die neu gewählte „Ampel-Koalition" versichert in ihrem Koalitionsvertrag, man werde „Mitarbeiterkapitalbeteiligung für Start-ups attraktiver gestalten".[427] Ob die Regierungsparteien diesem Versprechen gerecht werden, bleibt abzuwarten.

Das Ausmaß der Reformen, die für eine nachhaltige Verbesserung notwendig wären, erscheint zu groß. Der Gesetzgeber müsste die steuerrechtlichen Nachteile beseitigen, indem auf anteilsbezogene Vergütung – aufgrund virtueller und dinglicher Anteile – keine Einkommensteuer, sondern Kapitalertragssteuer erhoben wird. Alternativ oder kumulativ müsste auf gesellschaftsrechtlicher Ebene der finanzielle und administrative Aufwand bei der Übertragung dinglicher GmbH-Anteile abgebaut werden. Hierfür wäre insbesondere das Erfordernis einer notariellen Beurkundung abzuschaffen. Vorstellbar wäre etwa eine eigene rechtliche Kategorie für Arbeitnehmeranteile zu entwickeln, in der Anteile unbürokratisch übertragbar sind und weniger gesellschaftsrechtliche Rechte bei den Inhabern entstehen lassen. Diese Maßnahmen fordern auch Vertreter der Start-up-Branche immer wieder von der Politik ein.[428]

---

427 Mehr Fortschritt wagen, Bündnis für Freiheit, Gerechtigkeit und Nachhaltigkeit, Koalitionsvertrag zwischen SPD, BÜNDNIS 90/Die Grünen und FDP, S. 19, abrufbar unter www.bundesregierung.de/resource/blob/974430/1990812/04221173eef9a6720059cc353d759a2b/2021-12-10-koav2021-data.pdf?download=1 [zuletzt abgerufen am 26.01.2022].

428 So etwa in #ESOPasap, S. 7 ff., 50 ff., abrufbar unter www.deutschestartups.org/wp-content/uploads/2020/07/IEF_BGC_ESOPasap_010720.pdf, [zuletzt abgerufen am 26.01.2022]).

Die Vorschläge sind zwar grundsätzlich umsetzbar, greifen aber tief in bestehende Strukturen, insbesondere im EStG und GmbHG, ein und bergen erhebliches Missbrauchspotential. Trotz der dringenden Notwendigkeit wird sich die Politik daher auch zukünftig scheuen, nachhaltige Reformen bezüglich Mitarbeiterbeteiligungen zu verabschieden. Aus Sicht des Gesetzgebers sind die Vorschläge offenbar schlichtweg zu radikal und zu heikel, als dass eine ernsthafte Befassung mit der Thematik in naher Zukunft zu erwarten ist. Virtuelle Beteiligungsprogramme werden bei wachsender Zahl von Start-ups daher weiter an Bedeutung gewinnen.

Abzuwarten bleibt, in welchem Umfang virtuelle Beteiligungsverträge in den nächsten Jahren Gegenstand von Rechtsprechung und Literatur sein werden. Aufgrund der Komplexität der Vereinbarungen und der weiten Auslegungsspielräume bezüglich Wirksamkeit und Tatbestandsvoraussetzungen ist damit zu rechnen, dass Rechtsstreitigkeiten vermehrt gerichtlich ausgetragen werden und infolgedessen das Thema auch in der Literatur umfangreicher behandelt wird. Die vorstehende Untersuchung soll hierfür einen ersten Beitrag leisten.

Literaturverzeichnis

Achleitner, Ann-Kristin/Wichels, Daniel, Stock-Option-Pläne als Vergütungsbestandteil wertorientierter Entlohnungssysteme, Eine Einführung, in: Achleitner, Ann-Kristin/Wollmert, Peter (Hrsg.), Stock Options, 2. Auflage 2002, S. 1–24.

Annuß, Georg/Mark, Lembke, Aktienoptionspläne der Konzernmutter und arbeitsrechtliche Bindungen, in: Betriebs-Berater 2003, S. 2230–2234.

Arentz, Hermann-Josef (Hrsg.)/*Stihl, Hans Peter* (Hrsg.), Vermögensbildung in Arbeitnehmerhand – Wege zu einer Gesellschaft von Teilhabern, Konrad-Adenauer-Stiftung, Interne Studie Nr. 160/1998.

Baek, Ullrich/Diller, Martin, Arbeitsrechtliche Probleme bei Aktienoptionen und Belegschaftsaktien, in: Der Betrieb 1998, S. 1405–1412.

Bauer, Jobst-Hubertus/Göpfert, Burkhard/von Steinau-Steinrück, Robert, Aktienoptionen bei Betriebsübergang, in: Zeitschrift für Wirtschaftsrecht 2001, S. 1129–1133.

Baumbach, Adolf (Begr.), Handelsgesetzbuch mit GmbH & Co., Handelsklauseln, Bank- und Kapitalmarktrecht, Transportrecht (ohne Seerecht), 40. Auflage 2021, zit.: Baumbach/Hopt/*Bearbeiter*.

Beck, Benjamin/König, Dominik, Bitcoin: Der Versuch einer vertragstypologischen Einordnung von kryptographischem Geld, in: Juristenzeitung 2015, S. 130–138.

Becker, Berthold, Die Diskussion um die Kapitalbeteiligung von Arbeitnehmern während der Weimarer Republik – unter besonderer Berücksichtigung der christlichen Gewerkschaften, 1992.

Binz, Mark/Sorg, Martin, Erfolgsabhängige Vergütung von Vorstandsmitgliedern einer Aktiengesellschaft auf dem Prüfstand, Zugleich eine Kritik an der ausufernden Gewährung von Aktienoptionen, in: Betriebs-Berater 2002, S. 1273–1278.

Ders./Sorg, Martin, Manager-Beteiligung auf Zeit – ein unzulässiger Etikettenschwindel?, in: GmbHRundschau 2005, S. 893–900.

Blaurock, Uwe (Hrsg.), Handbuch Stille Gesellschaft, 9. Auflage 2020.

Blomeyer, Wolfgang, Die „Riester-Rente“ nach dem Altersvermögensgesetz (AVmG), in: Neue Zeitschrift für Arbeitsrecht 2001, S. 913–919.

Blunck, Boris, Mitarbeiterbeteiligung in der Unternehmenskrise – Instrument zur Verbesserung der Kapitalstruktur und Liquiditätsausstattung, in: Betriebs-Berater 2015, S. 437–442.

Boecken, Winfried (Hrsg.)/*Düwell, Josef* (Hrsg.)/*Diller, Martin* (Hrsg.)/*Hanau, Hans* (Hrsg.), Gesamtes Arbeitsrecht, 2016.

Boemke, Burkhard, Aktuelles zum GmbH-Geschäftsführer aus arbeitsrechtlicher Sicht, in: Recht der Arbeit 2018, S. 1–24.

Bork, Reinhard (Hrsg.)/Schäfer, Carsten (Hrsg.), Kommentar zum GmbHG, 4. Auflage 2019.

Böttcher, Lars/*Habighorst, Oliver*/*Schulte, Christian* (Hrsg.), Umwandlungsrecht, 2. Auflage 2019, zit.: Böttcher/Habighorst/Schulte/*Bearbeiter*, UmwR.

Brandis, Peter (Hrsg.)/Heuermann, Bernd (Hrsg.), Ertragssteuerrecht, Band 2: §§ 9–23 EStG, Stand: Oktober 2021 (159. Ergänzungslieferung), zit.: Brandis/Heuermann/*Bearbeiter*.

Briese, André, Forderungsverzicht gegen Besserungsschein sowie qualifizierter Rangrücktritt in Handels- und Steuerbilanz, in: Deutsches Steuerrecht 2017, S. 799–804.

Brose, Wiebke (Hrsg.)/Weth, Stephan (Hrsg.)/*Volk, Annette* (Hrsg.), Mutterschutzgesetz und Bundeselterngeld- und Elternzeitgesetz, Kommentar, 9. Auflage 2020.

Bundesverband Deutsche Startups e.V. (Hrsg.), Deutscher Startup Monitor 2019, abrufbar unter www.pwc.de/de/branchen-und-markte/start-up_monitor-2019.pdf, zuletzt abgerufen am 26.01.2022.

Ders., Deutscher Startup Monitor 2020, Innovation statt Krise, abrufbar unter www.deutscherstartupmonitor.de/wp-content/uploads/2020/09/dsm_2020.pdf, zuletzt abgerufen am 26.01.2022.

Bütter, Michael/*Tonner, Martin*, Sittenwidrigkeit der Übertragung und bedingten Rückübertragung eines Gesellschaftsanteils, in: Betriebs-Berater 2005, S. 283–286.

Däubler, Wolfgang (Hrsg.)/*Hjort, Jens Peter* (Hrsg.)/*Schubert, Martin* (Hrsg.)/*Wolmerath, Martin* (Hrsg.), Arbeitsrecht, Individualarbeitsrecht mit kollektivrechtlichen Bezügen, Handkommentar, 4. Auflage 2017, zit.: HK-ArbR/*Bearbeiter*.

Ders./*Beck, Thorsten* (Hrsg.), Allgemeines Gleichbehandlungsgesetz, Handkommentar, 5. Auflage 2022.

Dauner-Lieb, Barbara (Hrsg.)/Langen, Werner (Hrsg.), BGB – Schuldrecht, Band 2, 4. Auflage 2021.

Düwell, Franz Josef (Hrsg.)/*Lipke, Gert-Albert* (Hrsg.), Arbeitsgerichtsgesetz, Kommentar zum gesamten Arbeitsverfahrensrecht, 5. Auflage 2019.

El-Qalqili, Joel/Offinger, Maximilian, Zebras, Einhörner und die rechtlichen Rahmenbedingungen für die Finanzierung nachhaltiger Start-ups, in: Zeitschrift für Bank- und Kapitalmarktrecht 2021, S. 86–94.

Emmerich, Volker/Habersack, Mathias/*Schürnband, Jan*, Aktien- und GmbH-Konzernrecht, 9. Auflage 2019, zit.: Emmerich/Habersack/*Bearbeiter*.

Feddersen, Dieter, Aktienoptionsprogramme für Führungskräfte aus kapitalmarktrechtlicher und steuerlicher Sicht, in: Zeitschrift für das gesamte Handelsrecht und Wirtschaftsrecht, 161. Band 1997, S. 269–299.

Fiegler, Torsten, Venture Capital-Netzwerke, Eine empirische Analyse innerhalb der Frühphasenfinanzierung, 2016.

Fleischer, Holger (Hrsg.)/Goette, Wulf (Hrsg.), Münchner Kommentar zum Aktienrecht, Band 1, §§ 1–34 GmbHG, 4. Auflage 2022, zit.: MüKo/*Bearbeiter*, GmbHG.

Ders. (Hrsg.)/*Goette, Wulf* (Hrsg.), Münchner Kommentar zum Aktienrecht, Band 2, §§ 35–52 GmbHG, 3. Auflage 2019, zit.: MüKo/*Bearbeiter*, GmbHG.

Gaugler, Eduard, Die Anfänge der Mitarbeiterbeteiligung im 19. Jahrhundert, in: Wagner, Klaus (Hrsg.), Mitarbeiterbeteiligung, Visionen für eine Gesellschaft von Teilhabern, Festschrift für Michael Lezius zum 60. Geburtstag, 2002, S. 17–27.

Geulen, Felix/Vogt, Volker, Kurzarbeit in der Corona Krise, in: Arbeitsrecht Aktuell 2020, S. 181–185.

Goette, Wulf (Hrsg.)/*Habersack, Mathias* (Hrsg.)/*Kalss, Susanne* (Hrsg.), Münchner Kommentar zum Aktiengesetz, Band 2, §§ 76–117, 5. Auflage 2019, zit.: MüKo/*Bearbeiter*, AktG.

Ders. (Hrsg.)/*Habersack, Mathias* (Hrsg.)/*Kalss, Susanne* (Hrsg.), Münchner Kommentar zum Aktiengesetz, Band 4, §§ 179–277, 5. Auflage 2021, zit.: MüKo/*Bearbeiter*, AktG.

Göpfert, Burkhard/Buschbaum, Jörg, Mitarbeiterkapitalbeteiligung als Modell für die Krise, in: Zeitschrift für Wirtschaftsrecht 2010, S. 2330–2335.

Grisar, Daniel/Zantopp, Mirco, Liquidationspräferenzen in Mitarbeiterbeteiligungsprogrammen, in: Deutsches Steuerrecht 2020, S. 1768–1776.

Grobys, Isabella (Hrsg.)/*Panzer-Heemeier, Andrea* (Hrsg.), Stichwortkommentar Arbeitsrecht, 3. Auflage 2020, zit.: Grobys/Panzer-Heemeier/*Bearbeiter*, Arbeitsrecht, Stichwort.

Grüneberg, Christian (Hrsg.), Bürgerliches Gesetzbuch, 81. Auflage 2022, zit.: Grüneberg/*Bearbeiter*.

Gsell, Beate (Hrsg.)/*Krüger, Wolfgang* (Hrsg.)/Lorenz, Stephan (Hrsg.)/Reymann, Christoph (Hrsg.), beck-online.Grosskommentar zum Zivilrecht, Stand: 01.01.2022, zit.: BeckOGK/*Bearbeiter.*

Habersack, Mathias/Verse, Dirk, Rechtsfragen der Mitarbeiterbeteiligung im Spiegel der neueren Rechtsprechung, in: Zeitschrift für Unternehmens- und Gesellschaftsrecht 2005, S. 451–479.

Häferer, Katja/*Burger, Franziska*, Restricted Stock Units und Aktienoptionen – Aktuelle Entwicklungen bei Mitarbeiterbeteiligungsprogrammen, in: Neue Zeitschrift für Arbeitsrecht 2020, S. 143–150.

Hahn, Christopher, Virtuelle Mitarbeiterbeteiligung, Grundlagen, Aufbau und praktische Formulierungsbeispiele, 2. Auflage 2019.

Hasbargen, Ulrike/Schmitt, Britta/*Betz, Frank*, Aktuelle Entwicklungen bei der Besteuerung von Mitarbeiterbeteiligungsmodellen, in: Betriebs-Berater 2010, S. 1951–1958.

Häublein, Martin (Hrsg.)/Hoffmann-Teinert, Roland (Hrsg.), Beck'scher Online Kommentar HGB, 34. Edition, Stand: 15.10.2021, zit.: BeckOK/*Bearbeiter.*

Heckelmann, Martin, Zulässigkeit und Handhabung von Smart Contracts, in: Neue Juristische Wochenschrift 2018, S. 504–510.

Heidel, Thomas (Hrsg.), NomosKommentar, Aktienrecht und Kapitalmarktrecht, 5. Auflage 2020, zit.: NK/*Bearbeiter*, AktienKapMR.

Henkel, Alexandra, Mediation, in: Arbeit und Arbeitsrecht 2016, S. 274–276.

Henssler, Martin (Hrsg.)/*Strohn, Lutz*, Gesellschaftsrecht, 5. Auflage 2021, zit.: Henssler/Strohn/*Bearbeiter*, GesellR.

Ders. (Hrsg.)/Willemsen, Heinz Josef (Hrsg.)/Kalb, Heinz-Jürgen, Arbeitsrecht Kommentar, 9. Auflage 2020, zit.: HWK/*Bearbeiter.*

Herrler, Sebastian (Hrsg.), Münchener Vertragshandbuch, Band 6, Bürgerliches Recht II, 8. Auflage 2020, zit.: MVHdB VI BürgerlR II/*Bearbeiter.*

Hornung, Christian, Virtuelle Mitarbeiterbeteiligung: Leaver- und Vesting-Klauseln und das AGG, in: Der Betrieb 2019, S. 1566–1570.

Hüffer, Uwe (Begr.)/*Koch, Jens*, Aktiengesetz, Becksche Kurz-Kommentare, 15. Auflage 2021 zit.: Hüffer/*Koch*, AktG.

Hümmerich, Klaus, Der Verbraucher-Geschäftsführer – Das unbekannte Wesen, in: Neue Zeitschrift für Arbeitsrecht 2006, S. 709–713.

Ders./*Lücke, Oliver*/Mauer, Reinhold (Hrsg.), Arbeitsrecht, 9. Auflage 2018.

Ders./*Reufels, Martin*, Gestaltung von Arbeitsverträgen und Dienstverträgen für Geschäftsführer und Vorstände, Kommentierte Klauseln und Musterverträge, 4. Auflage 2019.

Hüttche, Tobias, Mitarbeiterbeteiligung – Ziele, Formen und Gestaltungsbeispiele, in: Zeitschrift für Bilanzierung, Rechnungswesen & Controlling 2002, S. 105–109.

Index Ventures, Rewarding Talent, A guide to stock options for european entrepreneurs, 2018, abrufbar unter www.indexventures.com/rewardingtalent/handbook, zuletzt abgerufen am 26.01.2022.

Institut der Wirtschaftsprüfer in Deutschland e.V. (Hrsg.), IDW Verlautbarungen, Werkstand: IDW Life 12/2020.

Internet Economy Foundation (Hrsg.)/*Bundesverband Deutsche Startups e.V.* (Hrsg.), #ESOPasap, Faire Mitarbeiterbeteiligung in Startups – mit Unternehmergeist Innovation und Wachstum beschleunigen, 2020, abrufbar unter www.deutschestartups.org/wp-content/uploads/2020/07/IEF_BGC_ESOPasap_010720.pdf, zuletzt abgerufen am 26.01.2022.

Jäger, Axel, Aktienoptionspläne in Recht und Praxis – eine Zwischenbilanz, in: Deutsches Steuerrecht 1999, S. 28–34.

Joost, Duetlev (Hrsg.)/*Strohn, Lutz* (Hrsg.), Handelsgesetzbuch, Band 1, §§ 1–342e HGB, 4. Auflage 2020, zit.: EBJS/*Bearbeiter*.

Kästle, Florian/Heuterkes, Katja, Leaver-Klauseln in Verträgen über Management-Beteiligungen im Lichte der neuesten OLG-Rechtsprechung, in: Neue Zeitschrift für Gesellschaftsrecht 2005, S. 289–294.

Kessler, Manfred (Hrsg.)/Sauter, Thomas (Hrsg.), Handbuch Stock Options, Rechtliche, steuerliche und bilanzielle Darstellung von Stock-Option-Plänen, 2003.

Khanian, Frederic Mirza, Die Inhaltskontrolle von Geschäftsführerverträgen, in: Die GmbH-Rundschau 2011, S. 116–121.

Kiel, Heinrich (Hrsg.)/Lunk, Stefan (Hrsg.)/*Oetker, Hartmut* (Hrsg.), Münchener Handbuch zum Arbeitsrecht, Band 1, Individualarbeitsrecht I, 5. Auflage 2021, zit.: MHdB ArbR/*Bearbeiter*.

Koblenzer, Thomas, Management Buy-Out (MBO) und Management Buy-In (MBI) als Instrumente der Unternehmensnachfolgeplanung, in: Zeitschrift für Erbrecht und Vermögensnachfolge 2002, S. 350–355.

Krüger, Claudia, *Mitarbeiterbeteiligung, Unternehmensfinanzierung und Mitarbeitermotivation*, 2008.

Krüger, Wolfgang (Hrsg.)/*Rauscher, Thomas* (Hrsg.), Münchener Kommentar zur Zivilprozessordnung, Band 2, §§ 355–945b, 6. Auflage 2020, zit.: MüKo/*Bearbeiter*, ZPO.

Kutsch, Alexander/*Kersting, Anna-Lena*, Mitarbeiterbeteiligung zur Finanzierung und Sanierung, in: Betriebs-Berater 2011, S. 373–382.

Lembke, Mark, Die Ausgestaltung von Aktienoptionsplänen in arbeitsrechtlicher Hinsicht, in: Betriebs-Berater 2011, S. 1469–1477.

Leuner, Rolf/Dumser, Klaus, Gemeinnützigkeit: Steueroptimale Gestaltung von Mitarbeiterbeteiligung, in: Betriebs-Berater 2006, S. 1993–1999.

Lindemann, Achim/Heim, Daniela, Die Vergütung von Vorständen, Begrenzung durch Nachhaltigkeit, Aktionärsrechte und Clawback, in: Juristische Schulung 2018, S. 1121–1129.

Lowitzsch, Jens (Hrsg.), Studie im Auftrag des Bundesministeriums für Wirtschaft und Energie: Verbreitung der Mitarbeiterkapitalbeteiligung in Deutschland und Europa – Entwicklungsperspektive, 2020, zit.: *Lowitzsch*, Mitarbeiterkapitalbeteiligung in Deutschland und Europa.

Lüdicke, Jochen (Hrsg.)/*Sistermann, Christian* (Hrsg.), Unternehmenssteuerrecht, 2. Auflage 2018, zit.: Lüdicke/Sistermann/*Bearbeiter*, UStR.

Lutter, Marcus (Begr.)/Bayer, Walter (Hrsg.)/*Vetter, Jochen* (Hrsg.), Umwandlungsgesetz, 6. Auflage 2019.

Ders. (Begr.)/Hommelhoff, Peter, GmbH-Gesetz Kommentar, 20. Auflage 2020.

Metzger, Georg/*KfW Bankengruppe* (Hrsg.), KfW-Start-up-Report 2020, abrufbar unter www.kfw.de/PDF/Download-Center/Konzernthemen/Research/KfW-Start-up-Report/KfW-Start-up-Report-2020.pdf, zuletzt abgerufen am 26.01.2022.

Michaels, Ed/Handfield, Helen/*Axelrod, Beth*, The War For Talents, 2001.

Mohr, Jochen, Zulässigkeit unmittelbarer Altersdiskriminierung auf Grund unternehmensindividueller Gesichtspunkte, in: Recht der Arbeit 2017, S. 35–43.

Möller, Iris, Mitarbeiterbeteiligung: Ein Weg zu höherer Produktivität, IAB-Kurzbericht, Ausgabe Nr. 9 vom 30.05.2001.

Möllmann, Peter/Zantopp, Mirco, Reform der Besteuerung von Mitarbeiterkapitalbeteiligung durch das „Fondsstandortgesetz“, in: Deutsches Steuerrecht 2020, S. 2817–2824.

Müller-Glöge, Rudi (Hrsg.)/ *Preis, Ulrich* (Hrsg.)/ *Schmidt, Ingrid* (Hrsg.), Erfurter Kommentar zum Arbeitsrecht, 22. Auflage 2022, zit.: ErfK/*Bearbeiter.*

Ders. (Hrsg.)/Preis, Ulrich (Hrsg.)/Schmidt, Ingrid (Hrsg.), Erfurter Kommentar zum Arbeitsrecht, 17. Auflage 2017, zit.: ErfK/*Bearbeiter.*

Musielak, Hans-Joachim (Hrsg.)/*Voit, Wolfgang* (Hrsg.), Zivilprozessordnung mit Gerichtsverfassungsgesetz, Kommentar, 18. Auflage 2021.

Neus, Werner, Ökonomische Agency-Theorie und Kapitalmarktgleichgewicht, 1989.

Noack, Ulrich/Servatius, *Wolfgang*/*Haas, Ulrich*, Gesetz betreffend die Gesellschaft mit beschränkter Haftung, 23. Auflage 2022, zit.: Noack/Servatius/Haas/*Bearbeiter*, GmbHG.

Oehlrich, Markus, Vorstands- und Aufsichtsratvergütung im Lichte der Principal-Agent- und Kapitalmarkttheorie, in: Neue Zeitschrift für Gesellschaftsrecht 2019, S. 1049–1053.

Oppenländer, Frank (Hrsg.)/Trölitzsch, Thomas, Praxishandbuch der GmbH-Geschäftsführung, 3. Auflage 2020.

Pechstein, Matthias (Hrsg.)/Nowak, *Carsten* (Hrsg.)/*Häde, Ulrich* (Hrsg.), Frankfurter Kommentar zu EUV, GRC und AEUV, Band III, AEUV, Artikel 101–215, 2017.

Pöllath, Reinhard (Hrsg.)/*Rodin, Andreas* (Hrsg.)/*Wewel, Uwe* (Hrsg.), Private Equity und Venture Capital Fonds, 2018.

PricewaterhouseCoopers, Start-up-Unternehmen in Deutschland 2017, abrufbar unter www.pwc.de/de/startups/startup-unternehmen-in-deutschland-2017.pdf, zuletzt abgerufen am 26.01.2021.

Ders., Start-up-Unternehmen in Deutschland 2018, abrufbar unter www.pwc.de/de/startups/pwc-studie-startups-in-deutschland-2018.pdf, zuletzt abgerufen am 17.09.2020.

Prütting, Hanns (Hrsg.)/Gehrlein, Markus (Hrsg.), Zivilprozessordnung, Kommentar, 13. Auflage 2021.

Ders. (Hrsg.)/Wegen, Gerhard (Hrsg.)/Weinreich, Gerd (Hrsg.), Bürgerliches Gesetzbuch, Kommentar, 16. Auflage 2021, zit.: PWW/*Bearbeiter*.

Röchert, Norman, Neue Trends und Standards bei der Beteiligungsdokumentation, in: VentureCapital Magazin 2017, S. 70–72.

Roggemann, Herwig, Das Mitarbeiterkapitalbeteiligungsgesetz von 2009, Eine rechtspolitische Kritik, in: Zeitschrift für Rechtspolitik 2011, S. 49–52.

Rolfs, Christian (Hrsg.)/Giesen, Richard (Hrsg.)/*Kreikebohm, Ralf* (Hrsg.)/*Udsching, Peter* (Hrsg.), Beck'scher Online-Kommentar Arbeitsrecht, 62. Edition, Stand: 01.12.2021, zit.: BeckOK/Bearbeiter, ArbR.

Ders., Stärkung der Betriebsrenten, in: Neue Zeitschrift für Arbeitsrecht 2017, S. 1225–1231.

Röller, Jürgen (Hrsg.), Personalbuch 2020, Arbeitsrecht, Lohnsteuerrecht, Sozialversicherungsrecht, 28. Auflage 2021, zit.: Küttner/*Bearbeiter*.

Römermann, Volker (Hrsg.), Münchner Anwalts Handbuch, GmbH-Recht, 4. Auflage 2018, zit.: MAH GmbH-Recht/*Bearbeiter*.

Roth, Günther H. (Begr.)/*Altmeppen, Horst*, GmbHG, Gesetz betreffend die Gesellschaften mit beschränkter Haftung, Kommentar, 10. Auflage 2021.

Säcker, Jürgen (Hrsg.)/*Rixecker, Roland* (Hrsg.)/Oetker, Hartmut (Hrsg.)/*Limpberg, Bettina* (Hrsg.), Münchener Kommentar zum Bürgerlichen Gesetzbuch, Band 2, Schuldrecht – Allgemeiner Teil I, 8. Auflage 2019, zit.: MüKo/*Bearbeiter*, BGB.

Ders. (Hrsg.)/*Rixecker, Roland* (Hrsg.)/ *Oetker, Hartmut* (Hrsg.)/*Limpberg, Bettina* (Hrsg.), Münchener Kommentar zum Bürgerlichen Gesetzbuch, Band 1, Schuldrecht – Allgemeiner Teil, §§ 1–240 BGB, AllgPersönlR, ProstG, AGG, 8. Auflage 2018, zit.: MüKo/*Bearbeiter*, BGB.

Ders. (Hrsg.)/Rixecker, Roland (Hrsg.)/Oetker, Hartmut (Hrsg.)/Limpberg, Bettina (Hrsg.), Münchener Kommentar zum Bürgerlichen Gesetzbuch, Band 4, Schuldrecht – Besonderer Teil I, §§ 433–534 BGB, 8. Auflage 2019, zit.: MüKo/*Bearbeiter*, BGB.

Schanz, Kay-Michael, Mitarbeiterbeteiligungsprogramme, in: Neue Zeitschrift für Arbeitsrecht 2000, S. 626–635.

Schefczyk, Michael, Finanzieren mit Venture Capital und Private Equity, Grundlagen für Investoren, Finanzintermediäre, Unternehmer und Wissenschaftler, 2. Auflage 2006.

Schiemzik, Boris, Virtual Stock Options, Mitarbeiterbeteiligungsmodell im Bereich der Venture Capital finanzierten Gesellschaften, in: Neue Wirtschafts-Briefe, Steuer- und Wirtschaftsrecht 2011, S. 798–806.

Schimansky, Herbert (Hrsg.)/Bunte, Hermann-Josef (Hrsg.)/*Lwowski, Hans-Jürgen* (Hrsg.), Bankrechts-Handbuch, 5. Auflage 2017, zit.: Schimansky/Bunte/Lwowski/*Bearbeiter*, BankR-HdB.

Schmeisser, Wilhelm/Clausen, Lydia, Mezzanines Kapital für den Mittelstand zur Verbesserung des Ratings, in: Deutsches Steuerrecht 2008, S. 688–695.

Schmitt, Joachim (Hrsg.)/*Hörtnagl, Robert*, Umwandlungsgesetz, Umwandlungssteuergesetz, 9. Auflage 2020, zit.: Schmitt/Hörtnagl/*Bearbeiter*, UmwG.

Schniepp, Steffen/Giesecke, Cordula, Virtuelle Anteile und AGB, in: Neue Zeitschrift für Gesellschaftsrecht 2017, S. 128–133.

Scholz, Franz (Begr.), Kommentar zum GmbH-Gesetz, 12. Auflage 2018, zit.: Scholz/*Bearbeiter.*

Schönhaar, Tobias, Ausgestaltung von virtuellen Mitarbeiterbeteiligungsprogrammen, in: Gesellschafts- und Wirtschaftsrecht 2017, S. 293–296.

Schrade, Jörg/Denninger, Isabella, Besteuerung von Managementbeteiligungsprogrammen – Umwandlung von Boni in virtuelle Beteiligungen, in: Deutsches Steuerrecht 2019, S. 2615–2622.

Schulz, Arne, Aktienkursorientierte Vergütungssysteme für Führungskräfte, Eine Analyse aus rechtlicher und betriebswirtschaftlicher Sicht, 2010.

Semler, Johannes (Hrsg.)/*Stengel, Arndt* (Hrsg.), Umwandlungsgesetz, 5. Auflage 2021, zit.: Semler/Stengel/*Bearbeiter*.

Sieg, Rainer, Renaissance der Mitarbeiter-Kapitalbeteiligung, in: Neue Zeitschrift für Arbeitsrecht 2015, S. 784–788.

Singer, Reinhard, Neue Entwicklungen im Recht der Betriebsübung – Die Rechtsprechung des Bundesarbeitsgerichts zur Vertragstheorie und zur Privilegierung öffentlicher Arbeitgeber, in: Zeitschrift für Arbeitsrecht 1993, S. 487–516.

Soergel, Hans Theodor (Begr.)/Siebert, Wolfgang (Hrsg.), Bürgerliches Gesetzbuch, Schuldrecht 2, §§ 305–310, 13. Auflage 2019, zit.: Soergel/*Bearbeiter*.

Sosnitza, Olaf, Rückerwerb der Geschäftsanteile von Gesellschafter-Geschäftsführern, in: Deutsches Steuerrecht 2005, S. 72–75.

Stagat, Rolf, Risiken und Nebenwirkungen von Geschäftsführer- Anstellungsverträgen, in: Neue Zeitschrift für Arbeitsrecht – Rechtsprechungs-Report 2011, S. 617–623.

Steger, Thomas/Sieg, Rainer/*Kluge, Norbert*, Belegschaftsaktionäre in deutschen Grossunternehmen, Herausforderungen und Chancen für die Mitbestimmung, Hans-Böckler-Stiftung, Mitbestimmungs-Report Nr. 38, 11.2017, abrufbar unter www.imu-boeckler.de/de/faust-detail.htm?sync_id=7969, zuletzt abgerufen am 26.01.2022.

Stiegler, Sascha, Erdienung (virtueller) Geschäftsanteilsoptionen in Mutterschutz und Elternzeit, in: Neue Zeitschrift für Arbeitsrecht 2019, S. 1116–1120.

Stürner, Rolf (Hrsg.), Jauernig, Bürgerliches Gesetzbuch, 18. Auflage 2021, zit.: Jauernig/*Bearbeiter*.

Tappert, Markus, Auswirkungen eines Betriebsübergangs auf Aktienoptionsrechte von Arbeitnehmern, in: Neue Zeitschrift für Arbeitsrecht 2002, S. 1188–1199.

Thelen, Martin, Beteiligungsverträge in der notariellen Praxis, in: Rheinische Notar-Zeitschrift 2020, S. 121–148.

Thüsing, Gregor, Was sind die Besonderheiten des Arbeitsrechts?, in: Neue Zeitschrift für Arbeitsrecht 2002, S. 591–595.

Urban-Crell, Sandra/Manger, Robert, Konzernweite Aktienoptionspläne und Betriebsübergang, in: Neue Juristische Wochenschrift 2004, S. 125–128.

Vorwerk, Volkert (Hrsg.)/ *Wolf, Christian* (Hrsg.), Beck'scher Online-Kommentar ZPO, 42. Edition, Stand: 01.09.2021, zit.: BeckOK/*Bearbeiter*, ZPO.

Wagner, Klaus, Formen der Mitarbeiterbeteiligung, in: Betriebs-Berater 2000, S. 42–46.

Ders., Genussrechts-/Genussscheinbeteiligung als Mitarbeiterkapitalbeteiligung, in: Zeitschrift für Notarpraxis 2014, S. 90–92.

Ders., Gesellschafterliche Mitarbeiterkapitalbeteiligung innerhalb von Investivlohnmodellen, in: Neue Zeitschrift für Gesellschaftsrecht 1998, S. 2–7.

Ders., Innovative Wege der Mitarbeiterbeteiligung – Kreativität ist gefordert, in: Deutsches Steuerrecht 2000, S. 1707–1712.

Ders., Mitarbeiterbeteiligung in Deutschland – ein Überblick, in: Neue Juristische Wochenschrift 2003, S. 3081–3087.

Ders., Renaissance der Mitarbeiterbeteiligung, in: Betriebs-Berater 1995, S. 2–12.

Walter, Felix, Perspektiven der Mitarbeiterkapitalbeteiligung, in: Zeitschrift für Rechtspolitik 2019, S. 227–230.

Walz, Robert/Fembacher, Tobias, Zweck und Umfang der Beurkundung nach § 15 GmbHG, in: Neue Zeitschrift für Gesellschaftsrecht 2003, S. 1134–1143.

Weitnauer, Wolfgang, Die deutsche Start-up-Szene nach Corona – eine Lagebetrachtung aus rechtlicher Sicht, in: Gesellschafts- und Wirtschaftsrecht 2020, S. 127–132.

Ders., Handbuch Venture Capital, Von der Innovation zum Börsengang, 6. Auflage 2019.

Ders., Pools und Investment-Clubs: Strukturen und Erlaubnispflichten nach KAGB und KWG, in: Gesellschafts- und Wirtschaftsrecht 2015, S. 1–6.

Ders./Dunkmann, Carsten, Strukturierung von Mitarbeiterbeteiligungsmodellen – Teil 2, in: Gesellschafts- und Wirtschaftsrecht 2013, S. 371–376.

Westermann, Peter (Hrsg.)/*Grunewald, Barbara* (Hrsg.)/*Maier-Reimer, Georg* (Hrsg.), BGB, Band 1, §§ 1–778, 16. Auflage 2020, zit.: Erman/*Bearbeiter.*

Wiedemann, Herbert/*Thüsing, Gregor*, Der Schutz älterer Arbeitnehmer und die Umsetzung der Richtlinie 2000/78/EG, in: Neue Zeitschrift für Arbeitsrecht 2002, S. 1234–1242.

Wilhelm, Sebastian, Das Schicksal virtueller Mitarbeiterbeteiligungen bei Abspaltung und Ausgliederung, in: Neue Zeitschrift für Gesellschaftsrecht 2013, S. 1211–1217.

Willemsen, Heinz Josef/Müller-Bonanni, *Thomas*, Aktienoptionen beim Betriebsübergang, in: Zeitschrift für Wirtschaftsrecht 2003, S. 1177–1185.

Windeln, Norbert/Riemer, Verena, Virtuelle Optionspläne bei der GmbH, Ein Mitarbeiterbeteiligungsmodell für den Mittelstand, in: Arbeits-Rechtsberater 2015, S. 51–54.

Wolff, Michael/Zschoche, Ulrike, Studie zur Wirkung der Mitarbeiterbeteiligung am Beispiel der Siemens AG, Georg-Augustus-Universität Göttingen 2015.

Ziemons, Hildegard (Hrsg.)/*Jaeger, Carsten* (Hrsg.)/*Pöschke, Moritz* (Hrsg.), Beck'sche Online-Kommentare, GmbHG, 49. Edition, Stand: 01.05.2021, zit.: BeckOK/*Bearbeiter*, GmbHG.

Zimmermann, Gerhard/Wortmann, André, Der Shareholder-Value-Ansatz als Institution zur Kontrolle der Führung von Publikumsgesellschaften, in: Der Betrieb 2001, S. 289–294.

Zirngibl, Niklas/Kupsch, Andreas, Erlöspräferenzen für Venture Capital-Investoren – ein neuer Gestaltungsvorschlag für Gesellschaftervereinbarungen, in: Betriebs-Berater 2011, S. 579–585.

Zöller, Richard (Begr.), Zivilprozessordnung, Kommentar, 34. Auflage 2022.

www.ingramcontent.com/pod-product-compliance
Ingram Content Group UK Ltd.
Pitfield, Milton Keynes, MK11 3LW, UK
UKHW021855290926
8980IPUK00005B/844